Paul
Féval

Les Errants
de la nuit

PREMIÈRE PARTIE

Le condamné à mort

I
Les saudeurs

Ce sont des paysages magnifiques et variés à l'infini : de grandes forêts, des rivières, des montagnes. Cela s'appelle les Ardennes ; c'est plein de souvenirs. Et nul ne saurait dire pourquoi la poésie s'est retirée de ces admirables campagnes.

Est-ce l'odeur des moulins à foulons, ou la fumée noire des cheminées de la fabrique ? Cette charmante rivière, la Meuse, coule tout doucement et sans jamais faire de folies parmi les belles prairies un peu fades. On voit bien déjà qu'elle est prédestinée à baigner les fanges grasses de la pacifique Hollande.

Ce n'est pas la Loire, celle-là, riante aussi, mais si fière ! Ce n'est pas le Rhône, ce dieu fougueux ! Ce n'est pas la Seine, l'élégante, la française, qui baigne tant de palais et tant de cathédrales !

C'est bien la France encore, mais une France à part. La poésie n'est pas là comme en d'autres campagnes de notre pays, moins pittoresques, assurément, ni comme en d'autres villes moins riches. Le caractère manque ici parce que la ville a envahi la campagne, et la campagne la ville par la porte de la fabrique. Autant le paysan était beau sous son brave costume et même sous la blouse de travail, autant il est, gauche et lourd sous la farauderie de sa terrible redingote mal faite.

Et pourtant, c'était le comté de Champagne. La forêt des Ardennes est parsemée des pages de notre histoire.

Et d'autres souvenirs plus lointains encore abondent : c'était le rendez-vous de la chevalerie. Là-haut, vers Francheval, le fier coursier des quatre fils Aymon n'a-t-il pas laissé l'empreinte de son sabot ? Voici Château-*Renaud* ! voici la Roche-*Aymon* ! Les noms sont une mémoire obstinée.

Mais ce ne sont plus que des noms.

Sedan a oublié Turenne et vit dans la gloire de ses casimirs noirs.

J'aurais renoncé à vous dire cette histoire, s'il nous avait fallu rester au bord de la Meuse, et voir toujours à l'horizon Sedan, la ville minutieuse et soigneuse. La plume est comme le pinceau : il lui faut un peu d'imprévu, un peu de désordre, un grain de poussière. On ne peut pas faire un tableau avec un monsieur bien, brossé et tiré à quatre épingles ; non plus avec un parterre à compartiments réguliers, bordés de buis taillés au cordeau. Sedan trop balayé nous gênerait.

Mais Sedan ne nous gênera pas. La forêt des Ardennes est là tout près. Le terrible balai n'a pas encore conquis ces sentiers perdus, et ces arbres énormes sont à l'abri du badigeon. Notre récit s'en va traversant la forêt séculaire ; il passe la frontière du Luxembourg, il va chercher, dans l'ancien comté de Chiny, les derniers paysans et les larges aspects de ce pays illustre qui s'appelle encore la vallée d'Orval. Grandes ruines faites par la guerre et les révolutions ! Thébaïde opulente et hospitalière que, le canon stupide a broyée ?

Aurea Vallis : Orval ! le val d'or ! Pactole caché derrière son rempart de chênes monstrueux, reliques pieuses et mystérieuses où les décombres, la terre et l'eau recouvrent, dit-on, d'incalculables trésors...

C'était le premier dimanche de carême en l'année 1832. La nuit des *Sauderies* était commencée. On *saudait* d'un bout à l'autre de la ville, malgré la neige fine qui tombait tourbillonnant au vent d'hiver. C'est là un très vieil usage, absolument particulier au pays de Sedan. *Sauder* (on prononce ainsi le verbe *souder* dans la patrie de Turenne) veut dire ici fiancer dans le sens actif du mot.

Les jeunes gens du pays se donnent à eux-mêmes ce titre *la jeunesse*. C'est un détail, mais qui rentre bien dans la physionomie de cette colonie endimanchée. *La jeunesse* ! ce seul mot vous a une bonne odeur de libéralisme naïf. Une contrée assez heureuse pour posséder une « jeunesse » est mûre pour fêter la Raison et adorer l'Être suprême, au lieu du bon Dieu. Quand ces gros garçons rouges vous disent avec une fierté modeste : *Je m'ai mis dans la jeunesse*, on voit bien que la guitare de Jean-Jacques fait encore danser les moellons, et qu'il se pourrait trouver un dernier aréopage pour couronner des rosières de la religion naturelle.

La sauderie appartient en propre à la jeunesse, qui s'adjoint, pour la circonstance, les polissons de la ville et des villages voisins. C'est en quelque sorte le parafe apposé au bas des farces du carnaval. Dès que la nuit est tombée, on entend dans les rues le son rauque et discord des cornets à bouquins. La ville est aux saudeurs qui la parcourent, divisés en petites escouades de dix à douze mystificateurs. Tous sont armés de la redoutable conque. Chaque troupe a son chef.

Mais voici que la troupe s'arrête à la porte d'une maison de bonne apparence. Les cornets sonnent, puis le chef de la bande crie d'une voix retentissante :

– Saudés ! saudés ! – Qui ? demandent ensemble ses compagnons. – M. un tel avec Mlle une telle. – Sont-ils bien saudés ? – Oui ! répond bruyamment le chœur. Et les cornets à bouquins d'offenser les oreilles du voisinage.

Telle est la *sauderie* au pays de Sedan. Il n'y a rien de plus, rien de moins. Les paroles de ces burlesques accordailles sont sacramentelles. Ailleurs, l'usage est un thème sur lequel l'entrain ou la fantaisie peuvent broder des milliers de variations, mais ici nous n'inventons rien. Notre esprit est muré comme nos villes : toutes ces citadelles et ces grandes maisons d'alentour sont faites pour fabriquer du drap, non des calembredaines.

Cela n'empêche pas l'usage d'être fort curieux et véritablement utile. Les érudits prétendent qu'il a été inventé au XVe siècle par une vieille fille qui se nommait Mlle Mesnard ou la Mesnarde. Cette bonne personne ne trouvait pas à se marier, bien qu'elle en eût une considérable envie. Voyant l'âge venir elle consulta un clerc de l'abbaye d'Orval, qui lui dit de prendre patience. En revenant à son logis, elle rencontra sur la route, entre Douzy et Bazeille, le bedeau de Saint-Laurent de Sedan, qui allait de-ci de-là pour avoir eu trop soif. C'était un mardi-gras. La Mesnarde lui conta son cas et le bedeau lui dit :

– Que donneriez-vous bien, commère, à M. Saint-Laurent de Sedan, s'il sonnait vos noces ? – Dix sous d'or de Brabant, répondit la Mesnarde sans hésiter.

Le bedeau fit le compte. Dix sous d'or de Brabant valaient juste trente écus de Flandres à dix-sept pour la livre, chaque livre donnant vingt sous tournois de douze deniers. En ce temps, la pinte de bière ne coûtait qu'un denier. Le bedeau trouva qu'il y avait juste cent vingt-deux mille quatre cents pintes de bière dans le mariage de la Mesnarde.

– À dimanche, ma commère ! dit-il ; M. Saint-Laurent vous accordera !

Pendant toute la semaine il songea. Le matin du premier dimanche de carême, il n'avait, pas encore trouvé moyen d'intéresser Saint-Laurent au mariage de la vieille fille. La peur le prit. Quand il avait peur, il bavait double, pour tâcher de se rassurer. Après vêpres, il s'était rassuré comme cela tant et si bien que ses jambes ne pouvaient plus le porter. Il s'en allait battant les murailles et répétant :

– Je voudrais pourtant bien la sauder… la sauder… la sauder !

Les jeunes gens qui passaient, le voyant ivre, l'arrêtaient et lui demandaient :

– Bedeau, qui veux-tu sauder ? – Ce n'est pas moi, mes amis, c'est Saint-Laurent. – Qui, bedeau, qui, qui ? – Je vous dis M. Saint-Laurent, mes amis. – Avec qui, bedeau ? – Avec la Mesnarde ma commère.

Or, il y avait à Sedan un procureur crasseux, cinq fois marqué au B, comme on dit, car il était borgne, bossu, boiteux, bègue et brèche-dents. Ce procureur avait nom maître Saint-Laurent. Des jeunes gens de la ville, trouvant qu'il faisait bien la paire avec la Mesnarde, qui était un peu plus laide qu'un péché mortel, prirent leurs cornets à bouquins et se rendirent sous ses fenêtres, afin de lui donner une sérénade.

Le bedeau était rentré à son logis et dormait de désespoir.

C'est en dormant que vient la fortune. Toute la nuit, le procureur borgne, bossu, boiteux, bègue et brèche-dents avait entendu qu'on criait sous ses fenêtres :

– Saudés ! saudés ! maître Saint-Laurent et la Mesnarde ! Saudés ! saudés ! la Mesnarde et Maître Saint-Laurent ! Le vilain n'avait jamais songé à mal, mais le diable marieur vint le tenter.

Dès le matin, il mit ses chausses neuves et se rendit chez la Mesnarde. La Mesnarde était partie déjà pour demander au bedeau le mari qu'il lui devait. Le procureur, ayant trouvé porte close, prit sa course vers la cathédrale, boitant et cahotant. Sur sa route, tout le monde lui riait au nez, et il en était content, car il n'avait point coutume de rencontrer tant de visages gais dans la rue. Il poussa la porte entrouverte du bedeau que la Mesnarde venait de battre comme plâtre parce qu'il n'avait point tenu sa promesse.

– Or çà ! lui dit le vilain, ne pourrai-je point rejoindre cette Mesnarde ? – Allez sur le chemin de l'enfer… commença le bedeau.

Mais, se ravisant :

– Que lui voulez-vous, à ma commère ? – Je veux l'épouser ! répondit le procureur. – Ô grand Saint-Laurent ! fit dévotement le pauvre bedeau. – C'est mon nom, en effet, repartit le vilain. Donnez-moi, je vous prie, des renseignements sur la Mesnarde, votre commère.

Le bedeau était un homme prudent. Au lieu de dire que la Mesnarde était bavarde comme une pie, menteuse, rechignée, médisante, etc., il répliqua :

– Mon maître, la Mesnarde est douce, modeste et bonne. Elle vaut dix sous d'or de Brabant. – Je vous les donnerai, s'écria le vilain, si vous parlez pour moi, bedeau, mon ami bedeau ! – Ô grand Saint-Laurent ! fit encore l'ivrogne, qui vit s'allonger devant lui, en perspective éblouissante, deux cent quarante-quatre mille pintes de bière cervoise.

Le procureur épousa la Mesnarde vers la Pâque. Il en eut pour tous les péchés qu'il avait commis. Quand ils passaient tous deux, on disait :

– Voilà Saint-Laurent et son gril.

Toutes les vieilles demoiselles de Sedan voulurent être *saudées*. Sedan devint le purgatoire des procureurs, greffiers, maltôtiers et autres. Et l'usage est resté. Pour quelques francs, les grands benêts de « la jeunesse » se font sauder avec les *demoiselles* des contremaîtres. Le bedeau de Saint-Laurent a pour héritiers et successeurs tous les gamins de la ville.

Mais ce n'est pas tout à fait pour raconter l'histoire du bedeau que nous avons parlé des sauderies. Arrivons à notre drame.

Il était environ dix heures du soir. Les rues commençaient à se faire silencieuses ; c'est à peine si de temps en temps on pouvait ouïr encore la fanfare des cornets à bouquins, précédant le dialogue sacramentel. La fanfare avait fini cette année beaucoup plus tôt que de coutume, parce qu'une grave préoccupation pesait sur la ville. Le lendemain, lundi, au point du jour, on devait fusiller un homme au champ de Mars.

Un soldat, le plus beau chasseur du régiment de Vauguyon, un enfant de vingt ans, un enfant de Sedan, que chacun avait connu ouvrier dans la maison Legagneur, et qui portait déjà les galons de maréchal des logis, après six mois de service. Il se nommait Hector, le bel Hector, comme ils disaient tous. Il n'avait pas d'autre nom.

Mais des bruits singuliers couraient depuis son arrestation, qui avait eu lieu en forêt, du côté de Francheval. Le pays connaissait traditionnellement les étranges aventures de la famille de Soleuvre, dont l'aîné, le plus haut personnage de la contrée, après l'aîné de Bazeille, portait toujours, de père en fils, ce nom d'Hector. Il y avait même des gens pour prétendre que le bel Hector ressemblait au dernier baron de Soleuvre, qui s'était fait négociant à la fin de l'Empire et qui avait disparu, laissant sa maison aux mains des Legagneur.

Les Legagneur étaient une famille puissante dans l'industrie et puissante aussi près de l'administration, depuis les évènements de 1830. C'était un Legagneur, major au régiment de Vauguyon, qui avait fait condamner Hector. Il y avait eu, de la part du jeune homme, voies de fait envers un supérieur. On pensait qu'une rivalité était sous jeu.

Les Legagneur, Belges d'origine et venus du pays de Namur, passaient pour être fort riches, mais ils avaient plus de crédit commercial que de considération. Ils étaient sortis avec bonheur de certaines affaires qui n'étaient pas nettes. Des bruits singuliers et presque lugubres couraient sur leur passé. Personne ne les accusait hautement, mais il semblait acquis que leur ceinture dorée valait mieux que leur renommée. On allait jusqu'à s'étonner de voir un Legagneur porter l'épaulette dans l'armée française.

Je dois ajouter ici que le commerce de Sedan est proverbialement respectable. Les vieilles familles industrielles de la ville et des alentours font assaut d'honneur et de probité. Les Legagneur, malgré leur réputation d'opulence, restaient isolés parmi leurs pairs.

Ils étaient nombreux. Ils avaient, outre leur fabrique, une maison de banque à Sedan et des succursales dans les départements voisins. Le second frère, Jean Legagneur, était établi en Belgique, à Namur. On disait que ses deux fils faisaient la contrebande en grand.

Je saisis l'occasion de faire remarquer que, la Belgique, comme la France, venait de subir une révolution. Assurément, la postérité rangera parmi les curiosités historiques ce pays, si passionnément imitateur. Bruxelles avait eu ses trois journées, à l'instar de Paris, et de sourdes agitations, qui n'avaient rien de politique, régnaient le long de la frontière.

Il y a toujours là-bas de bonnes gens qui sont enchantés quand l'eau se trouble. C'est l'heure de pêcher. Toutes les industries interlopes se développent alors outre mesure, et le travail déserté cède une moitié de ses soldats aux aventures.

C'était ainsi à l'époque où nous parlons ; jamais on n'avait vu tant de contrebandiers ni de braconniers. La *jeunesse* de certains villages partait en masse au milieu de la nuit pour mettre en coupe réglée les forêts du Luxembourg. Le bois, disaient ces casuistes, était à tout le monde, comme l'air et l'eau : système ingénieux qui ne peut être réfuté que par la gendarmerie. Enfin, chose rare dans ces districts laborieux et tranquilles, les grands chemins étaient infestés de malfaiteurs.

L'opinion publique se préoccupait en outre beaucoup d'une sorte d'association mystérieuse dont on ne connaissait bien ni le but ni l'organisation. Les uns lui attribuaient tous les méfaits commis à dix lieues à la ronde, les autres voyaient en elle seulement une confrérie instituée pour la recherche des trésors.

Il n'est pas possible de vous dire combien est enracinée, dans cette partie des Ardennes, la croyance aux trésors cachés. Cette foi n'existe pas seulement chez la classe populaire, on cite des exemples de négociants, de lettrés, de légistes, qui se sont ruinés à interroger le sol pour lui arracher son secret.

Je ne sais pourquoi le nom des Legagneur était mêlé parfois aux vagues et bizarres histoires qui se racontaient touchant les *Errants de nuit*. Ils n'étaient pas gens à courir les aventures, et cependant on prétendait que les deux neveux de Michel Legagneur, le grand Legagneur de Sedan, qu'on appelait aussi le baron Michel, avaient été rencontrés en conférence nocturne avec le piémontais Battaglia, dont la baguette, allait droit à l'or comme l'aimant va au fer.

On disait même que l'ancien tondeur de drap, Nicolas Souquet, surnommé le *cloqueur*, qui passait pour faire pis que la contrebande, s'était vanté dans les cabarets d'avoir un compte-courant chez les Legagneur. Une *cloque* à Sedan est une *grève* à Paris. Nicolas Souquet avait démonté une douzaine de fabriques en sa vie. C'était un homme célèbre, un cloqueur !

Ce fut devant la maison Legagneur que s'arrêta la dernière bande de gens faisant la sauderie. La bande était composée de onze personnes, y compris le chef, grand gaillard à la tournure débraillée. Quelques enfants attardés la suivaient à distance.

La maison Legagneur, située non loin de l'arsenal, était presque un monument. Bien des gens l'appelaient encore l'hôtel Soleuvre, quoique le grand Legagneur, le baron Michel, y eût établi sa demeure. La façade, datant de la fin du XVIe siècle, présentait sur la rue un développement énorme. Au premier étage, le centre de cette façade était occupé par un grand balcon de fer forgé, aux chiffres réunis des deux maisons incessamment alliées : Soleuvre et Bazeille.

Il y avait cette nuit de la lumière aux fenêtres. On dansait chez le baron Michel. Les demeures voisines étaient noires, sauf une habitation de pauvre apparence, élevée d'un seul étage, dont les croisées du rez-de-chaussée laissaient passer une lueur pâle.

Quelques minutes avant l'arrivée des saudeurs, vous eussiez entendu, parmi le silence qui emplissait la rue, deux bruits d'espèce bien différente. Du côté de la maison Legagneur, le son du violon ; du côté de la masure, une sourde et lente psalmodie.

À droite, chez le baron, derrière la mousseline des rideaux, on devinait des ombres qui allaient au mouvement balancé de la contredanse. À gauche, dans la masure, pour apercevoir quelque chose, il eût fallu s'approcher de bien près et coller son œil au châssis, car une serge épaisse était au-devant des vitres.

Si quelqu'un eût fait cela, il aurait vu un de ces contrastes frappants auxquels chacun de nos pas se heurte dans la vie. Dans une salle basse, triste et nue, un vieillard suait son agonie. Il tenait à la main le crucifix, et sa face ravagée exprimait la résignation du chrétien.

Autour de lui, cinq personnes se rangeaient : un prêtre, deux enfants de chœur, un homme à longs cheveux blancs qui semblait singulièrement robuste encore, malgré son grand âge, et une femme de soixante-ans, à figure masculine, droite sur ses hanches, et campée comme un soldat. C'étaient le mari et la femme, on sentait cela : un beau couple paysan, sain, vigoureux, solide. La bonne femme était propre, mais humble dans son costume ; l'homme portait avec une sorte de fierté grave sa veste de drap fin, amplement taillée à la mode de la campagne, et ses culottes courtes de velours qui dessinaient une jambe robuste.

Au village, on rentre dans la loi de nature, qui a fait le mâle plus brillant que la femelle. Dans nos villes, c'est le contraire.

Aux premiers sons du cornet à bouquins des saudeurs l'agonisant rendit une plainte. Le paysan dit à sa femme :

– Julienne, allez sur la porte et faites taire ces chats-huants !

– Oui, la Victoire, répliqua la bonne femme avec une respectueuse déférence.

Elle serra le chapelet qu'elle tenait à la main et se dirigea vers le seuil. Le mourant fit un signe.

– Restez, Julienne ! ordonna le paysan. Il paraît que ce n'est pas l'idée de frère Arsène.

La bonne femme s'arrêta aussitôt. Le prêtre avant d'entamer les prières qui accompagnent le dernier sacrement, disait, sur la demande du mourant, le *Dies iræ* que son doigt décharné avait désigné dans le livre.

Ç'avait été une longue agonie que celle de l'homme qui s'éteignait sur le grabat. Il y avait plus de douze heures qu'il ne parlait plus. En ce moment, la bande joyeuse arrivait sous les fenêtres des Legagneur.

– Saudés ! saudés ! cria le chef de sa voix enrouée.

Le paysan à cheveux blancs se prit à écouter.

– Vous entendez mieux que moi, Julienne… murmura-t-il.

– C'est la voix de Nicolas Souquet, la Victoire, répondit la bonne femme, si vous voulez.

Une étincelle semblait se ranimer dans les yeux du mourant.

– Qui ? demanda cependant la bande. Qui, qui ?

Le prêtre disait en latin, continuant le psaume :

La trompette fera entendre son terrible éclat, qui pénétrera au fond des sépulcres, pour réunir tous les morts devant le trône.

– M. le major Antoine Legagneur, répondit le chef des saudeurs, et Mlle Honorine de Blamont !

Le prêtre continua encore de réciter :

Quand le juge sera sur son siège, tout ce qui est caché apparaîtra, et aucun crime ne restera sans vengeance.

– Sont-ils bien saudés ? ajouta le chef, selon la formule.

Le mourant répondit d'une voix creuse, mais distincte :

– Non, Dieu ne permettra pas cela !

Puis, continuant lui-même la prose du *Dies iræ*, il récita, les lèvres sur les pieds du crucifix :

...Roi de la majesté redoutable, sauveur qui ne reçois point de salaire, source de miséricorde, sauve-moi !

Le chœur criait à tue-tête, au dehors :
– Oui ! oui ! ils sont bien saudés !

Et la fanfare cornait dans la ville silencieuse.

II
Le coffre de fer

Il y avait dans cette pauvre chambre mortuaire deux chaises, une table de sapin et un coffre massif couvert d'admirables sculptures. Vous l'eussiez pris d'abord pour un meuble en bois de chêne noirci, mais la rouille qui s'amoncelait dans les creux et le froid toucher annonçaient le fer.

On trouve dans quelques châteaux voisins de la frontière de ces pièces en fer forgé d'une valeur inestimable. Le marteau de frère Amand Robin, de Chauvency-le-Château, qui avait forgé les féeriques ornements de l'église neuve, en l'abbaye d'Orval, était plus délicat que le burin des ciseleurs. Mais pourquoi ce coffre merveilleux dans cet indigent asile ?

Au-dessus du coffre pendait comme un trophée de haillons où l'on avait peine à reconnaître les débris d'un costume monacal.

Dans la rue, les cornets des saudeurs se turent subitement. Les fenêtres de la maison Legagneur, qui donnaient sur le balcon, venaient de s'ouvrir. Le riche baron Michel apparaissait, comme un roi qui vient saluer son peuple, suivi de serviteurs portant des flambeaux et d'une partie de la famille. Le major Antoine vint s'accouder à la balustrade.

– Merci, mes bons amis, merci ! dit-il.

Puis il lança plusieurs poignées de pièces de monnaie qui tintèrent sur le pavé.

– C'est de l'argent, dit Julienne, qui prêtait l'oreille.

– Du temps que cette maison-là était l'hôtel de Soleuvre, répondit le beau vieux paysan à cheveux blancs, j'ai vu les deux Hector, que Dieu les bénisse ! Hector de Bazeille, Hector de Soleuvre, jeter les pièces d'or comme une pluie sur tous ceux qui passaient.

La voix du mourant répéta comme un écho :
– Hector de Soleuvre !...

Le prêtre ouvrait la boîte qui contient les saintes huiles. Les saudeurs criaient *vivat* ! au dehors. En un moment où le silence régnait à la fois dans la rue et dans la chambre funèbre, des pas se firent entendre tout contre la croisée. On se prit à parler à voix basse. Quelques mots seulement vinrent aux oreilles de ceux qui entouraient le lit. On disait :

– Dessécher l'étang… faire des fouilles… les Errants de nuit…

Le paysan et sa femme échangèrent un rapide regard. Le prêtre récitait déjà la prière magnifique qui accompagne l'extrême-onction. Tout le monde s'agenouilla. Au dehors, les fenêtres de la maison Legagneur se refermaient et la fanfare éclatait en s'éloignant.

Quelques minutes après, il ne restait plus auprès du moribond que le paysan la Victoire. Sa femme Julienne avait pris son bâton pour servir d'escorte au prêtre jusqu'à l'église voisine. Elle n'avait pas peur de deux hommes.

Le paysan s'appelait Jean Guern. Ce n'est pas un nom de buveur de bière. Jean Guern venait de Lamballe, au pays de Bretagne. Il avait soixante-quinze ans. Quatre hommes, voilà sa mesure. Quand Julienne et lui revenaient le soir par les sentiers, à travers champs, frappant le sol de leur pas lent et sûr, il n'eût pas fait bon à une demi-douzaine de mal-voulants de leur barrer le passage.

Jean Guern avait été dragon de Cluny, avant la révolution de 1789. C'était au régiment qu'il avait gagné son nom de la Victoire. Il n'y avait que Julienne, sa femme, pour avoir le droit de l'appeler ainsi. Les autres devaient dire : *Monsieur* Guern ; il n'admettait point de familiarité.

Il y avait quarante-cinq ans que Jean Guern demeurait dans le pays, au gros village de Bazeille, où il exerçait la profession de sellier-carrossier. On venait à lui de bien loin. C'était, dans son genre, un artiste sans rival. Il disait parfois, quand ses quatre grands fils étaient au logis, assemblés autour de la vaste cheminée :

– Qui vit de peu est toujours assez riche. Mais si j'avais autant de cent francs de rente que j'ai envoyé de carrosses rouler sur le pavé de Paris, on ne ferait plus de drap au château de Bazeille car je l'achèterais !

Il avait conservé aux anciens seigneurs de Bazeille un attachement qui tenait du culte. Souvenez-vous qu'il était de Bretagne, où le dévouement s'obstine.

Malgré son dire, il vivait de peu et il n'était pas riche. Les marchands, qui avaient remplacé partout, dans le pays, les gentilshommes vaincus, ne l'aimaient point, parce qu'il n'était pas homme à cacher ses regrets. Il avait été, en définitive, l'ami des Soleuvre, des Bazeille, des Blamont et autres, comme Benvenuto était l'ami de François Ier. Il ne voulait pas être l'ami de leurs successeurs.

Et ses outils se rouillaient dans son atelier désert. Julienne avait eu parfois bien de la peine à donner du pain aux enfants. Mais elle n'avait garde de se plaindre, la rude et bonne femme : la Victoire ne pouvait pas avoir tort. Dans ce ménage, aux allures hautement patriarcales, le rôle de la femme était tout entier d'obéissance et d'abnégation. Hors du ménage, Julienne redevenait la femme forte, la femme un peu trop forte.

Jean Guern racontait volontiers comme il avait eu l'idée d'épouser Julienne, au temps jadis. Tous les goûts sont dans la nature. Bien des gens se seraient effrayés de ce qui fut pour lui un appât irrésistible.

Une fois que Julienne était à repasser du linge, dans la ferme de son père, il vint trois dragons de Cluny demander à boire, Julienne avait seize ans. Elle donna à boire aux dragons de Cluny. L'un d'eux, grand gaillard habitué à traiter le village en pays conquis, voulut prendre la taille de Julienne. Elle lui dit : Ne vous y fiez mie l'homme ! Le dragon persista. Elle lui dit encore : Ne faut mie me fâcher ! Le dragon téméraire fit mine de l'embrasser.

– *Nichetée ! T'as fronté la fille à m'père* ! s'écria-t-elle en redressant sa tête au-dessus de celle du dragon. C'est péché !

Il y avait deux tisons qui brûlottaient dans l'âtre. Julienne empoigna le dragon, traversa la chambre en le tenant dans ses bras et le jeta dans le feu comme une brassée de copeaux. Puis elle mit son pied dessus, repoussant des deux mains, à dix pas, les deux camarades terrifiés. S'il y avait eu un bon brasier sous le chaudron, le troupier y passait.

La Victoire entendit parler de cela.

– Voilà une femme ! se dit-il.

Il vint faire sa cour, et fut agréé. Sur ces entrefaites, Mgr de Cluny, archevêque de Lyon, l'appela près de lui pour lui faire un sort. C'était un prélat magnifique ; il ne voulait pas d'autres carrosses que ceux de Jean Guern. La pauvre Julienne le reconduisit jusqu'au détour du chemin en pleurant :

– La Victoire, lui dit-elle, *va lo être moult riche, après le temps ; ne nous ronaîtrez plus* ! (vous allez être bien riche : vous ne nous connaîtrez plus !)

Mais la Victoire était un chevalier. Il épousa Julienne et ne fit pas fortune.

Il y avait quantité de raisons pour qu'il ne fît pas fortune.

Le général L*** le fit venir une fois sur la grande route, où sa chaise était brisée. La Victoire se mit à travailler, et le général lui disait :

– Je donnerais cent écus pour être à Sedan avant la nuit !

Quand la Victoire eut achevé, le général lui demanda :

– Qu'est-ce pour votre peine, l'ami ? – Un louis d'or, répondit Jean Guern. – Comment, coquin ! s'écria le général L***.

Il n'acheva pas. D'un seul coup de son couteau de bourrelier, la Victoire avait tranché le ressort de la chaise. Le général vint sur lui la canne levée. Jean Guern brisa la canne sur son genou.

– Morbleu ! lui dit l'autre, je ne suis pas le plus fort, Raccommode-moi cela, et tu auras dix louis !

Jean Guern ne bougea pas.

– Les veux-tu d'avance ? – Je veux que vous restiez là, mon général lui répondit Jean Guern en soulevant son grand chapeau : vous m'avez appelé coquin, c'est péché. Voici l'heure de la soupe, à vous revoir. Qui vit de peu est toujours assez riche.

Il raconta cela à Julienne qui dit :

– Vous avez bien fait, la Victoire, si vous voulez, mais nous n'amasserons jamais de quoi !

Il y avait quarante ans de cela, et la prédiction de la bonne femme s'était réalisée. Jean Guern, à l'heure où nous sommes, vivait de si peu, qu'il devait se trouver bien riche. Mais il avait gardé ses goûts de grande tenue, et vous n'eussiez trouvé dans le village de Bazeille ni un métayer, ni un tisseur pour avoir si haute mine que lui. Il s'assit sur l'une des chaises, au pied du lit du mourant, qui était maintenant immobile. Jean Guern réfléchissait.

– Bien des gens croient qu'il a perdu la raison depuis des années, pensait-il, mais il connaît plus d'un secret…

– Frère Arsène, ajouta-t-il doucement il est grand temps de me dire pourquoi vous m'avez fait venir cette nuit.

Il n'eut point de réponse.

– Ne pouvez-vous parler ? demanda le paysan.

Point de réponse encore.

Jean Guern croisa ses bras, et tout naïvement il interrogea disant : Frère Arsène, êtes-vous mort ?

Cette fois, les paupières du moribond eurent un battement. Au mouvement de ses lèvres, Jean Guern crut deviner qu'il lui disait : Approchez-vous de moi.

Il se leva et obéit.

– Donnez-moi une goutte d'eau, lui dit le malade. Jean Guern avisa la cruche. Il versa deux ou trois gorgées dans la tasse de faïence qui était par terre auprès du lit, et y ajouta un doigt d'eau-de-vie. L'eau-de-vie était à Jean Guern. Il en portait toujours sur lui dans une demi-pinte vêtue de jonc tressé. Le mourant mouilla ses lèvres à ce breuvage. Puis il fut deux ou trois secondes dans le recueillement.

– Monsieur Jean, dit-il tout à coup d'une voix distincte, j'ai confiance en vous parce que vous êtes un chrétien. Il y a là-bas, sous la terre et sous l'eau, dans les ruines d'Orval, de quoi reconstruire le monastère plus grand et plus beau qu'il n'était au moment de sa chute. Mais la prophétie annonce que les temps ne sont pas venus. À quoi bon dire : les trésors sont ici ou là, si les trésors doivent tomber aux mains des damnés ? Le coffre de fer appartient à l'abbaye. Il était dans l'oratoire de dom Lucas de Trèves, notre dernier abbé. Il y retournera un temps qui sera. Dans le coffre, c'est la fortune de Soleuvre qui git.

Il s'arrêta. Jean Guern l'écoutait attentivement.

Les prophéties du solitaire d'Orval sont célèbres dans l'Ardennes, à ce point que personne n'en ignore la teneur. La révolution de juillet 1830, qui s'y trouve prédite en termes exprès, leur avait donné récemment aux yeux des habitants de ces campagnes une valeur extraordinaire.

– Là… là… reprit le mourant, dont la main montrait le coffre de fer.

Son bras retomba. Une idée pénible travaillait son cerveau.

– Le soldat prisonnier… continua-t-il ; j'ai envoyé l'argent… la lime… le diamant… et tout… Il y a longtemps… mais le désespoir est aussi une chaîne… On lui a dit : Elle t'a oublié… et il reste dans son cachot… et il attend la mort…

Il parlait si bas désormais, que Jean Guern avait peine à entendre.

– Mon frère, dit ce dernier, de quel soldat parlez-vous ?

L'agonisant ne répondit pas, mais il murmura :

– Elle dont le cœur est encore plus beau que le visage !

– Je ne vous comprends pas, mon frère, fit Jean Guern, qui avait de la sueur aux tempes, par l'effort qu'il faisait pour deviner la pensée obscure du mourant.

Celui-ci eut un spasme qui faillit l'emporter. Jean Guern rapprocha la tasse de ses lèvres.

– Je suis bien vieux, reprit-il en même temps, mais j'ai Dieu merci ! du bon sang dans les veines. Si quelque chose peut être fait pour la mémoire de MM. de Soleuvre et de Bazeille, me voilà !

– Oui, murmura vivement le malade ; sans la prédiction, aurais-je attendu si longtemps ? Il est bien tard ! Quelque chose peut encore être fait. S'ils avaient eu leur argent autrefois… mais je ne m'en suis pas servi, monsieur Guern.

Il s'interrompit pour réciter :

« – Sauveur qui ne reçois point de salaire, source de miséricorde, sauvez-moi ! »

Ses yeux roulèrent tout effarés.

– On a écrit ! reprit-il avec égarement ; on a écrit au roi et à ses ministres… A-t-on reçu la grâce ? il faut aller à la prison ! Il faut le délivrer… à tout prix…

Il essaya de parler encore, mais l'agonie le domptait.

Il entrouvrit, par un effort désespéré, sa chemise de grosse toile, et montra une clef qui pendait à son cou parmi des médailles bénies.

– Là ! répéta-t-il, tandis que ses yeux ternes essayaient encore de se retourner vers le coffre ; là ! tout est là !

13

Sa main froide et mouillée rencontra la bonne grosse main de Jean Guern et s'y cramponna. Puis ses doigts lâchèrent prise. Il ne respira plus.

– *Requiescat in pace* ! murmura Jean Guern.

Il ferma les yeux du mort, après s'être assuré que son cœur ne battait plus, et lui jeta le drap sur le visage. Julienne rentrait.

– C'est donc fini ? demanda-t-elle.

– Il était le dernier, répondit Jean Guern ; il avait vingt ans quand le couvent fut saccagé. Il savait où sont les trésors.

– Vous l'a-t-il dit, la Victoire ?

– Non ! il ne me l'a pas dit.

– Dieu ait son âme !

Ils se mirent tous deux à genoux et récitèrent le *De profundis*. Après cela, Jean Guern dit :

– Julienne, coupez le cordon qui retient cette clef.

Il venait de découvrir la poitrine du mort. Julienne se signa, toute tremblante, mais elle obéit. Jean Guern prit la clef et ouvrit le coffre de fer.

– Tenez la lumière Julienne, ordonna-t-il.

– Oui, la Victoire, si vous le voulez, répondit la bonne femme, dont les dents claquaient.

Ce n'était pas la frayeur. Mais elle n'avait pas entendu frère Arsène nommer Jean Guern son exécuteur testamentaire. Elle ne soupçonnait pas son mari, Julienne, non. Mais son cœur se serrait. Avant de soulever le couvercle du coffre-fort, Jean Guern dit :

– Voici les dernières paroles de frère Arsène : « La fortune des Soleuvre est là-dedans. ».

– Merci ! la Victoire, murmura la bonne femme, dont la main ne trembla plus. Puis elle ajouta : – C'est Mlle Honorine qui est l'héritière maintenant.

Tous deux se penchèrent avec curiosité, pendant que Jean Guern levait le couvercle. Il y avait dans le coffre un petit tas de papiers, une plume, un crayon, une écritoire. Jean Guern prit tous les papiers d'une seule poignée. Il les étala sur la table, après avoir refermé le coffre.

– M'est avis, dit-il, qu'il y a là-dedans de l'embarras pour nous.

– Ça se peut, la Victoire, repartit Julienne, mais la mère de Mlle Honorine était une Bazeille.

Jean Guern tendit sa main. La bonne femme lui donna une étreinte toute virile.

– Tiens ! s'écria-t-elle, pendant que son mari dépliait deux feuilles de papier, réunies à l'aide d'une épingle, on dirait des images !

Jean Guern examinait les deux papiers attentivement.

– La Victoire, demanda Julienne impatiente, car elle ne savait pas lire, qu'est-ce donc que cela ?

– Le premier papier, répondit le vieillard avec recueillement, est le plan de l'abbaye d'Orval. J'ai vu ces grands palais debout. C'était la merveille du monde ! Le second papier, porte deux écussons : celui de l'abbaye à droite, celui de Soleuvre à gauche avec sa devise latine : *Solum opus.* C'est tout.

– Et là, dans le coin, la Victoire, qu'y a-t-il d'écrit ?

Jean Guern se courba. L'écriture était très fine. Il lut avec effort :

– *Ne vendez pas le Christ pour trente deniers.*

– Que signifient ces paroles ? murmura la bonne femme.

Jean Guern songeait. Sa large main était posée sur les deux papiers ouverts. Les rides de son front se creusaient. « Ne vendez pas le Christ pour trente deniers ! » Évidemment, ces mots se rapportaient aux armoiries de la maison de Soleuvre, qui étaient des *armes parlantes* et qui portaient : *d'azur à la main d'argent, issant d'un nuage de même et supportant un crucifix d'or.* C'est ma *seule œuvre*, disait la devise : *Solum opus.* Jean Guern resta muet pendant plusieurs minutes.

– Il y a quelque chose, Julienne, dit-il enfin, c'est une devinaille. Nous chercherons.

– Oui, la Victoire, nous chercherons. Mais pourquoi ce point rouge dans la poitrine du Christ ?

Jean Guern tressaillit. À la place où, d'ordinaire, on voit la blessure faite par la lance, on avait dessiné un tout petit cœur écarlate. Jean Guern songea encore et répéta :

– Il y a quelque chose ; cherchons !

Il prit au hasard un papier dans le tas. C'était un chiffon jauni sur lequel était collée une mince bande de parchemin qui portait en caractères presque effacés : « Le cœur est d'or, il vaut six cent mille écus. »

Guern lut tout haut. Julienne s'écria en joignant les mains :

– Y a-t-il tant d'argent sur la terre ?

La sueur perçait sous les cheveux blancs de Jean Guern.

– Me voilà bien vieux, pensa-t-il tout haut, pour me jeter là-dedans ! et la raison du pauvre frère Arsène Scholtus n'était pas solide…

Machinalement, il avait ouvert un autre papier. Celui-ci portait en tête : *Pour Jean Guern.* Il était de l'écriture du mort. Frère Arsène y disait : « Je m'adresse à Jean Guern, parce que je l'ai toujours vu brave, généreux, prudent et fort…

– Cela est vrai, la Victoire, interrompit julienne.

– Silence ! femme… « je m'adresse à Jean Guern, parce qu'il a été l'ami et le serviteur de Bazeille, le serviteur et l'ami de Soleuvre. L'enfant a dans ses veines le sang de Bazeille et de Soleuvre. On ne sait ni qui vit, ni qui meurt. Je ne suis qu'un pauvre vieillard, et mes secrets me pèsent. « Je certifie sur les trois portes ouvertes par Notre-Seigneur au salut de l'homme pécheur, sur la Foi, sur l'Espérance et sur la Charité, que le jeune homme portant le nom d'Hector, maréchal des logis au deuxième régiment de Vauguyon, comme on l'appelle, est né du légitime mariage du baron de Soleuvre et de Constance de Bazeille… Les preuves de sa naissance sont avec les six cent mille écus qui forment son héritage. »

Julienne se leva toute droite, criant :

– Constance ! *m'nafant* ! (mon enfant.)

Les bras du vieillard tombaient. Julienne avait nourri de son lait les deux sœurs jumelles : les deux dernières Bazeille, cette Constance, dont parlait le billet de frère Arsène, et Mathilde, mère d'Honorine de Blamont. De grosses larmes étaient sur la joue rude de la bonne femme. Constance était morte, Mathilde était morte, toutes deux bien jeunes et si belles ! toutes deux malheureuses et loin du pays !

– M'nafant ! M'nafant ! répétait-elle, revenant au patois dans l'excès de son émotion.

Puis, soudain plus blême que le visage du mort :

– La Victoire, mon homme ! prononça-t-elle d'une voix étranglée ; comment l'appellent-ils donc, celui-là qui sera fusillé demain ?

La tête de Jean Guern s'inclina lourdement sur sa poitrine.

– Il y a des choses qui ne sont pas possibles ! murmura-t-il ; non ! non ! je ne veux pas croire cela !

Dans le profond silence qui suivit, le mari et la femme purent entendre la grand-porte de la maison Legagneur tourner avec bruit sur ses gonds. Les invités du baron Michel sortaient de bonne heure et sortaient gaiement. Quelques douces voix de jeunes femmes échangeaient les adieux, expliquant qu'il fallait se lever matin le lendemain pour aller au champ de Mars…

Au champ de Mars, où ce beau jeune soldat devait tomber avec des taches rouges à sa chemise. On ne voit pas cela tous les jours !

Julienne serra son bâton d'une main convulsive et dit :

– Nous y serons aussi, nous deux, pas vrai, la Victoire, si vous voulez ?

III
Jean Guern et sa femme

Le vieux dragon mit le billet de frère Arsène avec les papiers déjà examinés.

– Nous avons toute une nuit devant nous, dit-il.

Sa belle figure avait désormais un calme extraordinaire. Julienne le regardait comme un brave soldat contemple son général à l'heure du danger suprême.

– Cherchons ! répéta Jean Guern ; tout à l'heure, avant de mourir, ce brave homme a prononcé des paroles, et sa main montrait toujours le coffre. Cherchons !

Il prit l'un après l'autre plusieurs papiers aussitôt rejetés qu'ouverts. C'étaient des manuscrits jaunis par le temps, des copies de cantiques, diverses leçons de cette fameuse prophétie d'Orval, qui avait exercé une si grande influence sur les actions de frère Arsène. Julienne suivait le travail de son mari. Elle dévorait du regard ces papiers qui étaient muets pour elle. Tout en feuilletant, Jean Guern disait :

– Se peut-il que j'aie oublié si longtemps ceux qui sont morts ? Femme… Ce jeune homme serait le fils d'Hector et de Constance ! Un Soleuvre ! une Bazeille ! Attendez ! attendez, que je me souvienne !

Il pressa sa tête à deux mains.

– Il m'a dit, reprit-il ; oui, c'est cela : il m'a dit qu'on avait demandé la grâce à Paris… et qu'on avait envoyé de l'argent… et une lime ; mais l'enfant croit que quelqu'un l'a oublié… Comprenez-vous cela, femme ?

– Oui, répondit Julienne ; l'enfant est désespéré et veut mourir.

– Il l'a dit, s'écria Jean Guern, ce sont ses propres paroles !

– Et pour le sauver, fit la bonne femme, qu'a-t-il dit ?

– Rien ! murmura Jean Guern à voix basse. Il avait pourtant un moyen ! reprit-il ; oui, je crois qu'il avait un moyen, mais la mort était sur ses lèvres comme un bâillon… Il s'est tu pour toujours, avant d'avoir dit !

– Et Dieu ne fera pas un miracle ! s'écria Julienne.

Les mains de Jean Guern se prirent à trembler.

– Silence ! ma femme, prononça-t-il d'une voix altérée : Dieu est bon… Mais voilà que mes pauvres yeux se troublent !

Il essuya ses paupières enflammées et reprit :

– Dieu est bon ! Dieu est bon ! le mort va parler !

Julienne retomba sur son siège, écrasée par l'émotion.

– Lisez vite, la Victoire ! dit-elle ; mon cœur me fait mal !

Le vieillard tenait à la main un papier dont la souscription était la même que celle du premier billet : *Pour Jean Guern*. Le préambule était aussi presque semblable. Mais l'Écriture était bien changée. On eût dit que la main, déjà paralysée, avait fait de longs et pénibles efforts pour tracer chaque mot.

… On ne peut pas lui donner l'héritage, disait Frère Arsène, on ne peut pas lui révéler les noms de ses père et mère avant que l'heure ait sonné. J'ai relu ce matin la prophétie, peut-être pour la dernière fois. Ils disent que je suis fou. Non, mais

17

je crois. C'est la quatrième centurie, celle qui suit la prédiction particulière pour la maison de Bazeille, éteinte au jour et à l'heure que le solitaire avait indiqués... Le solitaire appelle les Soleuvre les fils de la croix, à cause du crucifix qui est dans leurs armoiries.

Il annonce la mort du troisième Hector, celui qui confia le trésor à notre saint abbé Lucas de Trêves, pour la lune médiale de sa trente-troisième année ; or, le baron Hector, du temps de la Révolution, mourut en exil à trente-trois ans et six mois. Je l'atteste.

Le solitaire annonce la mort de son fils, le quatrième Hector, pour un âge moins avancé : sept ans et demi plus tôt. Le dernier baron quitta Sedan le jour de ses vingt-six ans. Les Legagneur savent pourquoi. Il partit avec sa femme et son petit enfant de cinq ans pour le domaine de Blamont. Jamais on ne revit le père ni la mère. Les Legagneur prirent la maison ; ils avaient des titres. Ils étaient en règle avec la justice... Mais ce qui se passa au château de Blamont, dans la nuit du 12 novembre 1817, sera connu par la volonté de Dieu.

L'enfant fut sauvé. L'enfant s'était égaré dans les bois d'Orval par la permission de la Providence. Il trouva un asile dans la cabane où je m'étais retiré, moi Arsène, dernier vivant de la sainte communauté. Que le nom de Dieu soit béni ! Voici la partie de la prédiction qui a trait à l'enfant :

22. Après cinq lustres et treize lunes non parfaites (vingt-six ans ;) le *sang de la croix* nuitamment coulera.

23. C'est fait. *Le fils de la croix* ne porte plus le nom de son père. L'ennemi interroge les quatre vents du ciel.

24. Que l'enfant soit placé dans la maison même de l'ennemi. Qu'il s'ignore. Chaque lune écoulée rend le danger moins grand.

25. L'ennemi puissant est aveugle. Il faut trois lustres, une moitié, puis un quart pour lui dessiller les yeux.

26. Le *fils de la croix* ceint l'épée.

27. Depuis le jour de sa naissance, dix fois vingt lunes et sept fois dix lunes et quatre lunes non parfaites. Le grand danger commence.

28. Le dernier gardien de l'anneau d'or va à Dieu. (Ceci est l'annonce de MON décès.)

29. C'est fait. La deux-cent soixante-quinzième lune est commencée. Si le fils de la croix a dit son nom aux méchants, deuil, deuil, deuil :

30. C'est fait. Dieu soit avec ceux qui vivront après le quatrième lustre accompli ! Tel est le texte écrit de la propre main du solitaire. Le dernier gardien de l'anneau d'or, c'est moi, Arsène. Mon heure a sonné. Je vais à Dieu... Ce matin, je me suis senti faible, et pour la première fois, la crainte de la mort m'est venue. J'ai des secrets qu'il ne m'est pas permis d'emporter avec moi. Je me suis rendu au village de Bazeille, chez M. Jean Guern, sellier-carrossier, parce qu'il aime et respecte, comme je peux les aimer et respecter moi-même, ceux dont la destinée terrestre est dans ma pauvre misérable main. Jean Guern et sa femme Julienne étaient partis pour la ville de Mézières. Que la volonté de Dieu soit faite !

Depuis que ses quatre enfants étaient des hommes et que le travail n'allait plus dans Bazeille, Jean Guern s'absentait souvent.

– Ah ! la Victoire ! s'écria la bonne femme, quelque chose nous disait de ne point quitter la maison ! Vous en souvenez-vous ?

– Oui, femme, il faut écouter les avertissements.

– Mais lisez, lisez, mon homme. Vous avez bien raison : Dieu est bon, et c'est le mort qui parle.

Jean Guern poursuivit :

Ils sont autour de l'héritage comme des loups autour d'une proie. La fièvre me brûle, mais mon esprit est sain : croyez mes paroles. Tout ce qui arrivera de mal sera le fait de ceux qui habitent la maison de son père. Les prophéties l'ont dit, et sachez un secret. Vous pensez que leurs trésors sont inépuisables ? Mensonge ! Ils poursuivent l'orphelin, parce que désormais son héritage est leur seule ressource... »

Jean Guern s'arrêta parce qu'il ne pouvait plus déchiffrer l'écriture embrouillée. Le pauvre frère disait vrai : il avait la fièvre. Sa plume tremblait davantage à mesure que son style devenait plus obscur. Julienne demanda :

– Est-ce des Legagneur qu'il parle ?

Au lieu de répondre, Jean Guern secoua la tête lentement. Il tourna la page. L'écriture changeait brusquement et il y avait une date : « samedi matin. » Ce qui suivait avait été écrit la veille. C'était ainsi : « *Pour Jean Guern*. – Je viens d'avoir une crise terrible et qui m'annonce ma fin. Arriverez-vous quand je n'aurai plus ni mon esprit ni ma parole ? C'est après-demain, lundi matin, que commence le dernier mois, le mois fatal. J'ai essayé en vain de relire la page qui précède. Je prie Dieu de me laisser assez de force pour vous instruire, Jean Guern, ami et serviteur de Bazeille et de Soleuvre !

« Ils ont tendu un piège à l'enfant. Il leur faut sa mort. On lui avait enlevé le nom de son père pour le mettre à l'abri. Ils l'ont deviné dans son humble fortune. Je n'étais pas seul dans le secret. Dieu me garde d'accuser à ma dernière heure ! Mais ils ont le secret... Une grande part du secret. Ils savent que le trésor est caché dans les ruines de l'abbaye d'Orval. Je jure sur mon salut que, pour ma part j'ai été discret.

... L'enfant est tombé dans le piège. Le voici condamné à mort, et le jour même de sa condamnation, la main du Seigneur s'est appesantie sur moi. Je suis enchaîné dans ma pauvre demeure. Pourquoi avez-vous quitté le pays, Jean Guern ? Voici ma mort qui vient : la prédiction s'accomplit. Sur le point de paraître devant Dieu, je dis la vérité : j'ai fait ce que j'ai pu. J'ai dit à l'enfant quels étaient ses amis : je vous ai nommé, j'ai nommé Mathieu Sudre, l'homme au loup. C'est grâce à Mathieu que nous avons le plan, et c'est grâce au plan que l'enfant aura son héritage, s'il garde sa vie...

J'ai fait encore ceci, quand l'enfant a été prisonnier : l'enfant a reçu de moi, dans son cachot, par un soldat nommé Monnin, cinquante louis amassés par moi sou à sou, une bague de diamant qui était à sa mère et des limes. On lui a dit : Avec cela vous pouvez vous sauver, le geôlier est un homme à vendre. L'enfant a répondu : « Je ne veux pas me sauver. »

Il a donné son cœur à Honorine de Blamont. Il ne sait pas qu'il est plus noble et plus riche qu'elle. Ceux qui le tuent lui ont fait accroire que la bonne demoiselle Honorine ne voulait plus de son cœur. Et il n'a que trop de motifs pour ajouter foi à ce mensonge ! Mais, je vous le dis, Jean Guern, c'est un mariage écrit dans le ciel ! L'enfant avait envoyé vers sa cousine le soldat Monnin, qui n'est pas revenu. Est-il mort ? Les Legagneur le savent. La bonne demoiselle Honorine vit en prisonnière auprès de son père, le mari veuf de la sainte Mathilde de Bazeille, l'avare André de

Blamont de Bastoigne, chez qui sont morts, la même nuit, le dernier baron Soleuvre et Constance de Bazeille, sa femme…

– Mon homme ! mon homme ! interrompit Julienne, qui écoutait avidement, vous qui comprenez mieux que moi, y a-t-il tant de crimes autour de nous ?

– Taisez-vous, femme ! ordonna Jean Guern d'une voix grave. Et il continua de lire :

Honorine a le cœur brisé. Depuis le jour de la chasse où l'enfant tira l'épée contre le major Legagneur, elle n'a pas quitté son lit de souffrance. Mais Mathieu Sudre, l'homme au loup, l'a vue. Elle lui a dit : « Je prie pour lui ; après Dieu, « mon cœur est à lui. » Or, écoutez bien ceci, Jean Guern, si vous voulez achever ma tâche. L'enfant se doutait bien que le soldat Monnin ne pourrait pénétrer une seconde fois dans sa prison. Un signal avait été convenu entre eux. L'enfant avait dit : – Si elle veut que je me sauve, je me sauverai. Je serai encore ici le premier dimanche de carême, car les délais pour l'exécution n'expirent que le lendemain lundi. Allez et revenez, Monnin mon ami. J'aurai l'oreille au guet. Que j'entende seulement, dans la nuit des sauderies, mon nom accordé avec son nom bien-aimé, je saurai ce que cela veut dire, et je serai libre !
C'est un lionceau. Ce qu'il a promis, il le fera. Mais Monnin, le soldat, ne reviendra pas. C'était à moi d'agir. Jean Guern, si Dieu ne veut pas que je recouvre ma force, agissez à ma place ! Payez les saudeurs, et qu'ils aillent sur le rempart, vis-à-vis du château. Leur voix arrivera jusqu'à l'enfant. Du fond de leur tombe, Bazeille et Soleuvre vous béniront, Jean Guern. L'enfant sera sauvé !

– Allons, dit Julienne, qui se leva, tout de suite, si vous voulez.
– Aller où, femme ? demanda Jean Guern.
Il avait l'air grave et triste. Julienne reprit :
– Nous trouverons encore des saudeurs.
– Et de l'argent, femme ?
– J'ai ma croix d'or, mon homme.
Le vieux dragon prit un ton brusque pour cacher son attendrissement.
– Et s'il n'y a pas de saudeurs ? objecta-t-il.
– La Victoire, répondit Julienne résolument, là où l'ouvrier manque, le maître fait la besogne. Venez !
Elle se dirigeait vers la porte.
– Attendez, Julienne, dit Jean Guern, je n'ai pas fini. Il y a encore une ligne à lire, écoutez-la !

Il faut que tout cela soit fait avant dix heures. À dix heures, la consigne change avec les postes sur le rempart : ce serait exposer la vie des hommes.

Julienne était arrêtée au milieu de la chambre. Elle avait la tête haute. Elle s'appuyait sur son bâton comme un soldat sur sa lance. Jean Guern reprit :

– Femme, que dites-vous de cela ?

– Nos enfants sont grands, répliqua Julienne ; ils n'ont plus besoin de nous. Venez, la Victoire !

Jean Guern changea de couleur. Il se leva à son tour, mais tout en chancelant. Julienne le regardait étonnée. Il s'approcha d'elle presque sournoisement, l'entoura de ses bras vigoureux et la souleva de terre comme si elle eût été un enfant.

– Ma femme, murmura-t-il, les larmes aux yeux, et c'était quelque chose de touchant que de voir des pleurs sur ce mâle visage, j'ai été quelquefois trop rude avec vous…

– Oh ! la Victoire ! fit Julienne toute confuse.

– J'ai mal agi, ma femme, et je vous en demande pardon, car vous valez mieux que moi.

– Je ne veux pas que vous parliez ainsi, la Victoire, départit Julienne, prête à se révolter ; ce que vous faites est bien fait, mon homme !

– Embrassez-moi, Julienne.

– Oui, la Victoire, si vous voulez.

Vous eussiez dit un sergent et son capitaine se donnant l'accolade. Ils firent tous deux le signe de la croix devant le mort et se dirigèrent vers la porte. Jean Guern avait mis tous les papiers en un paquet dans la vaste poche de sa veste de beau drap noir. Il avait dit : – Nous lirons le reste demain.

Au moment où il franchissait le seuil, derrière sa femme, un des papiers, mal pris dans la liasse, glissa hors de sa poche et tomba sur le carreau. La lampe était près de s'éteindre. Les deux vieux époux ne prirent point garde à ce chiffon qui tombait et sortirent en ayant soin de fermer la porte.

À peine avaient-ils fait une centaine de pas dans la rue qu'un mouvement eut lieu dans l'enfoncement du portail de la maison Legagneur. Un homme traversa la chaussée à pas de loup et vint droit à la porte de la masure. Un instrument qu'il introduisit dans la serrure fit sauter le pêne. L'homme entra. C'était un grand gaillard dégingandé, à la figure effrontée. On eût dit qu'il savait ce qui venait de se passer dans cette chambre, car il alla donner un coup d'œil au mort.

– Celui-là a son compte ! grommela-t-il ; voyons le bahut.

Il souleva le couvercle du coffre et un blasphème lui échappa.

– Dénichés, les oiseaux ! on dit que le vieux Guern en vaut six et sa femme quatre : nous nous mettrons douze.

La lampe jeta une grande lueur. L'homme s'arrêta effrayé : il lui avait semblé que le mort s'agitait sous sa couverture.

– Eh bien ! quoi donc ! quoi donc ! dit-il d'un ton caressant et humble ; vous voilà un saint dans le paradis. Vous n'avez plus besoin de tout cet or et de tout cet argent. Ça ne sert à personne dans la terre…

Il fit, ma foi ! le signe de la croix en repassant devant le lit, tant il avait grand-peur. Puis, tout à coup, il gagna d'un saut la porte et se baissa pour ramasser le chiffon de papier égaré par Jean Guern. Il poussa un véritable rugissement de joie.

– Merci, vieux ! s'écria-t-il en ôtant son chapeau pour saluer le mort ; tu n'as pas tout à fait déshérité ton pauvre cloqueur de neveu Nicolas Souquet. Voilà de quoi boire et de quoi manger ; merci, mon oncle !

Il s'élança au dehors et prit sa course en sens contraire de Jean Guern et de sa femme. Tout dormait dans la ville. C'est à peine si de temps en temps on voyait aux fenêtres quelques lumières attardées. Les cabarets étaient fermés.

Guern et sa femme allaient tous deux, droits et grands dans l'ombre. Leur pas égal retentissait militairement sur le pavé. À chaque seconde enjambée, leurs bâtons frappaient un coup sec à l'unisson. Comme ils passaient devant la cathédrale, onze heures sonnaient à l'horloge. La neige ne tombait plus. On distinguait la forme de la lune sous un nuage.

– Mieux vaudrait une nuit moins claire, femme, dit Jean Guern.

– Oui, la Victoire, répondit Julienne, mais on prend le temps comme il vient.

– Si j'allais tout seul ?… continua le vieux dragon en hésitant.

L'accent de la bonne femme devint suppliant.

– C'est une mauvaise idée, la Victoire, dit-elle ; ne faut-il pas être deux pour sauder ?

Une ligne noire se dressait devant eux : c'était le rempart. Au-dessus du rempart, une grande masse sombre découpait ses profils sur le ciel. C'est à ces heures nocturnes qu'on juge bien le dessin d'un monument. Le château de Sedan est une belle et vigoureuse forteresse carrément assise, solidement coiffée. Au temps où le second système de Vauban n'avait pas encore rendu inutile ces géants de pierre, ce devait être une redoutable citadelle. Jean Guern et Julienne commencèrent à monter l'escalier du rempart.

– Qui vive ? demanda la sentinelle.

– Amis ! répondit Jean Guern.

– Passez au large !

Jean Guern savait bien qu'on ne dispute pas contre une consigne. Julienne aurait parlementé.

Il s'agissait de trouver, en dedans du rempart, un lieu d'où la voix pût arriver au château. On nivelait alors l'ancien terre-plein de Bouillon, attenant aux bastions sur l'emplacement desquels on a bâti depuis la caserne d'Asfeld. La partie orientale était déjà déblayée et couverte de constructions, tandis qu'on voyait encore, à l'ouest, en dessous du rempart et précisément en face du château, un tertre où les enfants de la ville venaient jouer pendant le jour. Il y avait là de vieux affûts et quelques pyramides de boulets rouillés. Jean Guern prit la montée qui gravissait le tertre.

Arrivé au sommet, il regarda du côté du château ; le château tout entier découvrait sa masse sévère, et la lune, qui allait se dégageant, argentait vivement les arrêtes de la toiture. La lune était au revers. Toute la partie du château qui regardait la ville semblait taillée dans un bloc de marbre noir.

On entendait distinctement les pas de trois sentinelles : deux sur les remparts de la ville, une sur la courtine du château. Toutes les trois étaient dans l'ombre.

— Le vent donne à nous, dit Julienne ; nous entendra-t-il, le pauvre jeune monsieur ?

— Nous ferons ce qu'il faut pour cela, ma femme. Son cachot doit être là, vis-à-vis de la corne du bastion.

— La fenêtre ouvre sur le fossé, murmura Julienne avec un gros soupir ; il faudrait des ailes pour s'échapper.

— Il est Bazeille et Soleuvre, répliqua Jean Guern, aigle et lion ! qu'il nous entende seulement !

Jean Guern s'arrêta au point culminant du tertre. C'était un ancien bastion ruiné et comblé, au centre duquel se trouvaient cinq ou six affûts montés sur roues et quelques lots de fascines. Rien ne protégeait nos deux époux, mais rien non plus ne pouvait faire obstacle à leur voix.

— Il s'agit de donner un coup de gosier, ma femme, dit le vieux dragon, qui tira de sa poche sa demi-pinte clissée ; buvez un peu, Julienne, cela éclaircit la voix.

— Après vous, la Victoire ! répondit Julienne, toujours, cérémonieuse, si vous voulez.

— Ma femme, reprit le bonhomme, en montrant sa large bouche, vous savez bien qu'une fois que j'ai mis le goulot là-dedans, tout y passe !

— C'est donc pour vous obéir, la Victoire, dit Julienne, qui prit enfin le flacon. Je vous salue, *et votre compagnie.*

Ce mot n'est point un non-sens, comme on pourrait le croire. Les vieux usages sont rares dans les pays qui ont subi la réforme, mais celui-là est plus vieux que la réforme. Un chrétien n'est jamais seul : il a la compagnie de son bon ange. Saluer le passant, c'est la politesse ; mais saluer aussi le compagnon invisible, l'ange gardien, c'est la foi.

Ayant accompli ce devoir, Julienne fit une belle révérence avec un signe de croix. Puis elle but une gorgée qui pouvait compter pour quatre.

— À la vôtre, ma femme, dit Jean Guern, qui prit le flacon à son tour, et à celle de votre compagnie !

Il renversa la tête et ses grands cheveux blancs flottèrent. La demi-pinte était vide.

– Attention ! reprit-il en élargissant sa poitrine ; ils ne tireront qu'après trois qui vive, et nous avons le temps, Y êtes-vous, Julienne ?

– Oui, la Victoire, si vous voulez.

Ils se placèrent à côté l'un de l'autre, la tête tournée vers le château, hauts tous deux et droits comme des colonnes. Puis la voix du bonhomme retentit sonore et vibrante : un vrai cri de cor :

– Saudés ! saudés ! saudés !

Parmi le silence profond, les échos des remparts envoyèrent ces trois mots dans la nuit. Le pas des sentinelles s'arrêta.

– Qui ? prononça Julienne de sa voix puissante autant que celle de son mari ; qui ? qui ? qui ?

Et les murailles répétèrent au loin la question. Les crosses des mousquets sonnèrent sur le granit. Trois « qui vive ! » tombèrent à la fois. Jean Guern dit tout bas :

– Bien, femme ! Nous avons le temps !

Puis, à pleins poumons :

– M. Hector, maréchal des logis aux chasseurs de Vauguyon, et Mlle Honorine de Blamont !

– Qui vive ? crièrent les sentinelles.

– Ils arment, murmura Jean Guern ; avez-vous entendu, femme ?

– Oui, la Victoire, j'ai entendu. Dieu veuille qu'il ne vous arrive point de mal !

– Sont-ils bien saudés ? reprit le bonhomme en faisant un porte-voix de ses grandes mains. Ensemble, Julienne ! ajouta-t-il tout bas.

Et tous deux à la fois, en effet, le mari et la femme :

– Oui ! oui ! oui !

– Qui vive ?

Celui-là était le dernier.

Une lueur parut dans le noir. Une meurtrière s'éclaira au centre de la sombre masse des bâtiments du château.

– Voilà son signal, dit Jean Guern ; que le bon Dieu soit béni, il a entendu !

La lueur était éteinte déjà. Les deux vieillards se touchèrent la main. Mais une traînée de feu sillonna les ténèbres au haut de la courtine. Une détonation retentit.

– Baissez-vous, Julienne ! commanda l'ancien dragon. Les balles sont lâches : elles frappent les femmes.

Et comme Julienne n'obéissait pas assez vite, il appuya sa large main sur son épaule. Julienne s'affaissa du coup, en dedans de la murette du bastion, derrière les fascines.

– Allons ! fit Jean Guern, qui se mit à rire en regardant le rempart, feu ! coquins !

Vous eussiez dit qu'on obéissait à son commandement.

Deux autres traînées de feu s'allumèrent presque en même temps aux deux extrémités du rempart. Deux explosions se firent, roulant d'échos en échos, comme deux coups de tonnerre. Le timon de l'affût devant lequel Julienne se tenait debout tout à l'heure vola en éclats.

– Bien visé ! s'écria Jean Guern, qui agita son chapeau ; descendons tranquillement, femme, notre besogne est finie. L'enfant est sauvé, puisqu'on lui a rendu son cœur !

IV
La jeunesse d'Hector

Ils avaient bien raison de l'appeler le bel Hector. Jadis, quand il était commis chez les Legagneur, et qu'il avait ses grands cheveux blonds sur ses épaules, les dames du vieux commerce de Sedan, qui sont un peu classiques, le comparaient volontiers au souriant Adonis ou au jeune Endymion. Tous les benêts de « la jeunesse » le jalousaient à l'unanimité.

Mais c'était un rêveur, indifférent aux succès, paresseux à la besogne des bureaux, ennemi de la danse, des jeux innocents et même des charades en action. On reconnut bientôt, parmi le monde de Sedan, qu'il *n'avait point d'esprit*.

Ne nous demandez pas ce que c'est *qu'avoir de l'esprit*, dans le monde provincial, et même dans le monde parisien. Nous ne saurions vous faire qu'une réponse, et vous la trouveriez insolente.

Hector n'avait donc point d'esprit : voilà le fait. Ces messieurs de la jeunesse radotaient cela tant qu'ils pouvaient, mais tout bas, parce que ce pauvre Hector, doux comme un agneau, en avait malmené quelques-uns, par hasard, en ses jours de mauvaise humeur.

Avec son petit air modeste et ses beaux grands yeux, il cassait tout, quand la colère le prenait. C'était un diable. Il y avait bien, dans *la jeunesse*, une demi-douzaine de matadors qui savaient cela par expérience.

Deux ou trois fois il s'était pris de parole avec ces messieurs – qui *avaient de l'esprit*. Quelques-uns prétendaient que ces messieurs n'avaient pas brillé. Il n'eut point fallu en demander des nouvelles à ce pauvre Hector, qui ne se souvenait guère de ses victoires.

Il ne buvait jamais que de l'eau. Un soir, je ne sais sur quel défi, il s'attabla en compagnie des six tonneaux les plus capables qui fussent parmi la jeunesse de Sedan. Il les emplit, les mit sous la table et s'en alla gagner le prix du tir à la carabine. S'il avait eu seulement un peu d'esprit ! Mais toutes ses additions étaient fautives ; il ne savait pas même écrire à un correspondant de Paris : « Monsieur. Bonne note de votre honorée du 7 courant, dont nous avons reçu la faveur. Notre sieur Michel vous retourne le compte Gondenèche, ensemble les factures de la maison Robert, dont accusé de réception à vos commodités, S. V. P... »

Et autres. Les splendeurs de ce style étaient absolument au-dessus de sa portée.

Les petites infamies marchandes qui se commettaient dans la maison Legagneur passèrent longtemps inaperçues devant ses yeux fermés. Pour voir cela du premier coup, il faut la vocation. Mais quand il découvrit cette myriade de hontes microscopiques, il prit du chagrin, se sauva, s'ennuya de ne rien faire et résolut de s'engager dans les chasseurs de Vauguyon.

S'engager ! voilà un de ces actes graves qui forcent à interroger le passé. Pour s'engager, il faut, quand on n'est point majeur, l'autorisation des parents et il faut, en tout état de cause, cet ensemble de pièces qu'on appelle excellemment des *papiers*. Or, le pauvre Hector n'avait point de parents, n'avait point de papiers.

Il fallut s'adresser aux Legagneur, ses anciens patrons. Le chef de correspondance du baron Michel répondit que c'était un enfant de contrebandier, trouvé sur la frontière belge, et qu'on l'avait nommé Hector, à cause du dernier Soleuvre, qui était son parrain. On appelait le 3e chasseur le régiment Vauguyon en souvenir du brillant jeune homme, le marquis de la Vauguyon, qui l'avait commandé sous la Restauration. Le marquis s'était retiré en 1830 ; son successeur, vieux brave de l'Empire, se souvenait bien de s'être engagé sans papiers en 1808. Hector lui plut ; il lui mit l'uniforme sur le dos.

Et, je vous en réponds, Hector ne valut pas mieux sous l'uniforme que la plume à l'oreille, pendant les premières semaines, du moins. La discipline militaire lui sembla un esclavage intolérable. Il regretta presque le grillage derrière lequel il faisait autrefois ses additions.

Il était plus rêveur que jamais. Cette lettre du chef de correspondance avait soulevé en lui je ne sais quelle vague tempête de souvenirs. Son parrain ! Hector de Soleuvre ! Il se rappelait bien ce jeune homme beau, triste et fier. C'étaient les seules douces caresses qu'il eût reçues alors qu'il était enfant.

Il y avait bien aussi une jeune femme... Mais notre pauvre Hector croyait rêver quand il avait cette vision angélique : un front pur, entouré de cheveux blonds rayonnants ; de belles larmes au travers d'un mélancolique sourire. L'avait-il vue vraiment dans sa petite enfance, cette chère et délicieuse apparition, ou était-ce le rêve qui vient au chevet des enfants sans mères ? questions répétées sans cesse et toujours vainement.

Notre pauvre bel Hector était comme le monde lui-même, qui a ses temps historiques et ses fabuleuses périodes. Plus on veut fouiller ces espaces mythologiques, plus on s'égare dans les sentiers de l'impossible. Il faut arriver à la première date certaine, au premier fait humain, au lever de cette longue journée dont les temps poétiques ne sont que le crépuscule.

Ainsi pour Hector. Dès que sa mémoire lui fournissait des réponses précises, il retombait du ciel sur la terre. Il se voyait petit paysan dans une terre appartenant aux Legagneur. Puis, la sœur aînée du baron Michel, une bonne créature qui était morte trop tôt, l'amenait à la ville. Puis le collège et les dédains de ceux qui avaient père et mère. Puis le bureau, et encore les dédains des collègues, qui pouvaient ajouter quelque chose à leur nom de baptême.

Hector laissait là volontiers ces souvenirs de sa jeunesse maussade, mais il s'acharnait aux rêves de son enfance. Or, on n'est pas chasseur à cheval pour rêver. Le bon colonel Poncelet disait déjà que sa nouvelle recrue ferait un piètre soldat, lorsque tout changea comme par magie.

Le 3e chasseur tenait garnison à Montmédy, tout près de la frontière belge. Un matin que notre Hector se promenait après la parade, il vit du monde assemblé sur le pont de la Chiers. La rivière débordée passait en tourbillonnant sous les arches. Il y avait une voiture arrêtée à la tête du pont. La foule se penchait sur le parapet. Parmi la confusion des voix, Hector crut entendre qu'un enfant se noyait. Il perça la cohue. Comme il arrivait au parapet, une jeune fille, admirablement belle, les yeux en pleurs, les cheveux épars, agitait une bourse et implorait ceux qui l'entouraient. Ses yeux tombèrent sur Hector. Il y eut un rayonnement autour de son front.

Elle s'élança. Elle lui prit les deux mains. Elle s'écria, (je ne sais si elle était folle, car Hector ne l'avait jamais vue :)

– C'est vous ! c'est vous ! vous allez le sauver !

Elle l'entraîna vers le parapet. On eût dit une sœur qui reconnaît son frère. Hector ne répondit point. Il se jeta du haut du pont, tête première. Il revint deux fois à fleur d'eau pour prendre haleine : deux fois les mains vides. La jeune fille criait :

– Pour moi ! Encore ! Pour moi !

Elle repoussait une vieille dame qui voulait contenir ses cris. C'était à elle la voiture. Les chevaux emportés avaient effrayé un enfant qui jouait sur le pont étroit. L'enfant avait voulu monter sur le parapet. Le pied lui avait manqué. On l'avait vu disparaître dans le tourbillon, blanc d'écume.

Hector replongea une troisième fois et ramena l'enfant à la berge. La mère vint lui baiser les mains. Il ne vit pas la mère. La jeune fille était là, près de lui, muette désormais, et si pâle, qu'elle semblait prête à défaillir. Sa bourse était toujours dans sa main. Elle la présenta à Hector qui recula.

Elle fit un pas vers Hector. Elle lui tendit sa main, sans la bourse.

– Merci ! murmura Hector.

– Comment vous nommez-vous ? demanda la jeune fille.

– Je me nomme Hector.

– Hector qui ?

– Rien qu'Hector !

La bonne dame qui accompagnait la jeune fille l'appelait de loin :

– Honorine ! mademoiselle Honorine !

Ce nom sonnait dans le cœur d'Hector comme la voix d'un souvenir.

La foule, qui n'avait plus peur, regardait. Honorine vit cela et rougit.

– Je voudrais… murmura-t-elle avec embarras.

Elle allait encore parler de récompense. Hector l'interrompit. Il la regarda en face et lui dit cette chose insensée :

– Si dans deux ans j'étais capitaine, m'accepteriez-vous pour fiancé ?

Qu'ils sont fous, ces enfants ! Hector avait beau être enfant et fou, il s'arrêta stupéfait d'avoir prononcé de semblables paroles.

La belle jeune fille avait changé de couleur ; ses sourcils délicats se froncèrent. Hector n'avait jamais eu peur, mais cette fois il se sentit trembler. La bonne dame arrivait. La jeune fille dit tout bas :

– Peut-être…

Elle le dit si bas et d'une façon si étrange, qu'il semblait que ce fût malgré elle. Puis elle monta dans sa voiture, qui reprit le galop. La bourse avait été pour la mère de l'enfant.

À dater de cette heure, un changement profond s'opéra chez Hector. L'ambition naquit en lui à l'improviste. Il travailla nuit et jour. Son cœur et son cerveau s'étaient emplis à la fois, et son effort ressembla tout de suite à une fièvre. Il alla trouver le colonel Poncelet et lui dit :

– Par le travail, par la bonne conduite, par tous les moyens que l'on peut employer humainement, est-il possible de devenir capitaine en deux ans ?

– Si vous n'aviez pas été si beau cavalier, lui répondit le vieux brave, je vous aurais déjà mis à la porte.

Ce n'était pas une solution. Mais le colonel Poncelet avait un faible pour ce jeune fou. Hector insista. D'ordinaire, ceux qui ont gagné honorablement et péniblement tous leurs grades sont fort scandalisés des ambitieuses impatiences de la jeunesse. Ils raisonnent d'après leurs années de services, et ne veulent point qu'il soit possible d'arriver en moins de temps qu'eux. Le colonel Poncelet était un peu de cet avis-là. Il appela Hector impertinent, mais il lui frappa deux ou trois fois sur l'épaule avec bonhomie, et finit par dire :

– Si nous avions la guerre…

– Il faut donc la guerre pour avancer ? s'écria Hector.

– Morbleu ! dit le vieux brave, je ne demande qu'une campagne pour passer général ! Mais pourquoi vous faut-il des épaulettes en deux ans, maître fou ?

– Parce que je l'ai promis, mon colonel, répondit gravement Hector.

– À qui l'avez-vous promis ?

Un pied de rouge et le silence. Le colonel éclata de rire.

– La jeune demoiselle vous accordera terme et délai, mon garçon, dit-il. Si vous allez comme il faut, je me charge de faire de vous un lieutenant dans cinq à six ans, et ce sera bien marcher. Par file à gauche !

C'était sa manière de donner congé à ses visiteurs subalternes.

Hector faillit se décourager. Mais dès qu'il fut seul, l'image de cette fière et douce enfant qui avait dit : Peut-être… passa devant ses yeux éblouis. On raille parfois les insensés, mais pouvait-elle railler, celle-là ? N'avait-elle pas son cœur dans son regard ?

Au bout d'un mois, le colonel Poncelet fit appeler Hector.

– Brigadier, lui dit-il, qui donc avons-nous demandé en mariage ?

Quand le roi appelait quelqu'un monsieur le comte, même en se trompant, c'était de la besogne pour le sceau.

– Merci, colonel, balbutia Hector ; voilà mon premier pas fait, grâce à vous !

– Tu iras loin si tu veux, petit, reprit le bonhomme. Je sais de tes nouvelles. Tu travailles la nuit et le jour ; ça peut servir. Mais moi, je n'ai jamais eu besoin de trigonométrie pour commander la manœuvre. Tu as rêvé tout éveillé, ça se voit comment la nommes-tu ?

Et comme Hector cherchait des paroles pour éluder la question, le vieux brave ajouta :

– Par file à gauche, petit ! on est content de toi. Si tu vis cent sept ans, tu seras maréchal de France.

Il l'avait revue, cet heureux Hector ! Il savait son nom : Honorine de Blamont. Elle n'avait plus de mère. Elle demeurait en Belgique, tout près de la frontière, entre le territoire de l'ancienne abbaye d'Orval et Villiers. Son père, M. de Blamont de Bastoigne, vivait dans la retraite la plus absolue et passait pour un homme fort étrange. Il avait la manie de singer la pauvreté. À cause de cela peut-être, l'esprit de contradiction lui prêtait une immense fortune.

Hector l'avait revue. Il s'était étonné de l'avoir trouvée mille fois plus charmante que la première fois.

Elle l'avait reconnu, et des roses plus fraîches s'étaient épanouies sur sa joue. C'était tout. Mais n'était-ce pas assez ?

Trois mois s'écoulèrent encore. Le colonel Poncelet suivait Hector. Il le nomma maréchal des logis. Et le jour même, il y a des jours heureux, Hector rencontra Mlle de Blamont sur le seuil de cette pauvre femme qui avait failli perdre son enfant dans les eaux de la Chiers débordée. L'enfant était devenu le protégé de la belle Honorine. Elle venait le voir avec la bonne dame qui toujours l'accompagnait.

Hector hésitait à passer le seuil, Honorine lui rendit son salut et lui dit :

– Entrez. N'avez-vous pas le droit de venir à toute heure dans cette maison dont vous avez été la providence ?

Hélas ! il eût fallu répondre. Mais le cœur trop plein ne trouve pas de paroles. La maison où l'enfant dormait seul avait un aspect misérable. Ce n'était pas seulement le dénuement, c'était aussi l'abandon. La mère avait une mauvaise réputation dans la ville. Il y avait bien un père mais il errait de l'autre côté de la frontière avec une condamnation sur le corps.

Pendant qu'Hector se taisait, Mlle de Blamont souriait, et son sourire était bon comme la tendresse d'une sœur. Elle dit enfin :

– Votre nom est dans ma prière le matin et le soir.

Une larme jaillit sur la joue d'Hector. Honorine déposa son offrande sur le poêle éteint, puis elle s'approcha du petit lit où dormait l'enfant, qui avait la fièvre. Elle se pencha au-dessus de lui et le baisa au front.

À son tour, Hector vint au berceau. Il chercha sur le front de l'enfant la place où les lèvres d'Honorine avaient laissé leur empreinte de pure fraîcheur. C'étaient des fiançailles. L'enfant ne savait pas. Il s'éveilla et Honorine lui dit :

– Je vais rester tout un mois à Montmédy, petit Pierre, dis-le à ta mère. Je suis à l'hôtel de Blamont. Guéris-toi pour venir me voir.

L'enfant se guérit, et il était bien heureux entre son bon ami Hector et sa belle protectrice ! La mère bénissait Dieu, qui avait fait déborder ce ruisseau de la Chiers, l'abondance était dans la pauvre maison désormais.

Quand petit Pierre partait pour l'hôtel de Blamont avec un bouquet, Hector était toujours sur la route. Il avait aussi des fleurs. On refaisait le bouquet en causant de la demoiselle. Et là-bas, à l'hôtel, petit Pierre causait de son bon ami Hector. Puis, quand petit Pierre revenait, Hector était là.

– Qu'a-t-elle fait du bouquet ?

– Elle a pris une fleur ?

– Quelle fleur ?

– La pareille à celle-ci, qu'elle a mise en riant à ma boutonnière.

Le bon ami Hector emportait la fleur et s'en allait heureux.

Un matin que petit Pierre revenait de porter son bouquet, Hector le vit qui pleurait. C'était le trentième jour.

– Qu'as-tu donc, petit Pierre ?

Les larmes étouffaient la voix de l'enfant.

– La bonne demoiselle va s'en aller, répondit-il ; nous ne la verrons plus.

– T'a-t-elle dit où elle allait, petit Pierre ?

– Au pays du Luxembourg, de l'autre côté de la frontière.

Hector laissa tomber sa tête sur sa poitrine. Mais l'enfant reprit :

– C'est là que s'est passé l'histoire.

– Quelle histoire, petit Pierre ?

– Une belle histoire que la bonne demoiselle m'a racontée.

– Veux-tu me la dire ?

– Oh ! non, car elle me l'a bien défendu !

La tête de notre Hector se releva à demi. Il prononça d'un accent dédaigneux :

– C'est que tu ne la sais pas mon pauvre petit Pierre !

– Oh ! si fait, répondit l'enfant, irrité de cette provocation ; c'est l'histoire des deux fiancés du chêne d'Orval. La demoiselle était noble ; le garçon n'était qu'un bachelier, mais il était si beau ! et si bien il aimait ! Voilà donc que les parents de la demoiselle voulaient la marier à un baron qui était méchant et qui avait la barbe rousse. La demoiselle ne voulait pas : elle pleurait la nuit et le jour.

Il y avait un grand chêne au bout de l'avenue, un grand chêne creux où les moines d'Orval avaient mis une sainte Vierge dans sa niche toute tapissée de fleurs. La demoiselle, qui s'appelait Marie, venait faire sa prière devant l'image de la Vierge sa patronne. Voilà qu'un beau jour elle vit du blanc dans le trou noir. C'était un papier ; elle le prit ; le papier contenait de l'écriture du pauvre bachelier… Trouves-tu cela joli, monsieur ?

– Bien joli, répondit Hector, qui tâcha d'assurer sa voix tremblante. Continue ton histoire.

– Eh bien ! l'héritière du château lut l'écriture du bachelier, qui lui disait : « Je vais me faire soldat. On me nommera baron, moi aussi, attendez-moi. » Tu vois bien que je la sais, l'histoire !

– Et le bachelier devint-il baron ?

– Oh ! non, va ! répliqua petit Pierre ; la fin est bien triste, bien triste ! Le méchant baron, qui était le promis de Marie, apprit cela de manière ou d'autre. Il fit tendre un piège à loup dans le creux du chêne, et quand le bachelier vint encore porter de l'écriture dans le chêne creux, sa main fut prise par les dents de fer. Alors les gardes du baron arrivèrent avec des lances, lui percèrent le cœur et creusèrent une fosse au pied du chêne, où ils mirent son pauvre corps. Marie fut religieuse. Depuis qu'elle est morte, on voit une forme blanche, assise, la nuit, au pied du chêne…

Le jour tombait. Petit Pierre frissonna et dit :

– C'est moi qui ne voudrais pas passer par là !

– Et où est-il, ce chêne creux ? demanda notre Hector.

– C'est le dernier de la grande avenue du château de Blamont.

31

Hector monta à cheval à la brune. Il fit en deux heures trois lieues pour aller à la frontière belge, trois lieues pour en revenir. Et le lendemain Honorine de Blamont trouva, dans le creux du chêne, un petit papier blanc qui disait :

Moi, on ne me tuera pas. J'ai gagné un grade. Si vous priez pour moi, rien ne m'empêchera de tenir ma promesse.

V
L'homme au loup

Hector passa la journée suivante dans des transes mortelles. Il avait osé écrire ! Quel serait le prix de son audace ? Quand il monta à cheval, le lendemain soir, pour aller chercher sa réponse, il n'avait pas une goutte de sang dans les veines. Il faisait nuit au moment où il arriva au bout de l'avenue.

À perte de vue, entre les huit rangs de grands vieux chênes, on apercevait quelques lumières aux fenêtres du château. C'était au mois de novembre, mais la soirée était belle. Hector mit pied à terre à la lisière du bois. La lune éclairait ces halliers déserts où jadis s'élevaient comme un Louvre d'un kilomètre carré, les colossales constructions de l'abbaye d'Orval, car c'était juste l'emplacement de l'illustre monastère.

Hector s'approcha de l'arbre. Au moment où il allait introduire dans le creux sa main tremblante, il entendit tout à coup un bruit sourd dans la direction de la frontière de France qu'il venait de franchir. C'était comme si une grande troupe d'hommes eût marché ou plutôt trotté dans la nuit.

Il se tapit derrière le chêne. À peine avait-il pris cette position, qu'une masse sombre et mouvante parut au détour du chemin. C'était une sorte de cohue qui allait courant et soufflant. Hector compta une trentaine d'hommes, dont la moitié à peu près portaient des fusils en bandoulière. Les autres avaient des pelles, des pioches, des haches. Ils ne parlaient point.

Le dernier de tous allait sur un âne qui trottinait en suivant le gros de la troupe. C'était un petit vieillard qui avait la tête nue et qui portait à la main une longue baguette dorée, dont les ornements brillaient aux rayons de la lune.

Au lieu de s'engager dans l'avenue du château de Blamont, toutes ces étranges gens tournèrent court et se dirigèrent vers les ruines d'Orval, qui commençaient à quelques cents pas de là. Hector les suivit un instant de l'œil dans leur marche turbulente, quoique muette. Il songea involontairement à ces *Errants de nuit* dont on parlait tant à la ville.

Quand il se releva, il aperçut devant lui un homme, appuyé contre l'arbre. Il n'aurait point su dire comment cet homme était arrivé là sans exciter son attention.

Cet homme était de grande taille. On apercevait à peine sa figure barbue et maigre sous une sorte de capuchon monacal qui lui cachait le front et les yeux. Il portait une robe de bure et des sandales. Hector ouvrait la bouche pour interroger, lorsque l'inconnu lui tendit un papier plié qu'il lui mit dans la main sans mot dire. Après quoi il s'éloigna tout de suite à grands pas, prenant le même chemin que cette bizarre cohue dont le passage avait excité naguère l'étonnement d'Hector.

Hector se frotta les yeux. L'idée lui vint qu'il rêvait. Puis il eut la pensée de se précipiter à la poursuite de cet homme. Mais on ne voyait plus déjà sa haute et maigre silhouette entre les troncs des hêtres.

Hector plongea sa main dans le creux du chêne. Il y trouva un petit billet qu'il porta à ses lèvres avant de l'ouvrir. Il eût voulu en dévorer des yeux le contenu, mais les faibles rayons de la lune, qui s'élevait à peine au-dessus de l'horizon, ne lui montrait que des caractères confus.

Son cheval était resté à l'abri dans le taillis qui s'étendait de l'autre côté de l'avenue. Il se remit en selle et reprit le galop. En quelques minutes, son cheval le conduisit à la frontière de France, il y avait encore de la lumière derrière les carreaux poudreux d'une petite auberge située à l'extrémité de la commune de Thonne-les-prés, et qui portait pour enseigne un lion repeint à neuf. Ç'avait été le *lion batave* : c'était maintenant le *lion belge*.

Hector sauta hors des étriers et poussa la porte sans dire gare. Trois hommes étaient assis à une table, dans la salle basse fumeuse. Ils ramenèrent leurs chapeaux sur leurs yeux. C'était peine perdue. Hector ne les remarquait point.

Il vint se mettre sous la lampe, et parcourut d'un regard avide le billet qu'il tenait à la main. Le billet ne contenait qu'une ligne ainsi conçue : « Ne croyez pas le mal qu'on vous dira de moi. »

Point de signature. C'était une écriture élégante et délicate, mais la main qui l'avait tracée avait tremblé.

Pendant qu'Hector cherchait le sens de cette phrase singulière, il entendit les trois inconnus attablés derrière lui élever la voix tout à coup. On eût dit qu'ils entamaient une de ces conversations destinées à donner le change à un tiers.

— Le vieux ne demande pas mieux, fit l'un des trois interlocuteurs.

— Et la demoiselle, donc ! Le major Antoine arrive à la quarantaine, mais c'est un des plus beaux officiers du régiment !

— Il vaut mieux être Mme Legagneur avec des diamants, des dentelles et des cachemires, que Mlle Honorine de Blamont dans un trou maudit où l'on ne voit pas, en six mois, quatre figures humaines. Cela fera une gentille colonelle, quand le major va avoir son épaulette.

Hector avait un voile sur les yeux. Il y avait huit jours que M. Antoine Legagneur était major au 3e régiment. Il avait eu la bonté de promettre sa haute protection à Hector, comme ancien commis de la maison Legagneur de Sedan. Sans savoir pourquoi, et dès le premier aspect, Hector avait senti pour cet homme un éloignement qui ressemblait à de la haine.

On frappait cependant sur la table avec des chopes, et l'on criait :

– Holà ! Constant, holà !

Le cabaretier parut, un pauvre diable qui tremblait la fièvre. On le paya, puis les trois compagnons se dirigèrent vers la porte. Deux sortirent. Le troisième s'arrêta et ôta son chapeau rabattu. Hector reconnut en celui-là un ancien garçon de magasin des Legagneur qui avait eu plusieurs méchantes affaires par la ville, du temps que lui, Hector, était à Sedan. Il se nommait Bastien Lethil.

– Sommes-nous en permission ? demanda cet homme en ricanant. Puis il ajouta : On gagnerait plus que la paye de maréchal de logis de chasseurs, en travaillant un peu avec les Errants de nuit !

Et il disparut à son tour. Constant, le cabaretier, rangeait les chopes.

– Qui sont ces hommes ? demanda Hector.

– Je ne suis pas gendarme, répondit Constant. Si vous voulez boire, dépêchez-vous ; je vas fermer.

Hector demanda une chope. Pendant que le cabaretier était à la cave, Hector entendit un frôlement sourd dans la pièce voisine, puis comme le bruit d'un chien qui s'étire en bâillant. Il regarda. Il y avait en effet, sur le seuil, un chien qui paraissait de taille énorme. Hector voyait ses yeux briller comme deux ronds de feu. Le chien fit un pas. Hector tira son sabre.

Il avait reconnu un loup noir, haut sur pattes, et qui lui montrait en bâillant sa mâchoire formidable.

– Bijou ! prononça dans l'ombre de la pièce voisine une voix grave et douce, ici, Bijou !

Le loup noir, qui était déjà tout entier hors de la seconde pièce, battit de la tête à droite et à gauche, puis se retourna lentement, découvrant son échine longue et maigre. Il rentra en tortillant de la queue comme un bichon qui va chercher des caresses.

À la place qu'il occupait naguère sur le seuil, un homme de moyenne taille, aux épaules démesurément larges, parut. Il portait une peau de mouton en sayon et s'appuyait sur un long fusil à deux coups, à pierre.

Depuis une heure, notre Hector voyait d'étranges choses. La figure de cet homme le frappa plus que tout le reste. C'était un fouillis de cheveux incultes et de barbe fauve hérissé en tous sens, au milieu duquel brillaient deux grands yeux bleus intelligents et doux. Ce singulier personnage regardait Hector avec un sourire placide.

– Bijou ne lui aurait pas fait de mal, murmura-t-il en se parlant à lui-même ; Bijou connaît son monde !

Il toucha un gros bonnet de drap qu'il avait sur sa tête et fit une manière de salut timide.

– L'enfant vous aime tous les deux, Mlle Honorine et vous, dit-il, vous presque autant qu'elle.

– Quel enfant ? demanda Hector.

– La pauvre femme, poursuivit ce bizarre personnage, au lieu de répondre, m'a bien souvent parlé de vous. La rivière de Chiers n'était pas bonne, et vous étiez tout habillé. Mais ça devait arriver ; mon père s'est fait tuer pour eux, et le moine d'Orval m'a dit : « Tu te feras tuer pour leur fils ! »

Hector n'écoutait plus. Son attention s'arrêtait aux premières paroles prononcées. Il se souvenait d'avoir entendu dire que la mère du petit Pierre n'était point une veuve, et que son mari vivait au-delà de la frontière, fuyant une condamnation à mort qui pesait sur lui. Il se recula, parce que l'idée lui vint qu'il était en face d'un meurtrier.

L'homme à la peau de mouton croisa ses bras sur le canon de son fusil. Son sourire devint triste sans rien perdre de sa douceur.

– Je ne vous ai pas offert la main, dit-il, je sais me tenir ; moi et mon loup, nous n'aimons pas les caresses.

Puis, changeant de ton soudain :

– Avez-vous vu le moine d'Orval ?

– Je ne sais pas qui vous appelez le moine d'Orval, répliqua Hector.

– C'est celui qui sait ce que vous ne savez pas, prononça l'inconnu avec emphase ; un homme qui peut vous donner ce que votre père n'a pas eu.

– Mon père !… répéta Hector, dont l'étonnement redoublait.

– Te voilà déjà de ce côté, Mathieu ! dit l'aubergiste qui rentrait ; pourquoi n'es-tu pas avec les autres ?

– Ils s'éloignent au lieu d'approcher, répondit l'homme au loup ; l'Italien les trompe.

– Où piochent-ils cette nuit ?

– Où il n'y a rien que de la terre et de l'eau.

– Qui les mène ?

– L'Italien et le cloqueur.

Constant, le cabaretier, vint mettre la chopine pleine sur la table, au-devant d'Hector.

– Faites vite ! lui dit-il.

35

Hector but une gorgée de bière. L'aubergiste et celui qu'il avait nommé Mathieu causaient tout bas dans la chambre voisine. Il entendit prononcer pour la troisième fois ces mots : « Le moine d'Orval. »

Nous avons parlé de rêve. La situation d'Hector était bien véritablement celle d'un homme qu'un songe inextricable et puéril dans ses enchevêtrements emporte et fatigue. Les évènements se suivaient pour lui, cette nuit, sans avoir entre eux de lien logique. Il ne voyait que du nouveau, et chaque chose nouvelle lui présentait une énigme. Machinalement ses yeux retournèrent à ce papier qu'il tenait à la main depuis son entrée.

Ne croyez pas le mal qu'on vous dira de moi.

Tout à l'heure, au moment où, pour la première fois, il venait de lire ces paroles, on avait accusé Honorine ; on l'avait dépeinte parfaitement ; on l'avait nommée : blonde avec des yeux noirs ! on avait dit qu'elle consentait à s'unir avec le major Antoine Legagneur.

Mais, sous le papier où cette ligne si chère était tracée, il y en avait un autre. Celui-là était le papier remis par la première et la plus fantasque des apparitions de cette nuit, l'homme grand et maigre dont le visage se cachait à demi sous un capuchon de moine. L'homme qu'Hector avait vu tout à coup entre le chêne creux et lui au moment où s'étouffaient les pas de cette bande mystérieuse : les Errants de nuit.

Hector relut encore le billet d'Honorine avant d'ouvrir le second papier. Le second papier portait en tête un sceau représentant les armoiries de l'ancienne abbaye d'Orval, popularisées par la merveilleuse histoire de l'anneau de la comtesse Mathilde : *d'argent à l'anneau d'or, issant d'un ruisseau d'azur.* Cet écusson, qui va contre toutes les règles du blason, date, dit-on, du VIIe siècle. Du reste, Godefroy de Bouillon, fils des souverains de cette contrée, portait aussi métal sur métal dans son écu, qui devint l'étendard de Jérusalem reconquise.

Au-dessous de l'écusson étaient une douzaine de lignes d'écriture grosse et retournée comme la ronde. Chacun connaît la physionomie de ces caractères, qu'on retrouve dans tous les actes de la fin du dernier siècle.

C'était lisible et largement tracé. Il y était dit :

In nomine Patris et Filii et Spiritus Sancti.
Sous la sainte protection de Notre-Dame d'Orval.
Soleuvre et Bazeille ceux qui descendent des comtes de Chiny et de la bonne Mathilde, fille de Godefroy le Bossu, duc de Lorraine, ont droit au-dessus et au-dessous du sol où était l'abbaye.
Le fils de Soleuvre et de Bazeille celui qui viendra rebâtira le monastère plus grand et plus beau. Ainsi soit-il !

Les voix s'élevaient dans la chambre voisine. Hector entendit que
l'aubergiste disait :

– Ne te mêle plus de ce qui ne te regarde pas. As-tu reconnu ceux qui
étaient ici avec Bastien Lethil ?

– Les deux neveux, répondit Mathieu ; cette race de coquins est
nombreuse, mais le bon Dieu est puissant.

Il y eut un silence, puis Hector entendit de nouveau la voix du cabaretier.

– Veux-tu m'en croire, disait cet homme ; les gendarmes seront ici à
minuit avec le cloqueur. Il y a un coup du côté de la Thonnelle. Retourne
dans ton trou !

L'homme au loup ne répondit pas, cette fois Hector acheva sa lecture.
Les dernières lignes du mystérieux message étaient ainsi conçues :

Il y avait un A et une croix à la suite de ce dernier mot. Tout à l'heure
cette manière de sauvage qu'on appelait Mathieu avait prononcé des paroles
exactement semblables. Il faut bien le dire : le trouble des mystiques
espérances et des ambitions romanesques saisissait notre Hector avec une
soudaine violence.

Que lui voulaient ces étranges hasards ? Il était venu la veille dans ce
pays, où il n'avait rencontré que la nuit solitaire. Aujourd'hui les bizarres
aventures l'entouraient comme un essaim.

D'ordinaire, ceux qui ne connaissent point leur famille passent leur vie
à se croire fils de princes. C'est la nature même. L'absence de toute notion
laisse le champ libre au merveilleux. Ceux-là, on peut le dire, ont dans leur
poche le billet d'une prodigieuse loterie. Ils ont presque le droit de se dire
quand ils voient passer le roi : Voici peut-être mon père.

Mais jusqu'à ce jour, ce n'est pas de ce côté qu'avaient été les songes de notre Hector. Si ces deux noms si doux étaient venus souvent à ses lèvres : mon père ! ma mère ! c'est qu'il avait soif d'amour, c'est qu'il eût payé au prix de son sang les caresses de cette chère vision de son enfance qui vivait encore dans ses vagues souvenirs.

Hector tressaillit à la voix du cabaretier qui se montrait à la porte et disait rudement :

– On ferme !

Pendant qu'il tirait sa bourse, une autre voix caressante et sourde murmura derrière lui :

– Ami, mon vieux Bijou ! ami ! ami !…

Un grognement plaintif qui répondait à ce murmure le fit retourner. Il vit quelque chose d'extraordinaire. Son manteau était là sur une escabelle. Mathieu le faisait flairer à son loup, qui le frottait de son museau en remuant la queue comme un chien. Et Mathieu répétait :

– Ami ! ami ! mon vieux Bijou ! ne t'y trompe pas : ami !

Dès qu'il vit que le jeune militaire le regardait, il tira la laisse du loup et se recula en grommelant cette excuse :

– Il n'y a pas de mal. On ne sait pas ce qui peut arriver. Bonsoir, Constant. Viens, Bijou, nous avons de la route !

Il sortit le premier, traînant son loup, qui s'étirait et brossait le sol avec son ventre. Avant de passer le seuil, il ôta son bonnet et salua respectueusement Hector.

– Bonnes pratiques ! dit Constant avec son mauvais rire. Désormais le loup vous reconnaîtra au flair ! Gare à vous !

Hector paya et serra ses papiers sous le revers de son uniforme.

– Allez-vous jusqu'à Montmédy de ce temps-là ? lui demanda le cabaretier.

– J'y serai dans quarante minutes, répondit Hector.

– C'est bien marcher ! Bonsoir, mon officier, Dieu vous préserve de mauvaises rencontres !

Il ferma bruyamment la porte sur Hector, qui était déjà en selle. Celui-ci piqua des deux. Son bon cheval prit le galop. Il pouvait être à peu près onze heures de nuit. La brume s'était levée, mais la lune argentait le brouillard qui s'étendait par couches le long du chemin, comme les vagues d'une grande mer. À de certains endroits, un coteau surgissait tout à coup, blanc comme neige, partout où le frappaient les rayons de la lune, et présentant à ses revers des ombres rudement accusées. Les arbres fuyaient, des deux côtés du chemin, semblables à des fantômes.

Hector songeait. Le vent de sa course ne pouvait pas rafraîchir son front. Puis, tout à coup, un gros flot de brume l'enveloppait. Il marchait dans un nuage blanc dont l'éclat fatiguait ses yeux.

À cinq ou six cents pas du cabaret, en un lieu où il n'y avait point de brouillard, il aperçut au-devant de lui Mathieu et son loup qui allaient à longues enjambées. À tout hasard, il arma un des pistolets qui étaient dans ses fontes. L'homme au loup avait son fusil à deux coups en bandoulière. Il s'arrêta, serrant la laisse de sa bête, et se tint sur le côté droit de la route.

– Les pistolets ne valent rien, cette nuit, dit-il comme Hector passait ; ne comptez que sur votre sabre !

Hector passa au galop. Mais se ravisant tout à coup, il serra le mors et revint sur ses pas.

– L'homme, dit-il, on te compte parmi mes amis ?

– On fait bien, répliqua Mathieu.

– Es-tu mon ami seulement à cause de l'enfant, petit Pierre, que j'ai tiré de l'eau ?

– Ça en vaudrait bien la peine. Mais c'est pour autre chose encore.

La voix de Mathieu était tout émue. Hector reprit :

– Tu me parlais de choses que je ne sais pas. Peux-tu me les apprendre !

Mathieu secoua lentement sa tête chevelue.

– Non, murmura-t-il ; chacun a sa besogne. Je vais faire la mienne cette nuit.

– Réponds-moi du moins à ceci : sais-tu qui je suis ? as-tu connu mon père et ma mère ?

Mathieu étendit sa main vers une large prairie qui était au bas de la côte et que la Chiers coupait comme un tortueux ruban d'argent.

– Il n'y a encore personne au gué de Saint-Ilde, fit-il avec une brusquerie soudaine ; un temps de galop, mon jeune monsieur ! Si vous pouvez passer le gué tranquillement, peut-être que vous arriverez à la ville sans encombre.

– Vous saviez donc que je devais être attaqué ?…

Mathieu ouvrait la bouche pour répondre, lorsque la laisse qui retenait Bijou eut un frémissement.

– Bellement, vieux ! fit Mathieu, qui jeta à la ronde un regard perçant et rapide.

Le loup abattit sa grosse tête entre ses deux pattes et toucha le sol de son museau.

– Bellement ! bellement ! qui avons-nous, vieux ? Le loup renifla et s'assura sur ses quatre pattes comme un cheval. Puis il poussa un hurlement court en tournant ses naseaux vers le sud-est.

– C'est par là qu'ils viennent, vieux ? grommela Mathieu Sudre ; le premier lièvre que nous aurons, nous le mangerons à nous deux. Partez, jeune homme, et piquez en droite ligne. Si vous arrivez le premier, tant mieux. Sinon, à la grâce de Dieu !

Hector hésitait. Mathieu répéta en fronçant le sourcil :

– On vous dit de partir ?

Et, comme le jeune militaire ne bougeait pas encore Mathieu prononça tout bas :

– Pille, Bijou !

Le loup se ramassa sur ses jarrets et bondit à la croupe du cheval d'Hector, qui prit un galop furieux. Hector entendit derrière lui comme un éclat de rire. Il se retourna ; il vit Mathieu et son loup qui avaient repris leur trot régulier.

La route entrait dans la prairie, au milieu de laquelle brillait une nappe d'eau plus large, qui était le gué de Saint-Ilde. Aussi loin que les regards pouvaient se porter, on n'apercevait âme qui vive dans la plaine.

VI
Le gué de Sainte Ilde

Au jour, ce lieu de Saint-Ilde est une grasse et riante prairie, animée par des groupes de superbe bétail. Vous diriez un paysage de Paul Potter, tant il y a là de calme et robuste richesse. Le terrain n'a pas un pli jusqu'à la croupe des collines qui remontent vers Thonne-les-Prés. La Chiers, le plus charmant de tous les affluents de la Meuse, serpente parmi l'herbe épaisse ; son cours est indiqué de loin en loin par de gracieux bouquets d'aulnes et de saules.

Le gué marque à peu près la mi-route entre Montmédy et la frontière belge. La rivière s'élargit en cet endroit et forme une espèce de petit marécage. La route est bordée d'épais roseaux. Quiconque a traversé par un clair soleil ces tranquilles pâtures a dû penser aux vertus heureuses de l'âge d'or.

Par le fait, en temps ordinaire, aucun pays n'est plus sûr pour le voyageur que cette portion de l'ancienne Lorraine. Mais ce n'était pas un temps ordinaire que celui où se passe notre histoire. Les prisons de Montmédy regorgeaient. Il y avait une fièvre dans ces campagnes en apparence si calmes, le *golden fever*, comme disent les Américains : la fièvre d'or.

Je ne sais quel drame bizarre et fou se jouait le long de la frontière. On parlait d'attaques, d'incendies, de faux contrebandiers organisés en une armée.

Les *Errants de nuit* prenaient toutes les formes. On avait arrêté aux environs de Stenay quatre gendarmes qui étaient des *Errants de nuit* !

Ceci est le comble, assurément. Comment peindre la maladie morale d'une contrée qui ne peut plus croire aux gendarmes ! Partout, quand apparaît au loin, sur la route, cette buffleterie jaune, terrible aux malfaiteurs, l'honnête homme qui chemine se sent le cœur soulagé. De même que l'arc-en-ciel muet rappelle la promesse divine et défend à l'ondée de devenir déluge, de même ce solide cavalier, grave sur son coursier pacifique, parle sans rien dire des bienfaits de la civilisation. Vous figurez-vous cette perversité de contrefaire les gendarmes ! De telle sorte qu'un voyageur honnête prendrait la fuite à l'aspect de l'uniforme protecteur !

Vous souriez peut-être, ô vous qui me lisez ! Qui sait si je ne souris pas moi-même ? Le faible que nous avons en France pour les voleurs fait que nous raillons volontiers les gendarmes.

Hector arriva à fond de train sur le gué, où son cheval s'engagea de pleine course, faisant jaillir alentour une haute gerbe d'écume. C'était Bijou qui était cause de cela. Les chevaux ont peur des loups.

Hector n'avait rien vu en approchant du gué, sinon les roseaux immobiles et les jonchères, parmi lesquelles la lune donnait aux buissons d'aulnes de fantastiques tournures. Une fois dans l'eau, il ne s'occupa qu'à modérer son cheval. Quand la fringale de celui-ci se fut calmée et que le nuage d'écume soulevé par ses bonds s'abattit, Hector était au milieu de la rivière, qui donnait à peine assez d'eau pour mouiller le poitrail de sa monture. Il sentit frémir entre ses jambes les flancs du cheval, qui se cabra dans l'eau.

– Hope ! fit Hector, as-tu peur de te noyer dans cette mare ?

Le cheval résista. Hector leva les yeux et vit trois hommes se dresser juste en face de lui sur la rive opposée. Ils étaient habillés comme des paysans. De larges chapeaux cachaient leurs visages. Ils étaient armés tous les trois.

– Hope ! répéta Hector, qui mit ses éperons dans le ventre de son cheval.

Et il arma un de ses pistolets. Au moment même où son cheval obéissait à l'éperon, il entendit qu'on entrait dans l'eau derrière lui. Il se retourna. Trois hommes étaient sortis des buissons et le suivaient.

– Oh ! oh ! s'écria-t-il en riant ; six patauds contre un homme ! Ce serait beaucoup pour partager ma bourse ; c'est trop peu pour la prendre. Faites place, vous, là, devant !

Les trois paysans qui étaient sur la rive occidentale de la Chiers ne bougèrent pas.

– Faites place répéta Hector, qui se pencha sur le garrot de sa bête en visant celui du milieu.

Même immobilité. Il pressa la détente. Le chien n'alluma pas même une étincelle en tombant sur la platine. Hector eut comme un rapide souvenir des paroles prononcées par l'homme au loup qui avait dit : « Les pistolets ne valent rien, cette nuit : ne comptez que sur votre sabre. » Il dégaina au moment où les pieds de devant de son cheval touchaient terre.

41

Un violent coup de bâton asséné par derrière lui engourdit l'épaule. Les trois paysans se ruèrent sur lui tous à la fois. Il avait pu reprendre son sabre de la main gauche et il taillait de son mieux. Mais il avait senti déjà deux fois le froid du couteau dans sa chair.

– Nous le tenons ! dit une voix qui ne lui sembla pas inconnue ; tue le cheval, Bastien ! nous gagnons le gros lot cette nuit !

Le cheval d'Hector s'abattit sous lui pesamment. On avait dû lui trancher les jarrets par derrière. La jambe gauche d'Hector restait engagée sous la selle. Deux coups de bâton lui arrivèrent à la fois sur la tête. Un voile rouge passa au-devant de ses yeux. Il saisit pourtant son sabre à deux mains, demi-renversé qu'il était, et fit un moulinet si dru que les assaillants reculèrent. Ils étaient bien six, à présent ; Hector put les compter.

Mais il n'aurait pas eu le temps de les compter deux fois, car un coup de feu retentit derrière lui : les assaillants n'étaient plus que cinq.

Puis un autre coup de feu, et les bandits n'étaient plus que quatre.

Deux d'entre eux se roulaient sur le sol boueux.

– Ah ! on joue de cet instrument-là ! gronda un de ceux qui restaient debout.

Hector entendit qu'on armait des pistolets, il faisait des efforts terribles, mais inutiles, pour se dégager. Celui qui paraissait le chef de la bande le visa.

– L'homme au loup ! crièrent les trois autres.

L'eau se mit à bruire dans la jonchère. Une forme noire galopa le long du bord, puis bondit prodigieusement.

– Dur, Bijou ! dur ! dit une voix essoufflée de l'autre côté de l'eau.

Le coup de pistolet partit, au moment où le loup passait entre Hector et le bandit. Hector poussa un gémissement. Le bandit étranglé n'acheva pas son blasphème. Puis le grand loup s'élança de nouveau.

– Dur, Bijou ! dur !

Il y eut une lutte confuse, des cris, des jurements, des plaintes, et la bête silencieuse qui faisait çà et là des bonds désordonnés. Après quoi le loup se vautra, pantelant, dans l'herbe. Tout se taisait et rien ne bougeait plus.

Le combat, depuis le moment où Hector était entré dans l'eau, n'avait pas duré trois minutes. Il y avait trois cadavres sur le gazon. Les autres malfaiteurs avaient pris la fuite. Mathieu Sudre était encore au milieu de l'eau et disait :

– Bien joué, Bijou, mon vieux ! Voyez-vous qu'il a reconnu son monde ! Il avait flairé le manteau, le vieux : ami ! ami ! ami : Mais parlez donc un petit peu ; jeune homme !

Il se hâta, parce qu'on ne lui répondait point. Il trouva Hector évanoui et serrant convulsivement la poignée de son sabre.

– C'est Bastien qui a tiré ! grommela-t-il ; le coquin s'est sauvé ; les deux neveux aussi. Ça entrera dans notre compte !

Mathieu dégagea Hector avec adresse et précaution. Il examina ses blessures et se convainquit de ce fait : c'était l'atroce douleur causée par la position de sa jambe qui avait provoqué son évanouissement. Il l'accota contre le cheval, qui était roide mort.

Il rechargea avec soin son fusil : deux bonnes mesures de poudre, deux bourres en filasse de chanvre, deux balles, justes comme le piston d'une machine à vapeur. Il faut être prêt à tout évènement ; les deux neveux et Bastien pouvaient revenir. Puis il dit doucement :

– Ici, vieux !

Le grand loup vint aussitôt, faisant ses grâces et remuant la queue. Mathieu le caressa.

– Tu n'es pas blessé, toi ? murmura-t-il ; bonne bête ! bonne bête ! Allons ! debout !

Le loup se dressa sur ses pattes. Mathieu prit Hector dans ses bras et l'assit sur le dos long et flexible de Bijou ; puis, sans lâcher prise, il ordonna :

– Bellement ! marche !

Le loup marcha. Mathieu soutenait Hector, qui reprenait lentement connaissance. À deux cents pas de là, en suivant le cours de la Chiers, il y avait une cabane roulante, toute vermoulue et abandonnée par son berger. On l'avait poussée dans les joncs pour ne point perdre le fourrage qu'eût couvert sa superficie. La cabane n'avait point de porte. L'intérieur contenait une maigre litière de paille.

Mathieu dormait là souvent, et qu'avait-il besoin de porte, puisque Bijou restait en travers du seuil ?

Mathieu déposa Hector sur la paille et lui jeta de l'eau au visage. Les blessures du jeune soldat étaient au nombre de quatre, mais peu dangereuses. La balle du pistolet n'avait fait que lui effleurer le flanc. Sa première question fut celle-ci :

– Pourquoi m'ont-ils attaqué ? Pourquoi m'avez-vous défendu ?

– Un temps qui viendra, vous saurez tout, mon jeune monsieur, répondit Mathieu.

– Étaient-ils là pour moi ?

– Oui bien, car leur besogne est ailleurs : la mienne aussi.

– Vous saviez donc les uns et les autres que je devais venir ?

– Eh ! eh ! fit Mathieu en souriant dans sa barbe ; petit Pierre est un bon garçonnet qui conte tout à son papa. Il m'a dit hier que la bonne demoiselle lui avait récité la légende du chêne creux d'Orval. Je lui ai demandé : « L'as-tu répétée au monsieur, la légende, petit Pierre ? » Il m'a dit : « Oui. » Alors ; j'ai bien deviné que vous iriez là-bas comme le bachelier.

– Mais ces bandits ?...

– Mon jeune monsieur, j'ai ouï dire bien des fois : « Les murs ont des oreilles. » Là-bas, au clair de la lune, dans les bois d'Orval et de Blamont, les arbres ont des yeux.

– Mais d'où me connaissent-ils ? demanda encore Hector, et que peuvent-ils avoir contre moi ?

– Qu'avait le baron de la légende contre ce pauvre bachelier qui se prit au piège à loup ?

– Quoi !... commença Hector.

Le braconnier l'interrompit d'un geste grave.

– Il y a cela, prononça-t-il lentement ; il y a encore autre chose. Vous saurez tout, un temps qui viendra !

Il faisait jour quand Hector revint au quartier sur un cheval de louage que l'homme au loup avait été prendre au Grand-Verneuil. Son absence avait été constatée dès la veille au soir. En supposant même qu'aucun accident ne lui fût arrivé, il n'aurait pu éviter la punition. On l'avait guetté au départ, c'était chose évidente.

Chose plus malaisée à expliquer, on savait qu'il avait passé la frontière. Il fut puni avec sévérité ; ses blessures elles-mêmes portèrent témoignage contre lui. L'intervention seule du colonel l'empêcha d'être traduit devant un conseil de guerre pour la perte de son cheval.

Le bon colonel Poncelet le fit venir à la fin de sa peine.

– Hector, lui dit-il, répondez-moi franchement. Les jeunes gens sont parfois entraînés. Ils n'ont pas d'expérience qu'il faut pour se garder des mauvaises liaisons. Connaissez-vous quelqu'un de ces aventuriers à qui l'on donne le nom d'Errants de nuit ?

– Pas un seul, mon colonel, répliqua Hector.

– Alors, qu'avez-vous été faire en Belgique, la nuit où vous avez perdu votre cheval ?

– Mon colonel, je ne puis vous le dire.

Le vieux brave se leva et fit un tour dans la chambre.

– J'aurais cru que le major Legagneur vous aurait été favorable ? reprit-il du ton dont on fait une question.

– Je ne tiens qu'à un seul protecteur, mon colonel, répondit Hector, c'est à vous.

M. Poncelet secoua la tête.

– J'ai vu des lettres ! murmura-t-il avec brusquerie ; que diable ! ce n'est pas une histoire en l'air ! On a adressé des menaces à votre capitaine et au major Legagneur, au sujet de votre détention.

Les yeux du colonel étaient fixés sur ceux d'Hector. Son franc et honnête visage se rasséréna un peu quand il vit l'étonnement sincère du jeune homme, et il grommela :

– Je ne voudrais pourtant pas qu'on me démontât un si joli cavalier ! … Écoute, petit, reprit-il en lui frappant sur l'épaule, j'ai eu de la peine à te garder tes galons. Tu parlais de protection, c'est vrai : je t'aime ; tu es du bois dont on faisait les généraux, du temps de l'autre. Mais il faut te mettre une chose dans la tête, c'est que les vieux ne sont plus à la mode. Après la chute de Charles X, on nous a caressés pas mal. On aurait voulu mettre ce qui restait de la Grande Armée sous verre pour enjoliver les galeries de Versailles ! Mais on commence à se défier de nous. Nous ne sommes pas du gouvernement de Juillet, vois-tu bien. Les petits bourgeois qui sont maintenant la jeunesse dorée n'ont pas de respect pour nos vieilles moustaches… Tout cela est pour te dire que le major Legagneur est au régiment pour m'espionner, et que si j'avais une querelle avec le major Legagneur, ce ne serait pas à moi que l'on donnerait raison. En conséquence, tiens-toi bien, fais ton service, pas d'escapades, et… par file à gauche !

On ne peut pas savoir si notre Hector aurait eu la force d'obéir à cet ordre tout paternel : « Pas d'escapades ! »

Depuis un mois, il n'avait aucune nouvelle de Mlle de Blamont… Petit Pierre et sa mère avaient quitté tout à coup la ville de Montmédy. Les voisins ne savaient pas où ils s'étaient retirés. Hector se disait que, depuis bien longtemps peut-être, il y avait une lettre dans le creux du chêne. La fièvre le prenait parfois, et il se tenait à quatre pour ne pas sauter en selle.

Mais une circonstance vint le contraindre plus étroitement à la résignation. Le régiment partit inopinément pour Sedan. Le crédit du major Legagneur, qui voulait se rapprocher de sa famille avait obtenu cette mutation. Or, pour aller de Sedan à Blamont, il eût fallu faire désormais vingt lieues en deux traites, entre l'appel du soir et celui du matin. C'était l'impossible.

Hector arriva à Sedan triste et morne. Le découragement venait. Un soir qu'il se promenait seul par les rues, un bruit de fête le surprit au milieu de sa rêverie désespérée. Il ne savait pas où il était, mais au premier coup d'œil il se reconnut. Les chants et les rires partaient d'une grande maison de noble apparence qu'il n'avait pu oublier, car elle avait été longtemps sa demeure : c'était le logis des Legagneur.

En face se trouvait une sorte de masure. Hector remarqua à la fenêtre du rez-de-chaussée un homme, un vieillard qui le regardait fixement. Hector ne se souvenait point d'avoir jamais vu cet homme, et cependant l'aspect de cet homme provoquait en lui ces vagues efforts de mémoire qui vont remuant le passé lointain. C'était une figure austère dont la maigreur s'encadrait dans une longue barbe blanche. Les yeux avaient un peu d'égarement. À un mouvement qu'il fit, Hector entrevit derrière lui, dans la salle basse, éclairée faiblement, la rude silhouette de Mathieu, l'homme au loup.

Plus d'un mois s'était écoulé depuis cette nuit si pleine d'évènements extraordinaires, où l'homme au loup avait joué un rôle. Depuis lors, Hector, n'avait rien vu, rien entendu qui eût un lien quelconque avec les bizarres aventures de cette nuit.

Les trois hommes morts sur la rive gauche de la Chiers avaient été enlevés sans doute avant le soleil du jour suivant, car aucune instruction criminelle n'avait été entamée au tribunal de Montmédy. On avait retrouvé le cadavre du cheval à plus d'une demi-lieue de là, de l'autre côté de la Chiers, sur la lisière des grands bois de Thonne-le-long. Le cadavre était à demi-dévoré. Ce n'était point encore la saison des loups.

Cette nuit, si semblable à un rêve de fièvre, n'avait laissé nulle autre trace. C'étaient des heures isolées et tranchées qui ne gardaient aucun point de contact avec la vie ordinaire de notre Hector.

L'impression, comme on peut le penser, n'en restait chez lui que plus vive : cette nuit valait dans ses souvenirs autant et plus que tout le reste de son existence. Sans le vieux colonel, qu'il aimait comme un père, il eût depuis longtemps déjà franchi la haie qui le séparait de ces domaines inconnus où d'autres que lui semblaient jouer sa propre destinée. Il y avait un mot qui l'arrêtait surtout : déserteur !

Hector patientait, mais il n'avait plus foi en son étoile. Il était retombé du haut de ses folles espérances : capitaine dans deux ans ! Il ne croyait plus à cela.

Ce n'était pas une nature crédule. Quand nous disions tout à l'heure que rien ne lui était redit de son aventure nocturne, il faut excepter cependant le billet laconique trouvé dans le creux du chêne et cet autre papier que lui avait remis au même lieu l'inconnu, dont le visage se cachait sous un capuchon de moine, et dont l'apparition avait été comme le prélude de tant de fantasmagories. Ces deux plis étaient dans le portefeuille d'Hector.

Il avait certes pu se convaincre que le mystérieux message du moine disait la vérité, au moins quant à Mathieu Sudre, l'homme au loup, qui l'avait si vaillamment tiré de peine au gué de Saint-Ilde, et cependant cela ne le préoccupait point comme nous pourrions le croire. Sur dix orphelins de son âge ; neuf en auraient perdu le boire et le manger. Lui attendait avec indifférence le terme fixé : la pensée de Mlle de Blamont l'absorbait. Que devait-elle croire ! Il n'y avait en lui que tristesse, et ses espoirs d'hier lui semblaient misérablement fous.

Le vieillard qui se montrait à la fenêtre basse de la masure se prit à remuer les lèvres sans parler, comme quelqu'un qui prie. Il appela Hector d'un geste furtif. Hector croyait voir comme un égarement dans ses yeux, et néanmoins, il s'approcha. Le vieillard lui dit à voix basse :

– Voilà les temps qui viennent. Si vous êtes prudent, *vous aurez ce que votre père n'a pas eu.* Ne me questionnez pas : je n'ai point la permission de vous répondre. C'est demain que les jours de l'avant-dernière lune commencent… Voici l'homme qui va partir avec vous et qui vous gardera pendant les jours dangereux.

Mathieu, l'homme au loup, ôta son bonnet de laine et dit avec un respectueux salut :

– Bonjour, mon jeune monsieur. Puis il ajouta : Voulez-vous venir avec moi ?

– Où cela ? demanda Hector.

– Où le mal ne pourra vous atteindre, répondit le vieillard, à qui Mathieu semblait obéir.

Nous ne voulons pas prétendre que notre Hector fût à l'abri de faire une extravagance, mais cette aventure se présentait à lui sous un aspect si puéril, cela ressemblait si bien au début d'un conte de ma mère l'Oie, qu'il n'eut aucune tentation d'accepter. Le vieillard ne le pressa point. Il se tourna vers l'intérieur de la salle basse et dit à son compagnon :

– Il est annoncé que l'enfant doit refuser. Quand donc la prédiction d'Orval a-t-elle menti ? Nous avons fait notre devoir : le reste à la volonté de Dieu !

La nuit devenait de plus en plus sombre. La rue n'était plus éclairée que par le reflet brillant des salons Legagneur. Le vieillard ramena sur son visage le capuchon de sa vaste houppelande brune qui ressemblait à un froc. Puis il prit à deux mains les deux battants de la fenêtre pour les refermer.

– Celle qui doit l'entraîner va venir, murmura-t-il. Adieu ! enfant, je ne verrai pas la fin de tout ceci. Les prophéties ont prédit aussi la dernière heure du dernier solitaire.

La fenêtre se ferma. Le balcon de la maison Legagneur venait de s'éclairer tout à coup. C'était une belle soirée d'hiver.

– Celle qui doit l'entraîner va venir, avait dit le vieillard.

Hector eut comme un éblouissement. Il avait tourné la tête aux lueurs nouvelles qui tombaient du balcon. Honorine de Blamont, belle comme il ne l'avait jamais vue, montrait à la fenêtre ouverte son front pâle couronné de cheveux blonds. Hector resta cloué à sa place ; il était devenu statue.

Le major Legagneur et le baron Michel, patriarche de cette tribu, accompagnaient Honorine. Ils lui parlèrent un instant, puis le major baisa sa main avec une grande affection de respect, et Mlle de Blamont resta seule sur le balcon.

Elle vint s'appuyer à la balustrade, triste et toute pensive. Hector, à son insu peut-être, prononça son nom tout bas. Elle se pencha. Son regard interrogea la rue ; puis revenant à la fenêtre, elle dit à haute voix :

– Baron, j'accepte votre invitation… Je serai des vôtres pour la chasse au loup dans la forêt de Bazeille, à une condition.

– Laquelle ? s'écrièrent à la fois le baron Michel et le major.

– Cela dépend de vous, monsieur le major. Je suis peureuse. Je veux un escadron de vos chasseurs pour me défendre contre les loups.

Le major Legagneur s'inclina jusqu'à terre et répondit.

– Mademoiselle, tout le régiment y sera.

VII
La chasse au loup

On avait fait bel et bien une révolution contre les insolences de l'ancien régime, et voilà que d'autres insolences avaient grandi en une nuit, comme des champignons ! Le règne de Juillet fut une époque singulière et féconde en comédies. Les marchands mirent des talons rouges. Ne rions pas trop haut, cependant, nous avons eu, depuis lors, la mascarade bien autrement crottée des grands seigneurs radicaux.

Les Legagneur avaient précisément la position qu'il fallait en ce temps-là pour être les suzerains du pays de Sedan. C'était une famille très nombreuse qui englobait, par ses alliances, presque tout le commerce du département. Plusieurs de ses membres occupaient des postes administratifs ou parlementaires. On les craignait à Sedan pour le crédit qu'on leur supposait auprès du gouvernement nouveau ; le gouvernement nouveau les ménageait, pensant qu'ils devaient exercer là-bas une considérable influence. Le monde est plein de ces faux dieux dont les pieds d'argile reposent sur un double mensonge.

Le lendemain de ce jour où le major Legagneur avait promis *tout le régiment*, le 3e régiment de chasseurs quittait Sedan, avant l'aube, par la porte du Mesnil, pour une battue au loup, déclarée d'utilité publique. Le vieux colonel Poncelet avait eu la main forcée. Le général, l'intendant militaire et tout le corps d'officiers de la garnison étaient de la fête.

Les soldats et les sous-officiers devaient se rendre directement à la Virée, village situé à deux lieues de Sedan, vers l'est. La forêt commence là. Les officiers, au contraire, et les invités avaient quitté la ville la nuit pour faire médianoche au château de Bazeille, propriété du baron Michel Legagneur. Ils devaient partir de là pour retrouver les équipages de chasse entre La Virée et Francheval. Il y avait au bois, outre le régiment de Vauguyon et les ouvriers de la maison Legagneur, une armée de douze cents traqueurs, répartis sur quatre à cinq lieues carrées de cultures et de forêts.

Bazeille est un superbe château qui domine le village du même nom, sur la rive droite de la Meuse, et qui, dès lors était transformé en fabrique de draps. Nous l'avons dit : c'est le sort de presque toutes les seigneuriales demeures du voisinage.

Il serait malséant de nier que souvent ces transformations sont utiles et que les antiques manoirs, devenus les palais du travail, rendent parfois à toute une contrée la monnaie du bien-être qui était jadis le lot d'un seul homme. Mais ici ce n'était point le cas. Les anciens seigneurs de Bazeille avaient toujours été les bienfaiteurs du pays où leur souvenir restait l'objet d'une sorte de culte ; les vieillards racontaient encore aux veillées comme quoi le château était la maison de tous. Quand le seigneur se réjouissait, le village entier avait place à table. C'était jadis le renom de la paroisse de Bazeille de n'avoir pas un seul pauvre sur son large territoire.

Aussi, tout le monde, hommes, femmes et petits enfants, faisaient la haie devant la porte de l'église, quand M. de Bazeille arrivait le dimanche, à l'heure de la grand-messe, dans son beau carrosse, chef-d'œuvre de Jean Guern. Il souriait en passant, et chacun pouvait lui parler sans crainte.

Son allié, le baron de Soleuvre, venait toujours derrière lui. Le carrosse de Soleuvre n'avait jamais de chevaux. C'était la tradition, depuis que Chrétien III de Soleuvre et de Salm était revenu de la bataille de la Marfée, en 1641, blessé douze fois et attaché sur un joug entre deux bœufs. Le carrosse de Soleuvre était traîné par quatre taureaux noirs. Mais Soleuvre était tombé comme Bazeille, et ces choses ne vivaient plus que dans les récits du soir.

Cette nuit, c'était un peuple de bourgeois qui encombrait le salon d'honneur où se voyaient, sous émail, dans des cartouches dorés, les cinquante écussons d'alliance de Bazeille : La Tour d'Auvergne, Lamarck, Arlon, Pont-d'Oye, Montaigu, Rochefort, Wianden, Houffalize, Ansembourg, Malandry, Dampvillers, etc.

On dansait. Le faste sert à gagner de l'argent. Le baron Michel était fastueux à l'occasion, Sedan lui avait fourni tout un essaim de charmantes jeunes femmes.

Le roi de la fête était le major Antoine, bel homme entre deux âges qui se portait galamment et faisait une cour assidue à Mlle Honorine de Blamont. Celle-ci restait sous l'aile de Mme la baronne Legagneur, vieille femme de grande tournure, menant ses deux filles laides à la baguette et sachant recevoir. La baronne était de race noble. Elle s'était mariée pendant la Révolution. Elle traitait sa nièce Honorine beaucoup mieux que ses filles.

Ses filles étaient deux énormes pensionnaires, fortes de taille, rouges de joues et de bras, qui riaient comme des folles quand deux ou trois salons les séparaient de leur auguste mère. L'aînée s'appelait Brigitte, la seconde Clémentine. Elles n'étaient pas méchantes par trop.

On parlait beaucoup dans les groupes et autour des quadrilles, du mariage probable de Mlle Honorine de Blamont avec le major Antoine Legagneur. Personne ne pouvait dire qu'Honorine ne fût pas charmante, mais on s'accordait à reconnaître que le major eût pu *faire mieux* sous le rapport de la fortune. Quant à la famille, Honorine n'avait que son père. Il passait pour un homme *singulier*. Il vivait comme un loup, solitairement et pauvrement. En province, *singulier* veut dire fou. L'opinion générale était que la belle Honorine ne semblait pas apprécier suffisamment l'honneur et le bonheur d'une pareille alliance. On lui trouvait l'air triste et froid. Quelques-uns, parmi les officiers, avaient déjà prononcé ce terrible mot : *bégueule...*

Elle ne dansait pas. À quoi pensait-elle ?

Ce n'était pas comme au temps des vrais seigneurs. Le village n'était point de la fête. Le village dormait. En dehors des murs du parc, tout était solitude et silence.

Vers trois heures du matin, vous eussiez pu voir une ombre apparaître tout à coup à califourchon sur la muraille du parc de Bazeille, à l'opposé du village. C'était un homme de courte taille mais démesurément large d'épaules. Il resta un instant immobile, regardant au loin les fenêtres illuminées, puis il se laissa glisser en dedans du mur. Le parc était noir et désert. L'homme se coula sans bruit entre les massifs et s'approcha jusqu'à deux cents pas du château. Arrivé là, il emboucha un petit cornet de cuivre et sonna trois mots pareils.

Puis il se blottit derrière un gros arbre. L'instant d'après, un pas léger bruit sur le sable fin des parterres, et une voix douce qui tremblait demanda :

– Où êtes-vous, Mathieu ?

– Par ici, bonne demoiselle !

Honorine de Blamont avait jeté une mante sur sa toilette de bal, mais le froid et la frayeur peut-être la faisaient grelotter.

– Mathieu, dit-elle, je te remercie d'être venu. Il faut que je lui parle demain ; ma résolution est prise.

Au son de sa voix Mathieu devina qu'elle pleurait. Il baisa le bout de ses doigts et répondit :

– Tout ce que vous ordonnerez sera, bonne demoiselle. Vous ne pouvez vouloir que la volonté de Dieu.

– Je ne connais pas bien le bois de ce côté, reprit Honorine : y a-t-il un lieu où je puisse le rencontrer en sûreté ?... Va, ce ne sera pas long, mon pauvre Mathieu ! ajouta-t-elle pendant que ses sanglots éclataient. Et tu seras là.

– Il y a l'ancienne loge du garde à Vaurenault, répliqua Mathieu.

– Qu'il y soit ; à huit heures du matin, tu m'y conduiras.

– Cela suffit, bonne demoiselle.

Honorine reprit le chemin du château, et Mathieu franchit de nouveau la muraille du parc. Il ramassa son fusil à deux coups qui était au pied du mur, et se dirigea vers la route de la Moncelle. En passant le long des coutures il se mit à siffler doucement ; un objet noir et long bondit dans les sillons. Mathieu ne s'arrêta point. Il n'était plus seul. Son grand loup allongeait en trottant à ses côtés.

Mathieu traversa la Moncelle et la Petite-Moncelle. Ils allaient du même pas, son loup et lui. Quand ils passaient devant les maisons les chiens hurlaient. Comme ils traversaient Doigny, cinq heures sonnaient à l'horloge du village.

– Vieux, dit Mathieu sans cesser de trotter, il ne fera pas bon pour toi en forêt aujourd'hui. Tu vas te terrer comme un renard, mon pauvre Bijou !

L'énorme bête se mit à gambader joyeusement, il y avait plus d'une heure que son maître ne lui avait parlé.

– La paix, Bijou ! fit tout à coup le braconnier. Qui avons-nous là, mon vieux ?

Le loup se coucha sur le ventre aussitôt. Il mit son museau sur l'herbe. Un bruit sourd et lointain venait du côté de la route de Givonne. Bijou fit entendre un aboi plaintif et tronqué.

– Des gendarmes ? fit Mathieu en riant ; non, non, mon vieux ! tu te trompes, mais il n'y a pas de ta faute, ce sont aussi des hommes et des chevaux.

Il se gratta l'oreille et parut réfléchir.

– Nous n'avons pas le temps d'aller jusqu'à notre trou du Bois-Chevalier, murmura-t-il ; nous manquerions le jeune homme. Ici, Bijou !

Le loup se traîna sur le ventre en battant de la queue. Mathieu lui enleva son collier, qu'il enroula avec la laisse autour de sa ceinture, et prononça distinctement :

– À la maison, vieux ! et vite !

Vous eussiez dit une flèche. Le grand loup bondit par-dessus le fossé voisin et disparut en un clin d'œil dans les coutures. Il allait dans la direction de Villiers. On entendait maintenant distinctement un bruit de pas et de voix vers la route de Givonne. C'était le 3e régiment de chasseurs qui était en marche pour la forêt.

Le jour venait. La chasse était postée. Les huées des traqueurs allaient s'éteignant au lointain : on avait signalé une louve, trois grands loups et plusieurs louveteaux. La campagne promettait d'être belle. Il n'y avait pas un fort qui ne fût entouré, pas une sente qui ne fût gardée. D'un autre côté, rien n'avait été négligé pour que la halte fût splendide. Des tentes étaient dressées au carrefour Bayaud. Une armée de marmitons et de valets commençaient déjà la besogne. Toutes les musiques de la garnison de Sedan étaient là.

À une demi-lieue environ de la Virée, sur la lisière du bois, s'élève un monticule où la futaie file en hauteur et atteint la plus belle venue. La pente qui regarde la plaine est riche et alignée comme ces magnifiques bocages qui accompagnent les demeures royales. Au sommet se trouve une étoile à dix branches où trois routes et deux sentiers se croisent.

L'une des deux sentes va déboucher en plaine au lieu dit le petit Saint-Rémy. C'était là qu'on avait posté notre Hector, avec mot d'ordre de tirer en avant, en arrière et même sous bois, car les affûts voisins étaient protégés par la conformation du terrain.

Hector avait pour second un jeune soldat de son régiment qui s'appelait Denis Monnin. Le poste, il faut bien le dire, n'était pas très important, les loups devaient être poussés à l'encontre vers la frontière belge, où les vrais chasseurs, *ces messieurs*, allaient échelonner leur formidable ligne. Denis Monnin était un petit homme qui aimait beaucoup Hector.

Vers sept heures et demie du matin, nous les eussions trouvés tous deux assis à côté l'un de l'autre sur les racines arc-boutées d'un grand chêne. Denis fumait sa pipe ; Hector avait sa tête entre ses mains. À vingt pas d'eux, de l'autre côté de la sente, Mathieu Sudre s'asseyait aussi sur une roche moussue avec son fusil à deux coups posé en travers sur ses genoux.

– Je croyais, dit Monnin avec ce langage doux et ces notes de ténor naïf qui vont si bien sous l'uniforme, que je m'aurais davantage amusé dans cette partie de plaisir.

Il secoua les cendres de sa pipe, et s'adressant à Mathieu :

– Sans vous commander, monsieur, lui demanda-t-il, sur les quelle heure le loup qu'il va se présenter, censé, s'il vous plaît, à nos coups que nous allons lui prodiguer ?

Hélas ! oui ! Monnin était enfant de cette cité illustre où les chiffonniers font du style ! C'était un Parisien que Monnin, un Parisien de la barrière d'Italie.

Juste la taille de chasseur : pas une ligne de plus, pas un millimètre ! Une petite figure chiffonnée, des cheveux incolores, trois poils de moustache et de l'éloquence. Avec cela une désinvolture élégante, beaucoup de timidité à de certains égards ; à d'autres points de vue, une remarquable effronterie. Le mot pour rire, quelques bribes de chansons apprises au café chantant, des muscles d'acier sous des formes mièvres, une agilité de chat et l'art de ne douter de rien : tel était l'avoir de ce jeune soldat. Mathieu sourit dans sa barbe hérissée et lui répondit avec politesse :

– Nous trois, jeune homme, nous ne sommes pas ici pour les loups.

Il se leva en disant cela et vint droit à Hector :

– Êtes-vous sûr de votre compagnon ? demanda-t-il sans faire de mystère.

– Je crois que Denis est mon ami, répliqua le jeune sous-officier.

– Censé, jusqu'à la mort ! ajouta solennellement Monnin : je le jure !

Mathieu regarda la plaine, où le brouillard léger, présage d'une belle journée, s'étendait comme une blanche nappe sur les coutures. La plaine était déserte. Il approcha son oreille de terre. Puis, déposant son fusil dans une brousse, il monta lestement en haut d'un jeune hêtre qui dépassait la lisière du bois.

– C'est censément un sauvage, dit Monnin ; mais il est agréable et monte bien aux arbres.

– Si j'avais besoin de toi ?… commença Hector.

– Vous pourriez y compter inclusivement ! interrompit le Parisien, pour la chose que vous avez toujours été honnête envers le subalterne. Si vous voulez m'épancher vos secrets, allez-y ! Si ça ne vous va pas, dites seulement : À droite ! à gauche ! et ce qu'il faut faire… À qui en veut-il, le barbu ?

Mathieu venait de donner trois mots dans son cornet. Il se laissa glisser le long de l'arbre.

– Détachez les chevaux, jeune homme, dit-il à Monnin.

Les chevaux broutaient les basses branches des recoupes à une cinquantaine de pas de là. Monnin interrogea son chef d'un coup d'œil, puis il se hâta d'obéir. Il avait vaguement la réminiscence de quelque drame qui commençait ainsi, au théâtre de l'Ambigu. Cela l'intéressait. Mathieu reprit son fusil et se rassit. Le bruit d'une cavalcade nombreuse se fit entendre au bas du tertre, derrière une pointe que faisait la forêt.

– À cheval ! ordonna Mathieu, tenez-vous prêt !

– Faut-il que Denis vienne ? demanda Hector.

– Il fera le guet là-bas, répondit Mathieu ; vous souvenez-vous bien de la route que je vous ai dite ?

– Oui.

– Alors partez et bonne chance ! Je tiendrai votre poste. La bonne demoiselle a voulu tout cela.

Hector et Monnin étaient en selle. La tête de la chasse se montra en bas du sentier. C'était une troupe brillante de jeunes femmes et d'élégants cavaliers. Le major Legagneur tenait le premier rang. Derrière lui, riant et causant, venaient des officiers, puis des amazones. Honorine de Blamont était entre les deux demoiselles Legagneur. Honorine ralentit le pas. Comme la cavalcade arrivait au détour de la sente, elle tourna bride brusquement. Mathieu, l'homme au loup, était à son côté.

– Au galop, bonne demoiselle ! dit-il ; et n'oubliez pas de mettre les chevaux de l'autre côté de la loge !

La cravache d'Honorine effleura la croupe de sa jument, qui partit comme un trait. Un voile flottait au-devant de son gracieux visage. Hector et Monnin s'étaient enfoncés sous le couvert. La cavalcade passa.

C'était à une lieue et demie de là, tout près de la frontière belge, et en dehors des battues. Il y avait un ancien rendez-vous de chasse des seigneurs de Bazeille, connu sous le nom de la Loge du Garde à Vaurenault. Le bâtiment, désemparé et ruiné, était abandonné depuis longtemps. Ce lieu présentait un aspect tout particulièrement sauvage. C'était le fond d'un ravin, étranglé entre deux collines rocheuses. Les ruines, engagées dans un inextricable écheveau de broussailles, fermaient absolument le passage. Ceux qui voulaient aller outre pour abréger le chemin étaient obligés de traverser la loge elle-même, dont les deux portes branlantes existaient encore.

Cela rappelait, en vérité, ces défilés gardés, ces *pas d'armes*, si fréquents dans l'antique forêt de Brocélyande au temps de la chevalerie, où un seul preux pouvait, dire à toute une armée : Tu n'iras pas plus loin !

Hector et Denis Monnin arrivèrent les premiers, mais Honorine de Blamont ne les fit pas attendre. Elle mit pied à terre devant la loge et dit à Hector :

– Faites passer les chevaux de l'autre côté, dans le ravin.

Les portes étaient étroites et basses. Il fallut tirer les chevaux par la bride et les contraindre à fléchir les genoux. On les attacha aux branches du taillis, et, Monnin fut placé en sentinelle devant la loge. Mademoiselle de Blamont resta dans la loge avec Hector. Elle se laissa choir tout de suite, plutôt qu'elle ne s'assit, sur un billot vermoulu. Son attitude exprimait une mortelle tristesse. Elle appuya ses deux mains contre son cœur, et un sanglot souleva sa poitrine.

VIII
La loge du garde à Vaurenault

Hector était soucieux et s'en étonnait, car il avait éprouvé une grande joie quand Mathieu Sudre lui avait dit ce matin : « La bonne demoiselle veut vous parler. » Maintenant il avait comme un pressentiment de malheur. Il parla le premier.

– Vous avez peur de cet homme ? dit-il, sans nommer le major Legagneur.

– Oui, répondit Honorine de même, j'ai peur de cet homme.

– Et vous ne pensez pas que je pourrais vous défendre contre lui ?

– Je crois que vous ne pourriez pas me défendre contre lui, répondit-elle encore.

En même temps elle releva son voile. Hector vit qu'elle avait des larmes plein les yeux. Son cœur se serra ; elle lui sembla plus belle. Il y avait autour de ses lèvres un sourire qui parlait à la fois de souffrance et de vaillance. Il y avait de la vaillance aussi et une résignation profonde dans son regard, malgré ces pleurs si beaux qui mouillaient sa paupière.

– Ne parlons que de nous, dit-elle, et parlons vite, car le temps va nous manquer peut-être. D'autres vous diraient : Hector, nous avons échangé un jour, enfants que nous étions tous deux, des paroles extravagantes. Vous m'avez fait une question folle, j'y ai follement répondu.

– Si vous voulez me reprendre votre promesse, mademoiselle, répondit le jeune militaire, vous n'avez pas besoin d'excuse, votre promesse avait une condition ; la condition ne sera pas remplie. Oh ! poursuivit-il en s'animant, j'étais un enfant, en effet. Il me semblait que ma volonté aplanirait des montagnes. Je croyais promettre bien peu en promettant l'impossible…

– Vous aviez raison, Hector, interrompit mademoiselle de Blamont ; vous tiendrez plus que vous n'avez promis !

Hector la regardait sans comprendre.

– Vous tiendrez plus que vous n'avez promis, répéta-t-elle ; c'est la volonté de Dieu.

Il y avait dans le regard qu'elle lui jeta une tendresse de sœur.

– Hector, reprit-elle, vous avez le droit de m'aimer, et le devoir aussi. Vous connaîtrez votre histoire. Moi je dois vous prévenir que les filles de notre maison ne sont jamais heureuses dans le mariage. La sœur de mon père, qui est morte abbesse de Marienthal, m'a dressé une fois la liste de tous nos deuils. Cette liste s'arrête à ma mère, entrée au château de Blamont, toute belle et toute jeune, et mise au tombeau six mois après ma naissance. Il en sera ainsi de moi, Hector : je ne veux pas vous porter malheur. Je ne serai pas votre femme.

– Ma femme ! répéta le jeune soldat, qui joignit ses mains.

Honorine détourna les yeux. Une expression d'angoisse se répandit sur ses traits.

– Hector, reprit-elle ; il me faut votre pitié ; c'est votre pitié que je suis venue chercher.

Hector pleurait comme un pauvre enfant.

– Vous m'avez dit que j'avais le droit de vous aimer, murmura-t-il, et je sens, oh ! je sens que vous allez m'éloigner de vous pour jamais !

– C'est vrai, dit-elle.

Puis elle ajouta, voyant qu'il chancelait :

– Hector ! Hector ! promettez-moi que vous vivrez !

Il n'avait pas de paroles pour répondre, mais son regard parlait, tout plein d'un sombre désespoir. Elle se redressa. Ses larmes se séchèrent.

– Il faudra donc encore cette douleur ! dit-elle en pressant son front à deux mains ; Hector, écoutez-moi, ne me punissez pas, je ne suis pas libre de choisir… Il y a un homme qui tient dans sa main la vie de mon père !

– Nommez-le donc ! s'écria le jeune soldat, rugissant comme un lion ; c'est un homme mort !

Il s'était relevé d'un bond. Il était si vaillant et si beau qu'un instant la prunelle d'Honorine rayonna d'espoir. Mais ce ne fut qu'un instant. La nuance rosée qui était revenue à ses joues s'éteignit dans une mortelle pâleur.

Son regard, en même temps, prit une expression de résignation froide et ferme.

Hector se sentait condamné ; il voyait dans les yeux de mademoiselle de Blamont sa résolution douloureuse mais indomptable. Mais il était tout jeune, il voulut plaider la cause de sa tendresse. Aux premiers mots, Honorine l'arrêta et lui dit :

– Écoutez !

– C'est la chasse qui passe au loin, répondit Hector, que nous importe cela ? Mademoiselle, vous m'avez commandé de vivre, je suis chrétien, je ne me tuerai point de mes mains, à quoi bon ? La blessure est faite, je n'ai qu'à laisser couler le sang de mon cœur, vous m'aviez accepté pour fiancé, vous ne voulez pas de moi pour défendre votre père…

– Écoutez ! écoutez ! répéta Honorine : il a retrouvé nos traces !

Elle se leva et fit un pas vers la porte. Le bruit se rapprochait.

– Qui ? demanda Hector : le major Legagneur, n'est-ce pas ?

– Oui… le major.

– Et quel droit cet homme a-t-il sur vous ?

– Le droit… mais je n'aurais plus le temps de vous répondre… Hector, la vie de mon père est en suspens ici. Si vous m'aimez, partez et oubliez-moi !

Hector croisa ses bras sur sa poitrine.

– Je vous aime et je reste, dit-il.

– Mon Dieu ! mon Dieu ! murmura Honorine qui passa tour à tour ses deux mains sur son front.

Monnin arrivait en courant vers la porte.

– Les voici, dit-il.

– Détachez les chevaux ! ordonna mademoiselle de Blamont.

Et dès qu'il eut traversé la loge :

– Hector, dit-elle, adieu ! Vous serez un jour grand et puissant, je le crois, je l'espère, cela me console et me donne la force de renoncer à vous. Adieu !

Elle s'élança hors de la loge au moment où le pas des premiers chevaux sonnait sur le sol moussu de la clairière voisine et disparut.

– Voici des traces de chevaux ! cria une voix au dehors, des traces fraîches ! Elle est ici !

Une cavalcade nombreuse débouchait dans le sentier. De l'autre côté de la loge, Hector entendit en même temps le galop du cheval d'Honorine qui fuyait.

En tête de la cavalcade se présentait l'homme qui venait de parler ; il portait le costume d'un paysan de l'Ardenne, et il était à pied. Hector reconnut en lui cet individu qu'il avait vu, quelques semaines auparavant, à l'auberge de Constant, sur la frontière belge, au début de la fameuse nuit si féconde en aventures, en compagnie de ces deux autres rôdeurs nocturnes que Mathieu avait appelés *les Neveux*. L'homme était Bastien Lethil. Il avait certainement pris part au guet-apens du gué de Saint-Ilde.

Il allait, penché sur la trace, comme un veneur. Derrière lui, c'était tout le clan Legagneur, des jeunes gens de la ville, des officiers, des dames. Le major Antoine, portant le brillant costume de son grade, venait par un autre sentier. Il s'arrêta à vingt pas de la loge.

— Elle n'a pu passer là avec son cheval, dit-il.

— Savoir, répondit Bastien Lethil ; il y a quelqu'un dans la masure.

Évidemment, c'était mademoiselle de Blamont que tout ce monde cherchait. Hector n'avait point pris la peine de pousser la porte, qui était restée entrouverte après le passage du soldat Monnin. Le major Legagneur s'inclina sur le garrot de son cheval, puis il sauta à terre. Dans la cavalcade, on riait, on chuchotait et l'on disait.

— Ce n'est pas mademoiselle de Blamont qui est là.

— Ou tout au moins mademoiselle de Blamont n'est pas seule.

Le major entendit peut-être, car le rouge lui monta au front. Il jeta bas d'un coup de pied la porte entrebâillée de la loge.

— Hector ! le bel Hector ! fut-il dit dans les groupes de chasseurs et de chasseresses.

— J'en étais sûr, moi ! murmura Bastien à l'oreille du major.

Celui-ci restait sur le seuil de la porte. Hector était en face de lui, muet et immobile.

— Ah ! c'est vous qui êtes là ! fit le major entre ses dents serrées ; pourquoi avez-vous quitté votre poste ?

Hector ne répondit point. Il était si pâle, que Bastien toucha le bras du major par derrière en murmurant :

— Prenez garde !

Le major haussa les épaules. Dehors on regardait. Le major reprit :

— Répondez au moins comme un homme !

Un tressaillement agita les lèvres du jeune homme. Une flamme jaillit de son regard. Bastien répéta :

— Prenez garde !

— Étiez-vous seul ici ? demanda le major Legagneur.

– Non, répondit Hector d'une voix sourde.

– Avec qui étiez-vous ?

– Je ne veux pas vous le dire.

– Bravo ! jeune homme ! fit le major.

Il se tourna vers ceux qui le suivaient et demanda :

– Avez-vous entendu comme ce sous-officier a répondu à son chef.

– Oui, répondirent cinq ou six voix, nous avons entendu.

– Elle a dû passer par là ! reprit le major en montrant la seconde porte.

Même silence de la part d'Hector.

– Faites place ! s'écria M. Legagneur.

Hector ne bougea pas. Le major leva sa cravache, Hector était comme une statue.

– Faites place ! ordonna une seconde fois le major dont les dents grinçaient.

En même temps sa cravache siffla. Hector, touché à l'épaule, dégaina son sabre d'un mouvement plus rapide que l'éclair. Mais il le lança loin de lui, et d'une telle violence que la lame éclata contre le mur.

Il paraît qu'Hector était effrayant à voir, car M. Antoine Legagneur recula jusqu'au seuil en criant : À l'aide ! Jeunes gens de la ville et officiers s'élancèrent aussitôt à son secours. Quand ils arrivèrent, M. Legagneur était déjà terrassé. Hector appuyait son talon sur sa poitrine.

Il se laissa arrêter sans se défendre. Antoine Legagneur ivre de rage, voulait lui passer son épée au travers du corps, mais Bastien le calma d'un mot.

– Vous avez votre affaire, lui dit-il, tout bas ! voies de fait envers un supérieur, peine de mort. Les millions sont à vous !

Hector passa en effet devant le conseil de guerre. L'issue du procès ne pouvait être douteuse. Malgré les efforts du bon colonel Poncelet, il fut déclaré coupable par le conseil et condamné à la peine de mort. Plusieurs démarches furent tentées en sa faveur. Le colonel, deux commandants et d'autres officiers signèrent un recours en grâce spécifiant deux faits : la provocation brutale du major, qui avait fait usage de sa cravache, et ce bon mouvement du jeune soldat brisant son sabre pour ne point en frapper son chef.

Chose plus inattendue, monseigneur l'archevêque de Reims, qui a juridiction jusqu'à Sedan, usa de son crédit en faveur du condamné. Il écrivit au roi une lettre très pressante. On disait à ce sujet qu'un vieillard, dernier débris vivant de la communauté d'Orval, avait fait le voyage de Reims pour solliciter une audience du prélat, et qu'après l'avoir entendu, Monseigneur avait écrit la lettre. Mais tout fut inutile. Les révolutions amènent toujours un certain relâchement dans la discipline. L'armée, fut-il dit à Paris, avait besoin d'un exemple.

Devant le conseil de guerre, Hector ne s'était pas défendu. Il rentra dans son cachot, sombre et muet. Ce n'était pas la condamnation prononcée par ses juges qui l'accablait. C'était un autre arrêt tombé de la bouche même d'Honorine qui lui avait enlevé d'un mot toutes ses espérances, et la mort qui allait le frapper lui apparaissait comme un refuge.

Ce n'était, après tout, qu'un enfant. Il avait eu un jour une audace d'enfant, adressant à la belle, à la fière Honorine de Blamont, cette question qui ne méritait pour réponse qu'un silencieux dédain : « Si dans deux ans, j'étais capitaine, m'accepteriez-vous pour votre fiancé ? »

Par suite de circonstances que le lecteur connaîtra, mais que lui, Hector, ne pouvait même pas soupçonner, M\ue de Blamont, au lieu de s'irriter, avait répondu : « Peut-être. »

Quel rêve ! Et les évènements avaient ensuite donné à ce rêve une couleur de réalité. Hector interrogeait sa mémoire, il y retrouvait l'entrevue au chevet de Petit-Pierre malade, le creux du chêne, que sais-je ?... Et tout d'un coup, après ces espoirs enchantés, ces trois mots : « Adieu ! oubliez-moi. » Et le fiancé d'Honorine était maintenant le major Antoine Legagneur... Hector se croyait abandonné de Dieu et se laissait mourir.

Il y avait à la prison de Sedan un geôlier venu de Paris : un protégé du major Legagneur. Ce geôlier se nommait Larchal. C'était le produit hybride d'une mère flamande et d'un père auvergnat. Il avait le poids de sa mère et l'avidité de son père. Un jour, ce Larchal amena Denis Monnin dans le cachot d'Hector. Monnin se jeta en pleurant dans les bras de son ancien chef de file.

— Censé, dit-il à Larchal ; on vous donnera le reste en sortant.

Il avait donc déjà donné quelque chose ; Larchal repassa la porte.

— Qu'a-t-elle dit ? demanda Hector.

Denis Monnin se recula pour le regarder.

— Vous avez fameusement changé, murmura-t-il, depuis que vous êtes dans les fers !

— N'a-t-elle rien dit ? soupira Hector.

Monnin haussa les épaules.

— Censé, répliqua-t-il ; le moment n'y est pas de songer au sentiment. Le plus pressé, c'est la clef des champs. Je vous apporte de quoi l'acheter comptant.

Hector mit sa tête entre ses mains et soupira :

— Quoi ! pas un mot !

— Eh ! fit Monnin avec impatience, je comprends censé les délicatesses du cœur, mais il y a temps pour tout, marchef. Voyons, causons affaires.

Il tira de sa poche une petite boîte contenant cinquante louis d'or et une bague en diamants.

– Voici l'os pour jeter à l'Auverpin, dit-il.

Et comme Hector se taisait, il ajouta :

– L'Auvergnat ne fait jamais la petite bouche, vous savez. Allez-y sans vous gêner.

– Qui m'envoie cet argent ? demanda Hector.

– C'est juste, je ne l'ai pas prélevé sur mes économies. Ça vient du vieux.

– Quel vieux ?

– Le moine.

– Quel moine ?

– Dame ! je croyais que vous le connaissiez, moi, l'ami du sauvage qui monte aux arbres, et il monte bien ! Je ne lui ai pas demandé son nom. Maintenant, voici des limes.

Hector repoussa les limes et remit la petite boîte dans la main de Monnin.

– Puisqu'elle m'a repris sa promesse, murmura-t-il, à quoi bon vivre ?

– Nom d'un petit bonhomme ! s'écria Monnin, c'est trop bête… Si elle vous a repris sa promesse, elle vous la redonnera ; mais pour ça d'abord primo, il faut être en vie… Allons, marchef, soyez homme ! Entre promis, on se dispute des fois qu'il y a… Voulez-vous que je jette un coup de pied chez la demoiselle ? Seulement je ne pourrais pas vous apporter la réponse jusqu'ici, parce que ça m'a coûté gros pour acheter l'auverpin, et que le vieux moine, là-bas, a tout donné jusqu'à son dernier sou… Mais votre cellule donne sur les remparts ; convenons d'un signal.

Hector accueillit avec avidité l'idée de cette suprême ambassade. Cela lui plaisait de faire à Honorine cette question romanesque : – Faut-il vivre ? faut-il mourir ?

On chercha un signal pour le cas où Monnin ne pourrait pénétrer dans la prison. Hector était enfant de Sedan. Il songea aux sauderies. Monnin s'en alla après avoir juré sur son honneur que le signal traduirait rigoureusement la réponse de Mlle de Blamont. Si la réponse était favorable, en avant le cri joyeux : Saudés ! Saudés ! Dans le cas contraire, rien !

Après le départ de Monnin, Hector serra la boîte et lima un de ses barreaux à tout hasard. À dater de ce jour, Larchal vint le voir plus souvent. On eût dit qu'il tendait la corde pour ouvrir des conférences. Il avait flairé la boîte ; mais Hector restait muet. Il attendait.

Le matin du premier dimanche de carême, Larchal vint avec une bouteille de vin. Il est certain qu'il avait senti les écus. Hector refusa de boire. Larchal dit :

– Quand vous aurez une demi-douzaine de balles dans le corps, il ne sera plus temps ! Que diable ! un geôlier ne peut pourtant pas vous prendre au collet pour vous mettre à la porte !

Ce Larchal faisait de son mieux. Hector resta sourd à cette offre peu déguisée. Larchal sortit en l'appelant nigaud. Hector passa toute cette journée du dimanche dans un état de calme très grand. La pensée de Dieu lui vint et il pria.

C'est vers huit heures du soir que commencent les sauderies en la bonne ville de Sedan. À huit heures, Hector ouvrit le châssis de la petite fenêtre étroite et longue qui éclairait sa prison. La fenêtre était à cinq pieds du sol. Hector monta sur une escabelle.

Il faisait froid et la neige fouettait, mais Hector ne sentait ni le froid ni la neige. Il éprouva le barreau scié qui ne tenait plus qu'à un fil. Jamais Larchal *n'essayait* les barreaux.

Hector tira de sa poche une allumette à frottement. Il avait promis à Monnin de répondre à son signal par une lueur. Il attendit. Et de sourdes impatiences commencèrent à troubler son cœur. L'heure de la fièvre venait.

Le vent soufflait de la ville. Hector ne fut pas longtemps sans entendre les premières fanfares des cornets à bouquin, suivies des premiers cris de la sauderie. Sa poitrine se serra. Le grand désir d'être libre naissait en lui ou plutôt ressuscitait. Il sentait le poids de sa chaîne, pour la première fois depuis sa condamnation. Cet air frais qui lui montait au visage, c'était le vent de la forêt.

Comme il battait autrefois, son pauvre cœur, quand il s'élançait sur son bon cheval et qu'il hâtait son galop rapide à travers les prairies où lentement serpentait la Chiers ! Le vent venait de là ; le vent venait de ces belles futaies où les chênes géants répandent leurs parfums. Le vent avait passé sur le vieux château de Blamont...

Elle était en fête, la ville, d'ordinaire si calme. De tous côtés montaient les sons de cuivre mêlés aux éclats des huées. Hector écoutait. Jusqu'à ce moment, l'espoir avait sommeillé en lui. Mais ce sommeil n'était plus. Il comptait les minutes ; il retenait son souffle pour mieux entendre. Son oreille cherchait des bruits de pas dans le silence, et il se disait à chaque instant :

– Ils viennent, je crois qu'ils viennent.

Ils approchaient, en effet, ces pas chimériques qui ne vivaient que dans sa fièvre. Il les distinguait plus nets. Il aurait pu dire à quel endroit ils étaient sur le terre-plein de Bouillon. Mais ils allaient trop loin. Ils dépassaient le but. Pourquoi les voix tardaient-elles à s'élever ?... Ses oreilles cessaient tout à coup de tinter. Nul ne gravissait le tertre solitaire. Qui aurait-on pu fêter ou railler en ce désert ? S'il y avait des pas, c'étaient ceux des sentinelles dormant debout sur le rempart.

Neuf heures sonnèrent aux horloges de la ville. La fête avait tout son essor. De toutes parts à la fois éclatèrent les fanfares, puis les bruits allèrent s'apaisant, s'éteignant peu à peu et mourant. Dix heures sonnèrent. Hector brûlait. Ses mains se crispaient à l'appui de sa meurtrière. C'était fini. Il descendit. Il se coucha tout pantelant sur sa paille. Une soif ardente dévorait sa gorge.

Il ferma les yeux. Des éblouissements dansèrent au-devant de ses paupières closes. Puis des voiles tombèrent sur ces lueurs désordonnées. Il s'écria hautement. Il avait le délire.

… C'était là-bas, au pied de l'arbre creux. Il était à la place où il s'était caché pour laisser passer les Errants de nuit, quelques semaines auparavant. Une forme blanche vint s'agenouiller sur le tertre moussu que faisaient les racines soulevées du grand chêne. Sous le voile blanc, il reconnaissait Honorine pâle, les yeux creusés par les larmes et si changée !

Elle priait en pleurant. Le gazon et la terre diaphanes laissaient voir ce qu'il y avait sous le tertre. Il y avait des ossements. Ces ossements étaient à lui, Hector. Il lui semblait éprouver jusque dans la moelle de ses os dénudés le froid humide de ce sol…

Puis c'était comme un brouillard fait de milliers d'étincelles. De vagues accords traversaient l'air embaumé. Dans un salon plein d'or et de velours, il voyait des femmes et des fleurs. Honorine apparaissait, portant la blanche couronne des mariées. Elle souriait, au bras du major Legagneur.

Il fendait la foule, lui, Hector : il s'élançait pour lui barrer le passage. Et Honorine, défaillant sous son regard, s'affaissait, toute livide. Elle était morte. Il l'avait tuée…

Chose singulière, il avait vaguement la conscience de son état. Il voulait secouer ces rêves épuisants et terribles. Il ne pouvait. La lutte le brisait, et le transport, vainqueur, le dominait à chaque instant davantage.

Une heure entière se passa ainsi. Au bout d'une heure, il entendit le pas lent et paresseux de l'Auvergnat dans le corridor, puis la musique des grosses clefs. Ce n'était point l'habitude de le visiter la nuit après la ronde faite. Il éprouva une joie, parce qu'il pensa qu'on venait lui annoncer son exécution. Le délai expirait à minuit.

Comme il se donnait à cette sombre allégresse, tout son être tressaillit et vibra. Une voix puissante, une voix distincte et qui semblait tout près de son oreille, criait sur le terre-plein de Bouillon :

– Saudés ! saudés ! saudés !

Était-ce le signal ? si tard ! Honorine, repentante, parlait-elle par cette voix qui éclatait comme un cri de clairon ? Il sauta sur ses pieds. Dans le corridor, Larchal s'arrêtait, choisissant la clef du cachot, sans doute.

– Qui ? demanda cependant une seconde voix au-delà du rempart : qui ? qui ?

Et trois cris de sentinelles :

– Qui vive ? qui vive ? qui vive ?

Hector saisit à deux mains son cœur qui le blessait. Il remonta sur l'escabelle.

Quelle fut ardente, l'action de grâces qu'il vous envoya, Seigneur Dieu ! La clef grinçait dans la serrure. Et les deux voix du dehors, mariées, répondaient :

– M. Hector, maréchal des logis au régiment de Vauguyon, et Mlle Honorine de Blamont !

Hector alluma sa flammèche. Il n'écouta pas le reste de la formule. Trois détonations le jetèrent en bas de son billot.

La porte s'ouvrit. L'Auvergnat leva sa lanterne, derrière laquelle apparaissait sa face large et plate, aux cheveux touffus, plantés jusque dans les sourcils.

– Est-ce qu'on s'occupe de vous, là-bas ? dit-il ; va-t-on faire le siège du château ?

Il ajouta en ricanant :

– Il n'est que temps, c'est le cas de dire. Je viens vous avertir en ami, c'est pour demain matin, savez-vous.

– Demain ! fit Hector d'une voix étranglée, fusillé ! Mais vous ne savez donc pas, je me trompais, j'étais injuste, j'étais fou. C'est impossible ? je ne veux plus mourir !

IX
La corde

Le geôlier Larchal gardait ce sourire flegmatique qu'il devait à sa mère belge ; mais ses petits yeux noirs, bordés de cils plantés droits dans une paupière un peu gonflée, eurent un rayonnement avide. Ses yeux étaient à son père, l'Auvergnat. Il est connu que le croisement des races produit de merveilleux résultats. Sur cent geôliers, vous n'en trouveriez pas deux réunissant cette épaisseur solide à cette vaillante âpreté. Larchal avait l'honneur d'être ce qu'on appelle un type.

– Eh ! eh ! dit-il avec une gaieté pesante, il y avait donc une affaire de cœur sous jeu, mon camarade ! Eh bien, je ne vous en veux pas pour ça, moi ! c'est de votre âge. Quand nous avions vingt ans, c'est le cas de dire… mais voilà si longtemps ? Y aurait-il quelque chose à faire dire à la personne après la cérémonie du Champ de Mars ?

Ses petits yeux noirs clignotaient horriblement sous ses paupières enflammées. Hector s'était relevé. Un calme extraordinaire avait succédé tout à coup à son élan. Il fixa son regard froid et perçant sur Larchal, qui baissa les yeux.

– M'avez-vous compris ? dit-il de ce ton péremptoire qu'on prend quand on a le droit de commander : je ne veux plus mourir.

Le geôlier croisa ses grosses mains derrière son dos.

– J'en ai vu plus d'un, grommela-t-il, qui avaient la même idée que vous : le moment est vilain à passer… Là ! là ! fit-il, voyant que les veines du front d'Hector se gonflaient ; je ne suis qu'un pauvre homme. Je viens vous demander tout uniment si vous avez quelque message à faire tenir, un testament, un adieu. Si vous n'avez rien, ne nous fâchons pas. Dans une heure, on va venir avec la camisole de force. Vous pouvez encore dormir un bon petit somme avec cela, c'est le cas de dire. Puis, vers l'aube, la toilette, l'aumônier et ce qui s'ensuit. À bientôt, mon jeune camarade !

Il fit un pas vers la porte.

– J'ai de l'argent, dit Hector.

Larchal s'arrêta comme malgré lui.

– Je me suis toujours douté de cela un petit peu, grommela-t-il.

Puis, tout haut :

– C'est le cas de dire comme du chien sur sa botte de paille : vous n'en pourrez point manger… combien avez-vous ?

– Vous le saurez si vous répondez à ma question : Pouvez-vous me faire évader ?

Larchal poussa un large éclat de rire.

– Comme il y va, le petit ! s'écria-t-il. Je suis ici pour empêcher les gens de s'évader, et non pas…

– Alors vous refusez ?

– Parbleu ! Ah çà, pour qui me prenez-vous, jeunesse ? J'ai donc l'air d'un homme qui fait des marchés comme ça ? Mettez vos lunettes ! La conscience vaut mieux que tout l'or du monde. À vous revoir !

Il ouvrit la porte du cachot et sortit précipitamment. Hector eut néanmoins le temps d'ajouter :

– Je vous préviens d'une chose : quand je ne serai plus là, vous démoliriez la prison pierre par pierre que vous ne trouveriez pas mon argent !

Il entendit le geôlier qui arpentait le corridor à pas précipités, mais il avait remarqué qu'un seul tour de clef avait été donné à la serrure. Nul bruit de verrou ne s'était fait. Il vint coller son oreille à la porte. Les pas s'éloignèrent d'abord rapidement, puis se rapprochèrent à petit bruit. Hector eut un sourire ; il retourna à sa paille. L'instant d'après, la porte se rouvrait.

– C'est le cas de dire, murmura Larchal en rentrant, vous êtes un drôle de corps, jeune homme. Quand on parle de ces choses-là, on n'a pas besoin de crier comme des sourds, n'est-ce pas vrai ? Combien avez-vous ?

– Allons-nous nous entendre ?

– C'est selon la somme. Je risque gros : Si le jeu n'en vaut pas la chandelle…

– J'ai cinquante louis écus, prononça Hector presque timidement.

Car la passion de vivre s'enracinait en lui. Larchal fit la grimace.

– Et j'ai une bague en diamant, ajouta le prisonnier, qui vaut plus du double.

– Peut-on la voir ?

– Non.

– L'argent n'a pas de marque, grommela Larchal ; mais une bague, à qui vendre cela ? Et puis ?

– C'est tout ce que j'ai.

– Absolument ?

– Absolument.

– Mille écus pour tout potage ! Ce n'est pas le Pérou ? On risque gros.

– Refusez-vous ? demanda Hector, qui fronça le sourcil.

– C'est le cas de dire : J'en ai bonne envie. Mais les appointements, n'est-ce pas vrai, y a-t-il de l'eau à boire ? Si vous voulez qu'on soit fidèle, donnez ce qu'il faut ! Je parle au gouvernement.

Il tira de sa poche une petite Bible protestante, huileuse comme un cuir à rasoirs.

– Si vous aviez plus, vous lâcheriez plus, n'est-ce pas vrai ? fit-il d'un ton aimable et insinuant : on n'est pas chien dans votre position.

– Je ne sais pas ce que je ferais si j'avais plus, repartit Hector que l'impatience gagnait ; je sais que je n'ai rien autre chose et je suis pressé. Décidez-vous.

– C'est le cas de dire : Dieu vous bénisse ! ça vous prend comme une envie d'éternuer. Je vas vous proposer une chose. Vous êtes un honnête homme et chrétien, n'est-ce pas vrai ? Jurez-moi que si vous avez de quoi, vous me donnerez trois autres mille francs.

– Je vous le jure ! s'empressa de dire Hector.

– Là-dessus ! fit Larchal en tendant sa petite Bible luisante.

Elle lui servait de portefeuille depuis quinze ans. Hector jura sur la petite Bible grasse. Ne vous étonnez pas de sa patience. Il avait de la joie plein le cœur. Larchal se gratta l'oreille, bien fâché d'avoir si peu demandé. Il ajouta :

– Avec les intérêts à six, du jour d'aujourd'hui, capitalisés tous les mois et portant intérêt à leur tour, c'est le cas de dire.

– C'est le cas de dire, interrompit Hector, que vous êtes un assommant coquin ! Sommes-nous d'accord, oui ou non ?

Larchal, ce Belge greffé sur auvergnat, avait la susceptibilité brabançonne, tempérée par la prudence qui fleurit sur les bords de l'Allier. Il eut envie de se fâcher. Il ne se fâcha point.

– Allez-vous me donner l'argent et la bague ? demanda-t-il.

– Quand vous les aurez gagnés, repartit Hector.

– Vous êtes défiant, jeune homme, c'est le cas de dire. Mais je suis au-dessus de tout cela, et ce que j'en fais, c'est pour épargner le sang, je le dis franchement. Mes principes n'admettent pas la peine de mort. Vous m'objecterez : pourquoi êtes-vous geôlier ? Je vas vous expliquer...

– Je n'objecte rien, interrompit Hector ; en besogne ?

Larchal le regarda avec étonnement.

– En besogne ! répéta-t-il ; c'est le cas de dire ! Croyez-vous que je vas vous emporter sur mes épaules ?

– Ne me donnerez-vous pas les moyens de fuir ?

– Il ne manquerait plus que cela ! Un bon conseil, je ne dis pas. Vous sciez un barreau.

– C'est fait.

– Je ne m'en doutais pas ; vous fabriquez une corde avec vos draps et vos couvertures...

Hector secoua la tête.

– Faut-il vous aider ? demanda ironiquement Larchal.

– Vous avez une corde dans votre poche, dit froidement Hector.

Larchal sourit.

– Et une bonne, c'est le cas de dire, prononça-t-il très bas, qui a déjà servi.

– Donnez !

– Donnez l'argent et la bague.

Hector hésita. Le temps pressait.

– L'argent et la bague, répondit-il, seront attachés au dernier nœud de la corde.

– Vous les avez donc sur vous ? conclut Larchal.

– C'est ce que vous ne saurez pas. Voyons la corde !

Larchal déboutonna son gilet ; il avait la corde enroulée autour du corps. C'était une fine et solide tresse de soie écrue qui avait dû servir déjà, en effet. Ce geôlier flamand, panaché d'Auvergnat, n'en était pas à son début. Il avait dû gagner de bonnes sommes à protester contre la peine de mort, qui ne cadrait pas avec ses principes. Hector examina la corde.

– Oh ! fit Larchal, c'est le cas de dire : ça en porterait bien une demi-douzaine comme vous.

– Est-ce assez long demanda le jeune prisonnier.

– Puisqu'on l'a faite exprès, répliqua Larchal.

Hector, qui le considérait attentivement, ne put lire ni encouragement ni menace sur ce visage tout rond à la bouche large et béante, surmontée d'un nez trop court que flanquaient deux yeux pleins de candeur. Hector dit :

– J'ai essayé de voir par ma fenêtre ; c'est impossible ; où tomberai-je ?

– Sur la petite marge du terre-plein, en dedans du fossé. Quand vous serez au bout de la corde, lâchez sans crainte : vous ne serez pas à plus de quatre pieds du sol, tout gazon, un vrai matelas, et n'essayez pas de me faire une farce avec la bague et l'argent. C'est le cas de dire : je vous revaudrais ça.

– Ce qui est promis est promis, répliqua Hector. Restez-vous ici ?

– Le plus souvent ! on n'aurait qu'à venir !

Il tira sa montre en se dirigeant vers la porte.

– Vous avez une heure, une heure dix même. Ne perdez pas de temps, et bonne chance !

– Dans une demi-heure, repartit Hector, vous pourrez remonter votre corde, le salaire sera au bout.

Larchal sortit et referma la porte à triple tour. Sa tête se pencha sur sa poitrine, pendant qu'il reprenait sa route le long des corridors.

– C'est le cas de le dire, grommelait-il d'un air soucieux ; je suis curieux de voir l'argent de ces Legagneur.

Il descendit un escalier d'une douzaine de marches et s'arrêta devant une porte basse qui était dans le mur au tournant de la cage.

– Tiens ! tiens ! encore de la lumière chez M. Gavaux !

Il frappa. On vint ouvrir. C'était une sorte de cellule où deux petites tables étaient installées derrière un grillage. Un vieillard à la tête branlante, au bon sourire triste et doux, était l'hôte de cette retraite. C'était le commis-greffier du conseil de guerre, vieux soldat chargé de famille et à qui sa retraite ne suffisait pas.

– Vous veillez tard, ce soir, père Gavaux, dit le geôlier.

Le père Gavaux lui tendit toute ouverte sa vaste tabatière en cuir bouilli.

– Et vous ne faites pas votre ronde de bonne heure, vous, monsieur Larchal ! répondit-il.

– C'est le cas de le dire, répliqua le geôlier. Je n'ai plus de jambes en songeant à l'affaire de demain. Si jeune !

– Et si beau garçon ! enchérit M. Gavaux. Eh bien ! monsieur Larchal, reprit-il en cassant ses reins à angle droit pour se remettre en marche et gagner sa place derrière le grillage, ça me fait plaisir de voir que vous avez bon cœur. Je vais vous mettre du baume dans le sang. Le président du conseil de guerre a reçu un pli de Paris, ce soir, et je suis consigné en attendant ses ordres.

– Est-ce qu'on penserait ?… commença Larchal en pâlissant.

– On est à peu près sûr que la grâce est arrivée. Mais qu'avez-vous donc, monsieur Larchal ? vous tremblez !

– Monsieur Gavaux, c'est l'émotion ! Je ne suis pas riche, mais j'aurais donné de bon cœur…

– Allons ! allons ! fit le vieux soldat, vous êtes un brave homme.

Larchal était de nouveau dans l'escalier. Sa face ordinairement rougeaude avait des tons verdâtres. Il fit un pas pour remonter, puis il s'arrêta. À deux ou trois reprises, sa main glacée essuya son front, ruisselant de sueur.

– Cinquante pieds de hauteur ! prononça-t-il en une sorte de gémissement. Puis il ajouta ?

– Si c'était vraiment sa grâce.

Cet homme subissait un terrible combat. Mais il ne bougeait pas. Voici pourquoi.

– Je ne lâche pas les Legagneur, conclut-il en tirant de sa poitrine un large soupir, à moins de cinq cents livres de rentes, et ce ne sera pas payé !

Il continua de descendre. Ses yeux étaient troublés. Il cherchait son chemin dans les couloirs qu'il traversait plusieurs fois par jour. Il était comme ivre. Ces scélérats qui ont encore une conscience sont bien plus coupables que les autres. Larchal rentra chez lui et se coucha tout habillé. Il tenait sa montre à la main. Il n'avait pas éteint sa lanterne.

Hector était à la besogne. Et Dieu sait qu'il n'y allait pas mollement ! Toute son énergie avait ressuscité en lui après ce long sommeil. Il se sentait de force à soulever des montagnes. Tout de suite après le départ de Larchal, il avait sauté sur son escabelle et arraché le barreau scié qu'il avait posé en travers, entre les deux autres, et il y avait noué sa corde. C'était simple, c'était solide. Il grimpa sur l'appui. Souple comme il l'était, il se coula entre les deux barreaux. Pour la première fois, son regard put interroger le vide au-dessous de sa fenêtre.

La lune se couchait derrière le château. Ses rayons éclairaient encore les toitures des maisons de Sedan, mais toute la partie sud-est de la vieille forteresse était dans l'ombre. Les derniers reflets de la lune rendaient plus opaque l'obscurité environnante. C'était une excellente nuit pour s'évader. Mais c'était par conséquent une nuit qui ne laissait rien deviner de ses mystères. Hector eut beau regarder de tous ses yeux, il ne put reconnaître à quel point des douves correspondait la fenêtre de son cachot.

Il entendait les pas de trois sentinelles : une sur la courtine, deux sur le rempart. Il ne les voyait point.

Le château de Sedan, bâti sur roc du côté de la ville, a des plans très inégaux à sa base. Entre la courtine et le rempart, le lieu nommé Pertuis, où l'eau des douves extérieures pénètre à travers une grille de fer en cas de besoin est creusé à une profondeur considérable.

Hector dépensa toute une minute en efforts inutiles pour s'orienter ; une autre minute fut employée à résoudre cette question ! comment sortir de l'enceinte une fois au bas des murailles du château ? – À la grâce de Dieu !

Au moment où il allait se suspendre à sa corde, ses yeux, habitués graduellement à l'obscurité, distinguèrent les deux sentinelles du rempart. Elles poursuivaient tranquillement leur promenade limitée.

Hector était vêtu de sombre ; c'était le bruit seul qui pouvait le trahir. Or, il paraît que, malgré ses précautions, il avait fait quelque bruit, car, à peine fut-il en dehors de sa fenêtre, qu'il vit une silhouette se dessiner sur le parapet de la courtine. C'était la sentinelle qui se pencha sur l'appui de pierre et interrogea du regard les ouvrages environnants. Hector retint son souffle. Il se soutenait à la force des bras et n'osait faire un mouvement pour prendre ses jambes dans la corde, selon les règles de l'art gymnastique. La corde n'avait point de nœuds. Elle était franche et très mince. Ce fut un rude début.

La sentinelle fut plus de trois minutes à son balcon. Hector sentait déjà ses tempes battre et ses oreilles tinter. Dans tout effort ce qu'il y a de plus terrible, c'est l'immobilité.

Enfin le soldat reprit sa promenade. Hector poussa un grand soupir et entortilla ses jambes dans la corde, qui lui fit aussitôt un point d'appui. Il était rompu à tous les exercices du corps. Il commença à descendre lentement.

L'étage où était située sa prison faisait saillie circulaire, supportée par des corbeaux pleins. Au bout de quelques pieds, il arriva dans le vide et le vent le prit. Il faut avoir tenté ces périlleuses entreprises pour savoir ce qu'un coup de vent, je ne parle ni d'ouragan ni de tempête, je parle du souffle, de cinq ou six jours sur dix dans nos hivers, pour savoir, dis-je, ce qu'un souffle de vent peut ajouter d'atroces angoisses au danger. Une fois que la corde est prise par le vent, aucun effort ne peut modifier ses oscillations. Pour l'arrêter il faut un obstacle extérieur, c'est-à-dire un choc, c'est-à-dire un bruit, et le bruit, c'est la mort.

À vingt pieds au-dessous des corbeaux, Hector, balancé comme un ballot que descend la poulie, vint frapper le mur. Il se fit inerte pour amortir le son. Et il se laissa filer.

Au troisième ou quatrième choc, ce n'était plus la pierre lisse de la muraille ; sa hanche se meurtrit contre les aspérités d'une roche, et le flanc de la forteresse commença de se renfler sous lui. Les balancements cessèrent.

Sur le rempart, à demi-voix, les deux sentinelles disaient :

– Ohé ! Baptiste ! As-tu entendu ?

– Entendu quoi ?

– Je ne sais pas, moi. C'était comme qui dirait un grattement.

– Ça grogne toujours les vieilles murailles. C'est pour ce matin, le maréchal des logis de chasseurs.

– Pauvre diable ! Paraît que son compte est réglé.

– Voilà déjà les bourgeois de Sedan qui vont retenir leurs places.

Hector s'était arrêté un instant pour reprendre haleine et pour écouter. Quand il se laissa couler de nouveau, la corde tombait comme un fil à plomb le long du roc taillé. De temps en temps, il essayait de voir au-dessous de lui, mais c'était uniformément un vide sombre, côtoyé par le roc à pic. Les ténèbres étaient du reste, de plus en plus profondes à mesure qu'il s'enfonçait davantage. Les sentinelles du rempart étaient maintenant au-dessus de lui.

Tout à coup la corde manqua entre ses jambes. Il arrivait au bout. Sa première idée fut de prendre son aplomb et de se laisser tomber. Il était venu pour cela.

Un dernier regard jeté vers le sol inférieur lui montra comme un bourrelet solide. C'était sans doute la marge de gazon que Larchal lui avait annoncée. Il n'y avait pas à hésiter. Hector donna son âme à Dieu et se laissa couler jusqu'au bout de la corde, pour diminuer d'autant la hauteur du saut.

Il calculait que la corde pouvait avoir encore un pied sous sa main, lorsqu'un des boutons de son veston se prit dans une aspérité du roc et sauta. Instinctivement Hector serra la corde et s'arrêta pour écouter. Le bouton toucha le bourrelet qui était au-dessous de lui, rebondit sourdement et donna un petit choc sec à quelques pieds au-dessous. Puis, à un long intervalle, il frappa deux ou trois fois la roche. La sueur inonda les tempes d'Hector.

Puis le bouton, à un intervalle plus long encore, tomba dans l'eau en rendant un petit bruit profond.

Il avait mis près d'une seconde à tomber. Il y avait sous les pieds d'Hector un précipice de plus de cinquante pieds.

X
Le barreau de fer

Cinquante pieds de chute et les roches taillées à pic, mais qui gardaient bien quelques dents, puisque le bouton avait rebondi plusieurs fois avant de s'engloutir ! Hector ferma les yeux, parce qu'il voyait la masse noire du château tourbillonner devant lui. Un vertige l'assaillait. Des frissons montaient le long de son corps. Il était las, horriblement las. Ses mains le brûlaient. Chaque muscle de son bras avait des fatigues intolérables. Ce bruit si faible du bouton, précipité sous ses pieds, lui causa dans l'ouïe une sensation plus déchirante que le plus effroyable cri. L'abîme était là comme une mort béante, prête à engloutir sa proie.

Ce fut un moment d'indicible torture. Ce n'était plus en Hector que l'instinct animal qui s'accrochait désespérément à la corde. L'âme défaillante avait déjà lâché prise. Ses pieds, ses pauvres pieds que la paralysie prenait, cherchèrent un appui contre la pierre. La pierre glissa. Il sentait que les veines de son front allaient crever. Il voulut lever les yeux pour mesurer, hélas ! la route qui pouvait le conduire au salut. On sait l'effet que produisent les murailles, vues d'en bas et de tout près. C'est l'immensité en perspective.

Hector pouvait voir seulement quelques pieds de sa corde qui semblait pendre, soutenue par la nuit, mais il voyait la masse énorme, la masse noire s'élancer et monter. Gravir cela, n'était-ce pas l'impossible ? Et quel mot avons-nous prononcé ? le salut ! Sarcasme cruel ! n'était-ce pas aussi la mort qui était à l'autre bout de la corde ?

La mort plus lente, il est vrai, mais la mort aussi implacable ! C'était trop, je vous le dis. Tout ce qui vivait en cet enfant, victime d'un supplice inouï, âme et corps, vacillait et se tordait. Il semblait que Dieu même lui manquât, Dieu à qui il venait de donner son âme.

Il ne faut pas se méprendre : si la torture avait duré le quart du temps que vous mettez à parcourir ces quelques lignes qui essayent en vain d'en reproduire les raffinements hideux, nulle force humaine n'aurait été capable de la supporter, car à ces instants, la faculté de sentir se concentre et s'exagère. On peut souffrir mille agonies en une seconde.

Je ne sais pas si Hector resta une seconde immobile. Je sais qu'il mourut vingt fois. Mais Jean Guern le disait là-bas, sur le tertre : Soleuvre et Bazeille : aigle et lion ! L'enfant avait, mêlés dans ses veines, deux sangs héroïques et chrétiens.

C'était une de ces natures que l'angoisse peut étonner un instant, mais qui rebondissent. Ceux-là résistent. Les muscles de leur corps sont d'acier ; le ressort de leur âme ne s'use point. C'est du diamant.

Deux idées s'éclairèrent à la fois dans le cerveau d'Hector. Dieu et la pure jeune fille qui venait de se déclarer publiquement sa fiancée. N'était-ce pas encore Dieu ? la suprême bonté de Dieu ! Seigneur merci : Honorine ! Honorine ! Il saisit la corde à deux mains et remonta d'un pied, avant de s'être dit : Je veux remonter.

La réaction était faite. À l'engourdissement succédait un flux de vie. Hector se retrouvait : il n'était pas vaincu encore. Ses doigts se roidirent autour de la corde ; ses doigts qui saignaient.

En tout autre moment, c'eût été un jeu pour lui que de regagner assez de terrain pour donner à ses pauvres mains l'appui de ses jambes, enroulées autour de la corde. À cette heure, il lui fallut faire un incroyable effort d'énergie. Le câble était si mince, si lisse ! et il y a quelque chose de si écrasant dans cette idée qu'on est, selon la vigoureuse simplicité de l'expression vulgaire, – *au bout de son rouleau* !

71

Il fallait se hisser en étreignant cette soie glissante qui n'offrait pas à la main un volume suffisant, et qui menaçait d'échapper sans cesse aux doigts convulsivement crispés.

Honorine ! Honorine que Dieu lui avait rendue ! Hector fit ce rêve d'accomplir une tâche gigantesque pour la revoir, ne fût-ce qu'une minute, et lui dire adieu pour jamais ! Il se prit corps à corps avec son agonie. Il attaqua le fil tremblant qui le tenait suspendu au-dessus de l'éternité. Il rampa, pourrait-on dire, tant chaque pouce de corde fut péniblement disputé. Ses muscles révoltés tressaillaient, sa poitrine râlait. Pour chaque ligne de corde, il donnait un jour de vie.

Enfin, ses genoux mordirent le nœud qui était au bout de la soie.

– Dieu ne veut pas que je meure ! s'écria-t-il en un élan de triomphe.

Puis, reprenant haleine et souriant déjà, il dit :

– Je fais vœu de ne pas assommer le coquin tout à fait.

Il s'agissait, bien entendu, de Larchal.

Mais si vous aviez vu Hector désormais ! c'était de l'entrain : c'était presque de la gaieté. La nuit devenait de plus en plus noire. Quand il parvint au niveau du rempart, les toits de la ville ne brillaient plus aux rayons de la lune. Une pensée traversa l'esprit d'Hector : Combien y avait-il de temps que son entreprise était commencée ?

Larchal lui avait dit :

– Vous avez une heure, une heure dix même. Dépêchez-vous !

Certes, il était impossible qu'une heure ne se fût pas écoulée, une grande heure, depuis qu'il avait arraché son barreau et grimpé sur la fenêtre de sa prison. N'y avait-il qu'une heure ? En une heure tant de craintes, tant d'espoirs, tant de tortures peuvent-ils se concentrer ? Et la route à faire était encore si longue !

Le geôlier, l'assassin allait revenir ! Il allait, lui aussi, monter sur l'appui de la fenêtre pour retirer la corde où les cinquante louis et le diamant devaient être attachés, selon le pacte. En trouvant la corde tendue, il allait tout deviner. Hector le voyait déjà faisant effort pour dégager le barreau qui retenait la corde… Ou bien ouvrant son couteau et tranchant d'un seul coup cette mince attache de soie.

On a beau être brave, l'impossibilité absolue de se défendre fait naître d'étranges défaillances. Assis sur son billot, là-haut dans sa prison, Hector eût accueilli d'un front impassible la lecture de son arrêt. Debout au milieu du Champ-de-Mars, il aurait commandé le feu d'une voix claire et haute. Mais ici, insecte perdu dans l'espace, misérable araignée suspendue par son fil, ce jeune homme puissant et vaillant avait des épouvantes d'enfant.

Dès que cette idée de temps lui fut venue, il compta les battements précipités de son cœur. Les minutes fuyaient, selon l'erreur fiévreuse de sa mesure, avec une extravagante rapidité. Il s'étonnait presque de ne pas voir poindre les premières lueurs du jour. À chaque instant il croyait éprouver la sensation d'une légère secousse transmise du haut en bas par cette corde qui était à la fois son salut et sa perte. Il se disait : Larchal est là, à l'autre bout.

L'hallucination devenait parfois si complète, qu'Hector entendait au-dessus de sa tête le frôlement de la veste du geôlier, essayant de se glisser entre les barreaux. C'était un homme épais et trapu ; il avait de la peine à passer.

Parfois, ses propres efforts faisaient rouler la corde sur l'appui de la fenêtre. Quelques petits fragments de chaux tombaient. Il les sentait sur son front nu… C'était Larchal, qui le guettait et qui préparait son couteau…

Il arriva dans cet espace vide, situé entre le roc et les corbeaux de soutien, car il avançait toujours, malgré l'angoisse et malgré le vertige. Le vent fit osciller la corde comme lors de la descente. Hector souffrait si horriblement, que la pensée de lâcher prise le piquait comme un désir.

En ce moment, l'horloge de l'église voisine sonnait les quatre quarts avant l'heure. Hector s'arrêta pour écouter. Il se souvenait bien qu'il était minuit et demi au moment où Larchal avait tiré sa grosse montre d'argent. L'horloge sonna un coup. Hector attendit. C'était tout.

Une heure ! Entre le départ du geôlier et le commencement de sa descente, il avait bien perdu un quart d'heure. Se pouvait-il que ce long siècle d'angoisses eût à peine duré quinze minutes !

Pour descendre et pour remonter ! Quinze minutes ! l'horloge était folle ! Ou peut-être avait-il mal entendu. Il prêta l'oreille ; car, durant cette soirée, il avait remarqué que les horloges voisines se suivaient à quelques secondes de distance.

Chose merveilleuse, les autres horloges se taisaient maintenant. La notion du temps est élastique. « Ah ! que la nuit est longue à la douleur qui veille ! » s'écriait Lemierre naïvement. Et ces douze syllabes l'ont fait célèbre. Nos sensations sont nos mesures. Nous avons appris que telle somme de souffrance ou de joie, telle quantité de vie, pouvait être contenue dans tel espace de temps ; nous appliquons la souffrance ou la joie comme mètre uniforme au temps dont nos joies et nos souffrances ne peuvent modifier la marche.

Une minute, pour nous, c'est donc en réalité une certaine somme de torture ou de contentement.

Si la souffrance, pour choisir entre les deux termes celui que Dieu a fait le plus riche et le plus généreux ; si la souffrance grandit au-delà des limites communes, se concentre, s'exalte, se multiplie par elle-même jusqu'à ces supplices inouïs que notre nature, si faible contre l'allégresse, peut endurer sans mourir, c'est le temps pour nous qui s'allonge sans fin, le temps impitoyable.

Hector n'espérait plus, Hector sentait sa raison tournoyer déjà dans le vertige, lorsqu'une horloge, puis deux, puis trois, répétèrent dans la nuit ce coup unique lui marque la première heure.

Ce fut encore un grand élan qui le souleva. Il monta, ranimé par cette confiance que personne ne l'attendait là-haut guettant sa faiblesse sans défense. Il atteignit les consoles de la frise, son pied avide trouva un semblant d'appui contre la muraille renflée. Il dépassa la frise. Il montait, il montait. Ses mains brûlaient, sa poitrine sifflait ; son pantalon, coupé par le frottement, laissait pendre ses lambeaux, mais il montait.

Enfin sa main toucha l'appui de la fenêtre. Il se hissa, ne prenant plus souci de réprimer la plainte essoufflée qui s'échappait de sa gorge. Il saisit les barreaux solides, passa entre deux, et sauta sur le sol de sa prison.

Il resta longtemps, brisé de corps et d'âme, haletant, broyé, anéanti. Vous eussiez dit que cette masse humaine était désormais incapable de tout effort et de tout mouvement.

Mais quand, dans le lointain des corridors, un bruit de pas se fit avec un cliquetis de clefs, Hector se leva sur le coude. Il écouta. C'était bien l'auvergnat Larchal qui venait chercher les cinquante louis et la bague, héritage d'un homme assassiné !

Hector se souleva sur ses deux mains saignantes, puis il se dressa lentement sur ses pieds. Larchal approchait.

On l'entendait grommeler je ne sais quoi. Ces méchantes consciences parlent toutes seules. Hector s'étira. Hector monta sur le billot. Il prit le barreau de fer qu'il avait scié. Il le débarrassa de sa corde et le brandit à deux mains.

— Je suis ici par un miracle ! dit-il, redressé de toute sa hauteur. Dieu veut que je me sauve et que je la revoie !

La clef grinçait dans la serrure. Hector empoigna sa barre de fer comme un sabre et se glissa derrière la porte.

XI
Nerea

Le baron Michel était en ce pays de Sedan une manière de marquis de Carabas. Il avait des propriétés partout : dans la basse ville comme dans le quartier du haut commerce. L'opinion publique prêtait à ce grand citoyen un caractère indécis, timide, débonnaire. Il passait pour être le meilleur de la famille. On n'allait pas cependant jusqu'à dire qu'il ne fût capable de tout pour gagner de l'argent.

C'est ici la vertu élémentaire de ces races conquérantes. Il peut y avoir des différences dans les caractères, mais la grande loi est une, inflexible. Il en est ainsi dans toute chevalerie. L'ancienne chevauchait sur ce mot qui nous fait rire : Honneur. La nouvelle enfourche cet autre dada : Argent.

Pour les hommes sages de notre temps, le premier de ces mots représente l'esprit. C'est presque aussi creux que Dieu ! L'autre mot est le signe du monde réel, c'est-à-dire la moderne vérité. Et le monde va en conséquence. Où ? Il n'en sait rien, mais ce n'est certes pas vers l'honneur.

Et Dieu ? Soyez tranquilles, si vous priez. Dieu n'est jamais loin de ceux qui prient.

Le baron Michel avait été l'homme d'affaires, puis l'associé des Soleuvre, quand ceux-ci avaient malheureusement essayé de relever leur maison par le commerce. C'était tout uniment un ancien courtier de la fabrique de draps. Sa jeunesse avait été assez honnête, au dire de ses contemporains. Mais aussitôt que son savoir-faire et son économie lui eurent assuré un petit capital, il s'était vu entouré d'une famille nombreuse, avide et bas placée. C'était à la fin de l'Empire. Son frère Jean était fraudeur, son frère Antoine n'était rien.

Ils avaient de l'ambition tous deux, tous deux étaient plus intelligents que le baron Michel. Sans eux, Michel eût été un industriel, rangé, probe dans la mesure commerciale, et inoffensif. Jean et Antoine lui donnèrent l'audace qu'il n'avait point. La maison de Soleuvre devint la maison Legagneur.

Antoine avait quitté le service autrefois, pour cause, mais, à la faveur du trouble qui suivit la révolution de Juillet, il se fit donner un grade de major. Il avait son idée. La carrière militaire n'était pour lui qu'un chemin de traverse pour arriver à son but. Jean fonda un établissement de banque en Belgique. Ses deux fils ne restèrent point dans sa maison. Nul ne savait ce qu'ils faisaient ; mais de temps en temps, on les voyait à Bruxelles, menant un train de prince. Leur père tenait, du reste, un état de maison bien au-dessus de ses affaires. Il en était de même pour les Legagneur de France. Au régiment, le major Antoine jouait au grand seigneur, et la maison du baron Michel était de beaucoup la plus fastueuse qui fût à Sedan.

Sedan, ville travailleuse, ne possède point de *cour des miracles*. Vous n'y trouveriez point de ces quartiers misérables, où le dénuement, le vin, l'oisiveté atrophient une population pullulante. À cet égard, Sedan peut regarder haut Paris, son suzerain, Augias entêté, dont les étables ont déjà lassé quatre ou cinq Hercules. Sedan est une ville propre, sinon une ville coquette. C'est de l'eau pure qui coule dans le ruisseau de ses rues les plus pauvres.

Autour de la porte dite *de la Cassine*, s'agglomère pourtant une population moins brossée que celle des autres quartiers. Ce n'est pas de la bohème : les honnêtes pavés de Sedan sauteraient hors de leurs alvéoles si jamais volée de bohémiens montrait ses guenilles en dedans des murs ; mais ce n'est plus cette classe ouvrière tirée à quatre épingles qui fait l'orgueil de la patrie de Turenne. Il y a là de l'un et de l'autre : c'est mêlé. Les maisons ont maigre apparence ; les cabarets sont emplis par des soldats qui n'ont pas le temps d'aller jusqu'à leurs chères guinguettes du Fond-de-Givonne ; les maisons sont habitées par des ouvriers souvent étrangers au pays, des Belges Surtout, et neuf fois sur dix ces tempêtes intestines, qu'on nomme des *cloques* (grèves), prennent naissance dans ces turbulents parages.

À cinquante pas environ du corps de garde de la Cassine s'élevait une maison à deux étages, un peu plus élégante que celles qui l'entouraient. C'était une propriété du baron Michel. Elle avait pour habitant un vieil homme, connu dans la ville sous le nom du père Bataille, et qui s'appelait en réalité Giovan Battaglia. Il était Piémontais et natif des environs de Turin. C'était un vieillard actif et leste, tout nerfs, comme on dit, coiffé d'une chevelure très dure, taillée en brosse et de couleur gris pommelé. Il était ménétrier, maître de danse, organisateur de sérénades et de mascarades, trouveur d'objets perdus, diseur de bonne aventure et parfait secrétaire. Il faisait en outre tous autres métiers auxquels on le trouvait apte. Cela lui donnait de quoi boire de méchante bière en mangeant du pain sec.

Il avait une fille, ce père Bataille, belle comme les vierges de l'Attique, aussi, la « jeunesse » de Sedan ne la trouvait pas jolie. Nerea, c'était le nom de la fille de Bataille, ne faisait, de son côté, aucune espèce d'attention à la jeunesse de Sedan. C'était une singulière créature pieuse à sa manière, fréquentant assidûment les églises, aux heures où les nefs sont solitaires, mais ne parlant jamais à un prêtre. Bien souvent, ceux qui passaient le soir la rencontraient agenouillée sur les marches de la cathédrale, tantôt silencieuse et comme absorbée, tantôt murmurant de bizarres paroles.

– C'est la Nerea, se disait-on, l'innocente. Quelques-uns ajoutaient :

– La sorcière !

Et personne ne s'approchait d'elle. La jeunesse, là-bas, n'est point crédule, fi donc ! Mais la jeunesse avait un peu frayeur de Nerea, parce que son père, pauvre diable de charlatan famélique, lui avait imposé, tout enfant qu'elle était, le rôle de sa mère décédée. Or le rôle de la mère de Nerea était de battre les *tarocchi* de danser le pas des *jettateurs*, d'interroger la glace sans tain, de piquer la tranche d'un vieux livre pour chercher les sorts, d'ouvrir, selon l'art divinatoire, le cœur tout chaud des coqs étouffés, de déchiffrer les lignes de la main, ou de donner un sens à ces autres lignes que le sable trace aux vibrations d'une plaque sonore, d'épeler le muet langage du plomb fondu versé dans une jarre d'eau, d'expliquer les rêves, de faire crier la poule noire, en cas de vol, et de tenir la fameuse *baguette de coudre* qui va droit aux trésors enfouis dans la terre, comme l'aimant sympathique court au fer. Le vieux Giovan Battaglia disait volontiers, quand on parlait de sa femme défunte :

– On ne saura jamais ce que m'a coûté la perte de Dinah ?

Le fait est qu'on ne l'a jamais su. Pour parer d'autant à ce désastre, le père Bataille avait donné à Nerea tous les talents de sa regrettable mère. Nerea s'était montrée dès le début élève ardente. Il y avait longtemps qu'elle avait envie de connaître tous ces secrets qui avaient été la terreur et la curiosité de son enfance. Au moment où Dinah mourut, les Battaglia parcouraient le pays de Reims, exploitant de leur mieux la naïveté des Champenois. C'est à peine si Nerea avait entrevu l'Italie. Depuis qu'elle existait, jamais elle n'avait rencontré un lieu qu'elle pût appeler « ma maison », jamais une créature humaine dont elle pût dire : « Voici l'ami de ma mère et de mon père. »

Toujours des horizons nouveaux, toujours des demeures inconnues, toujours des visages étrangers sur lesquels son regard inquiet pouvait lire la défiance ou le dédain. En apprenant la pauvre science de sa mère, Nerea crut de bonne foi acquérir un pouvoir qui la mettait au-dessus du niveau commun. Rien n'avait éveillé ses doutes, car les Battaglia, comme tous les charlatans, lançaient de furieux anathèmes à tous ceux qui ne voulaient point admettre leur prétendue doctrine, à laquelle ils ne croyaient point eux-mêmes.

En dehors de ses parents, Nerea, farouche et solitaire, n'avait jamais reçu aucun enseignement, sauf la lecture, qu'elle avait apprise dans un alphabet qui parlait de la croix de Dieu. Elle prenait au sérieux ses pratiques misérables ; elle faisait plus : elle y mêlait je ne sais quelles aspirations mystiques, bien qu'elle eût le vague instinct d'aller ainsi contre la volonté divine. C'est pour cela qu'elle n'osait point remplir ses devoirs de chrétienne, malgré l'élan religieux qui était au fond de sa nature enthousiaste.

C'était à peu près à l'heure où notre Hector, averti par la chute providentielle d'un de ses boutons d'uniforme, entreprenait sa fabuleuse ascension. Toutes les lumières étaient éteintes aux environs de la porte de la Cassine, excepté deux qui brillaient, l'une dans le corps de garde, l'autre au rez-de-chaussée de cette maison, louée au père Bataille par le baron Michel. Il y avait maintenant plus d'un an que le père Bataille était établi à Sedan. C'était la plus longue station qu'il eût faite en un même lieu dans sa vie. Il lui fallait pour cela des raisons majeures, et nous verrons qu'il n'en manquait pas.

Au moment où nous entrons au rez-de-chaussée de sa maison, il était assis au coin d'un foyer éteint où deux maigres bûches avaient achevé lentement de se consumer. Sa tête étroite et longue pendait sur sa poitrine. Il dormait.

Non loin de lui, on voyait pendu à la muraille l'aigre violon à l'aide duquel il donnait des leçons de danse aux farauds de la jeunesse.

C'était, ne vous y trompez pas, un homme éminemment remarquable. Il vous eût, au besoin, coupé la jambe avec un eustache, il vous eût fait l'opération de la cataracte avec un cure-oreille. Il entreprenait tout. Rien n'était pour lui trop difficile.

Entre ses jambes était un chat noir, gras à lard, qui devait prendre ses repas quelque part dans le voisinage. Le chat dormait comme son maître. La chambre était assez vaste et mal éclairée par la chandelle de suif dont la mèche se charbonnait sur la table ; il n'y avait guère de meubles à proprement parler, mais c'était un fouillis de coffres, de tréteaux, de vieilles malles où l'on reconnaissait bien le mobilier industriel d'un homme ayant *travaillé* en foire.

Quelques chaises de paille boitaient çà et là. Des fioles poudreuses couvraient les planches clouées à la muraille, et sur une bûche, posée debout comme un socle, trônait un superbe hibou empaillé. Comme objets d'art, il y avait le portrait authentique du grand Albert et une de ces lithographies noires qui représentent les diverses phases de la lune, tournant autour de notre globe. Ces deux tableaux étaient attachés au mur avec des épingles. La chandelle brûlait dans le goulot fêlé d'une bouteille à cirage. Alentour, on voyait un sablier couvert de signes cabalistiques, un jeu de grands tarots, une cruche à bière vide et les restes d'un repas plus que frugal.

Mais la même lueur qui éclairait ces misères tombait d'aplomb sur un chef-d'œuvre de Dieu. Nerea était auprès de la table, pensive, silencieuse. Elle avait la tête appuyée sur sa main que baignaient les masses de ses cheveux noirs. Ses paupières, fermées à demi, laissaient passer à travers la richesse de leur frange un regard fixe. C'était la beauté antique dans sa simplicité. Un sculpteur eût voulu tailler ce visage dans le marbre.

Le sommeil ne la cherchait point, malgré l'heure avancée. Sa main jouait avec les cartes éparses sur la table.

– Holà ! fit le père Bataille, qui s'agita en dormant ; est-ce un mal de remuer la terre ? Ze ne vole rien. Z'ai des papiers… arrêterez-vous un homme qui a des papiers en règle ?

Les yeux de Nerea se tournèrent vers lui avec une expression de piété.

– Toujours ce songe : murmura-t-elle ; toujours ces terreurs de la mauvaise conscience !

Elle éleva la voix pour appeler :

– Père !

Ces pauvres diables qui campent dans la vie ont le sommeil léger. Le Piémontais s'éveilla en sursaut et s'écria :

– Zo vous dit que z'ai des papiers !

– Il n'y a pas de gendarme ici, mon père, prononça doucement Nerea.

Le vieux Bataille se frotta les yeux.

– Zo rêvais que z'étais dans les écus de six livres zusqu'aux zenous ? dit-il d'un air de bonne humeur. Quelle heure il est, ragaze ? Personne il n'est venu ?

– Il est une heure, répondit Nerea ; il n'est venu personne.

Le bonhomme ramena sur ses jambes maigres qui tremblaient de froid l'étoffe usée de sa houppelande.

– Ragaze, dit-il, si tu veux dormir, moi, zo veillerai.

– Je ne veux pas dormir, mon père, répliqua Nerea. J'attends le sort.

– Le sort du maréçal des lozis, s'écria aigrement le père Bataille, heureusement qu'il n'en a pas pour longtemps désormais.

Nerea eut un sourire.

– Mon père, dit-elle, s'il devait mourir, je vous en voudrais pour ce mot-là.

Le vieillard glissa un regard sournois du côté de sa fille.

– Il ne doit donc pas mourir ? fit-il en jouant l'indifférence.

– Non, répondit Nerea.

– Qui te l'a dit ?

Nerea mit sa main sur le jeu de tarots. Giovan Bataille haussa les épaules.

– Si le maréçal des lozis il se sauve, dit-il en bâillant, tant mieux pour lui, tant pis pour nous ! Es-tu bien sûre qu'une heure il ait sonné, ragaze ?

– Je l'ai entendue, mon père.

– Et personne encore ! Lis-moi le livre, puisque tu ne veux pas dormir.

Il y avait sur la table un grand in-folio manuscrit sur parchemin, dont la reliure, solide pourtant et retenue par une armature en métal, tombait en pièces. Nerea le prit, l'ouvrit, et se fit un pupitre avec la cruche vide. Le parchemin était jaune ; l'encre avait blanchi, mais les lettres ornées à la main et les miniatures qui chargeaient les hautes marges étaient parfaitement conservées. On eût dit, à voir leurs couleurs si vives et si délicates, que le pinceau n'avait pas eu le temps de sécher.

Nerea tourna plusieurs feuillets, cherchant sans doute le passage où s'était arrêtée la précédente lecture. Elle arriva à un chapitre dont l'intitulé était ainsi figuré :

Estât des valeurs, richesses et thrésors de la S. S. S. abbaye d'Orval.

Au milieu de la cinquième page après ce titre, il y avait une marque faite à l'ongle. Ce fut là que Nerea commença.

... Item, lut-elle d'une voix monotone et ennuyée, une batterie d'encensoirs en vermeil avec chaînes d'argent et contre-chaînettes d'or, le têt de chasque orné d'une

maistresse émeraude, entourée de cinq rubis balays le tout donné par le bailliage d'Ivoix-Carignan. (Estimé douze cent cinquante rixdales.)

« *Item*, la relieure en argent massif du grand manuscript, dit : *Le livre des pieds terriers d'Orval*, avec cette épigraphe gravée en relief sur le plat : *Qui terre a, guerre a ; qui n'a, pis a.* (Estimé trois cents rixdales.)

« *Item*, les joyaux de la dame de Bixi : parures de teste et de col, bracelets, fermoirs, agraffes, livres d'heures, chapelets, drageoirs, et les joyaux de la dame de Cherves, sa sœur, dont le détail est le même. (Estimé cinq mille écus tournois.)

– Père, dit Nerea qui s'interrompit, je voudrais me voir une fois des diamants, des rubis et des perles.

– Cela t'irait bien, fillette ; continue ! continue !

Giovan Bataille avait croisé ses maigres mains sur son estomac. Il écoutait, plongé dans une sorte d'extase. De temps en temps sa langue gourmande venait humecter ses lèvres. Nerea laissa échapper un soupir.

... *Item*, continua-t-elle, la vierge d'Izel, argent et or, avec les couronnes d'orfèvrerie où se trouvent les deux rubis de grande eau dits : le Ron-Poncel et le Tintigny. (Estimé, le tout, mille soixante-quinze louis de France.)

Item, en lingots, dans une tonne double, à trois cadenas, clefs cent trois, cent quatre et cent cinq : lingots d'argent, quatre cent vingt-deux marcs ; lingots d'or, quarante-huit marcs et demi, à estimer selon le change.

Item, en lingots, dans une tonne double, à trois cadenas ; clefs cent six, cent sept et cent huit : argent, cinq cents marcs ; or, trente-cinq marcs et cinq sixièmes, selon le change.

Item, cinq mitres abbatiales ouvrées et ornées de pierreries, la crosse de Bernard de Montgaillard, vingt-quatrième abbé, donné en 1630, d'après son vœu, ladite crosse ayant son chef en or massif et deux rangs de perles fines à la virole. (Estimé deux mille rixdales de Luxembourg.)

Item...

Mais pourquoi prolonger cette éblouissante énumération ? Tout le monde sait que les abbés d'Orval étaient plus riches que des rois.

Ce fameux *Pied terrier*, dont la reliure avait été estimée trois cent vingt rixdales ou deux mille livres, monnaie française, c'est-à-dire plus de dix mille francs, eu égard aux accroissements successifs de la valeur représentative, ce livre des biens fonciers de la communauté était un immense *in-folio* de sept cent quarante pages, où se déroulait la liste des terres, prés, pâturages, bruyères, étangs, moulins, brasseries, maisons, châteaux, métairies, mines, ardoisières, carrières, chasses, pêches, dîmes, cens, péages de tourniquets ou de ponts, possédés ou *fructrués* par le monastère d'Orval.

On ne peut évaluer à moins d'un milliard le capital foncier de ce prodigieux domaine, réparti sur le territoire de trois cents paroisses, villes, villages ou hameaux.

La mainmise des religieux d'Orval s'étendait sur l'ancien comté de Chiny, berceau de l'établissement, sur le pays de Carignan, sur les prévôtés de Chauvency, de Mouzon, de Montmédy, de Marville, de Merles, de Mangienne, de Dun, d'Arrancy, de Conflans, de Jarnisy, de Longuyon, de Birey, de Longwy, dans le pays Messin, dans les bailliages de Virton et d'Erlon, dans le duché de Luxembourg, dans le Liégeois, dans le Brabant, dans le comté de Namur.

C'était un monde. Et savez-vous ce que les bons moines avaient écrit en tête de leur grand livre d'achats ? L'épigraphe mérite assurément d'être transcrite et traduite. La voici textuellement :

> Ignorantia notariorum, et multo mugis malitia, messis est advocatorum. Clausulas ambiguas et problematicè disputabiles instrumentis inserendo, notarii ponunt ova, quæ magno partium sumptui excubantur ab advocatis et procuratoribus.
> L'ignorance des notaires, et surtout leur perversité, est la moisson des avocats. Les notaires, en glissant dans les actes des clauses ambiguës et sujettes à discussions, pondent des œufs qui sont couvés, au grand détriment des parties, par les avocats et les procureurs.

L'enseignement est bon ; l'image est charmante. Ces excellents moines, qui avaient tant d'esprit, sont morts ; mais les notaires, les avoués et les avocats continuent, les uns de couver, les autres de pondre. Et le monde ne s'en porte pas mieux.

Giovan Battaglia avait renversé sa tête sur le dossier de sa chaise. Il fermait les yeux. Il souriait. Son visage peignait le ravissement. Ce fantastique dénombrement d'objets précieux produisait sur lui l'effet du plus attrayant des poèmes.

Il écoutait encore, et il dormait déjà. Ou plutôt il se baignait, bercé par des milliers de vagues dorées, dans cet océan d'opulence. De l'or, de l'argent, des rubis, des émeraudes, des pluies de perles, des fleuves de diamants !

Nerea continuait sa lecture. On frappa à la porte. Giovan Battaglia ne bougea pas.

– Faut-il ouvrir, mon père ? demanda Nerea.

On frappa un peu plus fort et d'une façon particulière. Nerea fit de l'ongle un signe consciencieux sur la page commencée, puis elle gagna la porte et ouvrit.

L'homme qui entra avait la pipe à la bouche et la casquette sur la tête. Il ne se découvrit point et ne cessa pas de fumer. Son regard fit le tour de la chambre.

– Je croyais que vous étiez en compagnie, la fille, dit-il d'un ton brusque ; emplissez la cruche : j'ai gagné de quoi boire cette nuit, je paierai.

XII
La bonne aventure

Ce nouveau venu était un gaillard de grande taille, au costume débraillé, à la démarche dégingandée. Par tous pays, les mauvais sujets ont la même tournure. Celui-ci était bien connu dans la ville : c'était Nicolas Souquet, dit le Cloqueur, à cause des nombreux chômages qu'il avait provoqués dans les fabriques de drap, au temps où il était ouvrier tondeur. Nous l'avons vu déjà cette nuit à la tête de la bande des saudeurs soudoyés pour proclamer les fiançailles du major. Nous l'avons vu encore pénétrer dans la maison du mort après le départ de Jean Guern et de sa femme.

Depuis la révolution de Juillet, Nicolas Souquet ne travaillait plus de son état. Il mangeait mieux qu'auparavant et buvait davantage. On disait dans la ville qu'il était avec les Errants de nuit. Mais on disait cela volontiers de tous ceux qui n'avaient pas au grand jour leurs moyens d'existence.

Nicolas Souquet pouvait avoir trente ans. Sa figure n'avait d'autre expression qu'une brutale effronterie. Il vint s'asseoir à la place occupée naguère par Nerea, pendant que celle-ci allait chercher de la bière. Quand elle revint, il lui dit :

— Verse !

Et tandis qu'elle versait :

— Te souviens-tu, la fille, de m'avoir fait cette marque-là ?

Il montrait une petite cicatrice qui allait du coin de l'œil à la tempe.

— Oui, répondit Nerea, je m'en souviens.

— Tu n'aimes pas les bons garçons, toi, reprit Nicolas.

Il but et ajouta, en essuyant sa moustache du revers de sa main :

— Aussi, quand je vas être riche, du diable si je te prends pour ménagère !

— Vous allez donc être riche, monsieur Nicolas ? demanda Nerea, dont la lèvre se releva avec dédain.

Le Cloqueur frappa un grand coup de poing sur la page qui énumérait les trésors d'Orval.

— Ce bouquin-là, dit-il, c'est des bêtises. Mais il y a quelque chose, et c'est moi qui l'aurai. Cela me met en belle humeur. Veux-tu venir avec moi voir fusiller le maréchal des logis ?

Nerea ne répondit point. Le Cloqueur fit un pas vers elle, mais une voix flûtée se mit à parler derrière lui.

— Zo ne dors pas, cer ami, prononça doucement le père Bataille.

— Tiens ! tiens ! fit Nicolas en tressaillant, vous écoutiez ?

— Cer ami, zo ne dors zamais que d'une oreille, la ragaze a son aiguillon pour se défendre, vous en portez la marque, méfiez-vous.

Il roula son vieux fauteuil jusqu'auprès du Cloqueur et reprit tout bas :

– Nous avons quelque çoze de nouveau !

– Oui, papa, repartit Nicolas Souquet ; quelque chose qui vaut mieux que votre baguette de coudrier. Je suis sur la piste de six cent mille écus !

Giovan Battaglia essaya de sourire, mais il était tout pâle.

– Cer ami, dit-il, très cer ami Nicolas, demande à la ragaze si zo ne lui dit pas touzours que tu ferais la perle des maris !

– Oh ! répliqua brutalement le Cloqueur, bien obligé, papa pour se marier nous avons du temps devant nous.

– Nicolas Souquet, prononça lentement Nerea qui jouait avec les tarots, savez-vous combien vous avez de temps devant vous ?

– Mon père est mort à quatre-vingt-deux ans, et je suis plus solide que mon père.

Nerea comptait sur ses doigts.

– Quatorze jours, murmura-t-elle.

La face du Cloqueur devint écarlate, mais il se remit aussitôt, disant :

– Tout cela, c’est parce que je ne veux pas l’épouser.

– Si vous avez idée de ne pas vous en aller sans confession, Nicolas, reprit la jeune fille, faites vos affaires, et n’attendez pas.

Elle tourna le dos, ajoutant à demi-voix :

– Celui qui devait mourir ce matin vivra plus vieux que pas un de nous !

– La paix, ragaze, la paix ! fit Giovan.

– Vous feriez mieux de me dire : Parle, mon père, car voilà que je vois les six cent mille écus comme s’ils étaient là sur le carreau.

Le vieux Bataille et le Cloqueur échangèrent un regard rapide. La figure de Nerea avait pris l’expression qu’on prête aux pythonisses.

– Parlez ! s’écria Nicolas Souquet.

– Zo ne veux pas que tu parles ! ordonna au contraire l’Italien.

– L’or est dans un lieu qu’on appelle la Tombe, acheva Nerea comme malgré elle ; malheur à qui pénétrera en ce lieu !

On frappa.

– Cachez-vous, Nicolas ! dit précipitamment Giovan ; voici M. le major.

– Je serai bientôt plus riche que le major ! répliqua le Cloqueur fièrement : pourquoi me cacherais-je pour un marchand de laines !

Nerea se dirigea vers la porte en disant :

– Ce n’est pas le major Legagneur.

Elle ouvrit et s’effaça pour laisser passer un gros petit vieillard, frais et rose, qui portait un bonnet de soie noire sur sa tête chauve et son chapeau sous le bras.

– Monsu le baron ! s’écria Giovan Battàglia, zo suis bien le serviteur de la Vostre Excellence ! Avance le fauteuil, ragaze. Éteignez votre pipe, Nicolas !

Comme le Cloqueur n'obéissait pas assez vite, Giovan lui arracha sa pipe et en plongea le fourneau ardent dans la chope à demi pleine. Ce que voyant, Nicolas Souquet ôta sa casquette en grondant :

– Je vous salue et votre compagnie, monsieur Legagneur.

Le baron Michel entra d'un air humble et doux. Il était impossible de voir un petit millionnaire plus avenant et plus affable.

– Bonjour, Bataille, dit-il, car nous sommes au matin. Bonjour, Nicolas, toujours un peu mauvais sujet, je parie. Jeunesse se passe, nous mettrons de l'eau dans notre vin. Bonjour, chère enfant ! On lui trouvera un mari, si vous voulez, père Bataille. Ça ! ça ! fit-il sans s'arrêter, mais en soufflant un peu pour s'asseoir ; vous voilà bien étonnés de me voir à pareille heure, n'ayez pas de crainte ; je ne viens pas chercher mes loyers… je viens…

Il s'interrompit pour cligner de l'œil en regardant le Cloqueur.

– Dans quelle fabrique êtes-vous, maintenant, mon brave ! demanda-t-il.

– Dans celle qui ne va que la nuit, répondit Nicolas.

Et Giovan Bataille, en se frottant les mains.

– Vous pouvez parler la bouce ouverte, monsu le baron. Il travaille avec moi, le cer garçon. Vos neveux lui doivent bien, à l'heure qu'il est, une douzaine de pièces de six livres.

– Ah ! soupira Michel Legagneur, j'en ai donné de l'argent pour tout cela, de l'argent ! de l'argent !

Il soupira gros et leva les yeux au ciel.

– Mais tout sera payé ! reprit-il précipitamment ; la maison Legagneur trouverait un million d'ici à demain midi, si on le lui demandait.

– Tiens ! tiens ! fit le Cloqueur entre haut et bas ; pourquoi nous chante-t-il cet air-là ? Est-ce que sa boutique branlerait dans le manche ?

Il était placé derrière le baron Michel, qui se vantait d'être un peu sourd.

– Vos neveux sont de zolis zeunes zens, reprit Bataille ; mais leur caisse est souvent vide, c'est de leur âze.

Second soupir de Michel Legagneur, qui fit du doigt un petit signe paternel à Nerea.

– Ma mignonne, dit-il, le bruit court que vous avez commerce avec les esprits. Je ne pouvais pas dormir cette nuit. J'ai pensé, à part moi : Si j'allais du côté de la Gassine, cette belle petite me tirerait mon horoscope.

– Ça fait passer le temps, dit Nicolas, qui riait dans sa barbe.

– Zo ne dis pas cela à tout le monde, fit Giovan en s'approchant du baron Michel pour lui parler à l'oreille, mais la ragaze elle voit l'avenir comme vous pouvez connaître le présent et le passé. Ah ! si vous aviez entendu sa mère, ma défunte femme !

Sur un second signe du chef de la maison Legagneur, Nerea s'approcha.

– Tout à l'heure, continuait cependant le père Bataille, nous ne vous attendions pas, monsu le baron. Eh bien ! zo ne voudrais pas vous mentir, elle s'est écriée : « Voilà monsu Legagneur qu'il tourne le coin de la rue ! »

Nerea était venue se placer devant le baron Michel.

– Je n'ai pas dit cela, prononça-t-elle distinctement, quoique d'un ton très bas ; mais que cet homme m'interroge et il verra !

Le baron Michel leva sur elle ses petits yeux gris débonnaires. Il les baissa tout aussitôt sous le regard ferme et froid qu'elle fixait sur lui.

– Mignonne, balbutia-t-il, sauriez-vous me dire pour quelle raison j'ai eu fantaisie de vous interroger ?

– Parce que vous avez eu peur, répondit Nerea sans hésiter.

– Peur de quoi, bon Dieu, ma pauvre fille !

– Peur de celui dont vous venez de prononcer le nom, peur de Dieu !

– Zo ne souffrirai pas, interrompit ici Giovan Bataille que tu parles ainsi à notre maître !

Mais Nerea dit : « Je n'ai pas de maître ! »

Puis, prenant tout à coup la main de M. Legagneur :

– Vous ne pouviez pas dormir cette nuit, poursuivit-elle en changeant de ton ; cela vous arrive bien souvent, parce que vous êtes moins méchant et moins résolu que les autres. Comment seriez-vous maître, vous qui obéissez comme un esclave ?

– Quant à ça, fit Nicolas, le major tient le bon bout !

– Silence ! ordonna Nerea.

Et le père Bataille siffla un long : chut ! Michel Legagneur avait la tête baissée. Ses bras pendaient. Ses yeux battaient comme s'il eût été sur le point de pleurer.

– Je suis trop vieux pour tous ces embarras, dit-il du ton d'un enfant qui se plaint, j'en mourrai !

Nerea répéta : « Vous en mourrez ! »

Le baron se souleva à demi sur son siège, la face livide la bouche convulsivement béante.

– Bataille ! Bataille ! prononça-t-il paisiblement, on dit que votre fille est folle ! Est-elle folle ?

– Zo répondrai comme vous voulez, mon bon monsu Legagneur, repartit Giovan ; la ragaze a bien étudié, mais on peut se tromper.

Michel passa ses deux mains sur son front, qui dégouttait de sueur. Nicolas le couvrait d'un regard de dédain.

– Y en aurait qui riraient bien, dit-il, s'ils savaient que le baron Michel est ici en train d'étouffer de peur, parce que la fille à Bataille lui conte des fanfreluches !

– Elle ment, n'est-ce pas, elle ment ! s'écria M. Legagneur en se tournant vers lui, ces gens-là ne savent que mentir !

– Ah ! monsu Legagneur, répliqua Giovan, zo ne mens zamais ; Nicolas que voici peut vous le dire, sans moi, les Errants auraient déjà découvert cent fois l'or et l'argent qui est sous la terre. Zo vous le garde.

Le baron retomba sur son siège.

– L'or ? l'argent ! balbutia-t-il ; que m'importe cela ! Achète-t-on le sommeil ! Achète-t-on la vie ?

Son regard rencontra celui de Nerea. Il demeura comme fasciné.

– L'or et l'argent sont vos dieux quand il fait jour, dit-elle, le jour vous cessez de trembler. N'avez-vous pas vendu pour de l'or le sang du fils de votre bienfaiteur ?

– Ils me tueraient, répondit Michel, si je leur résistais. Ce n'est pas moi qui ai voulu cela, non ! ce n'est pas moi !

– Et pourtant, dit tout bas Nerea, c'est un spectre *nouveau* qui vous a poursuivi cette nuit.

Le baron Michel ne répondit point. Nicolas écoutait, pris par une curiosité étonnée, mais son étonnement n'était rien auprès de celui du père Bataille.

Figurez-vous un alchimiste menteur et charlatan, qui trouverait tout à coup un lingot véritable au fond de son creuset ! C'était un sceptique que ce père Bataille. Il était payé pour ne rien croire. Depuis cinquante ans, il gagnait sa vie à tromper. Et voilà que son vieux péché de mensonge devenait tout à coup vérité ! sa fille, son élève, cette enfant qui ne savait rien que par lui, parlait comme un prophète et semblait posséder un pouvoir surnaturel !

Y avait-il donc quelque chose de réel, sous cette momerie qui était son métier ?

– L'enfant en sait plus long que nous, dit-il tout bas au Cloqueur.

Celui-ci mit sa main sur la poche de sa veste.

– Si tu es vraiment une sorcière, la fille, s'écria-t-il, dis-moi ce que j'ai là-dedans.

– La moitié du secret d'un mort, qui n'est pas encore enterré, repartit Nerea.

Nicolas Souquet faillit tomber à la renverse, tant il se recula vivement.

– Est-ce que c'est vrai ? balbutia Giovan.

– C'est vrai, fit le Cloqueur, et je ne donnerais pas cette moitié de secret-là pour mon pesant d'argent blanc !

Le baron demanda :

– Qui donc est mort ?

– Celui que vous cherchiez cette nuit, répondit Nerea.

– Le moine d'Orval ? fit Michel tout tremblant.

– Oui, le moine d'Orval.

– Et où est-il mort ?

– À votre porte.

– Ça y est ! s'écria le Cloqueur, parole sacrée, ça y est ! Elle a un démon, c'est sûr et certain, dans son corps.

– Le moine d'Orval est mort ! pensa tout haut Michel Legagneur ; à ma porte ! et l'enfant va mourir !

Il appuya ses deux coudes sur ta table et mit sa tête entre ses mains. Des pas se firent entendre dans la rue. C'étaient des gens qui allaient tranquillement, riant et causant. Une fois que ce bruit eut commencé, il ne s'arrêta plus. Vous eussiez dit le matin d'un jour de foire. Il y avait des hommes, des femmes, des enfants. On s'entretenait gaillardement. Les mêmes mots revenaient à chaque instant dans les différents groupes : *Sauderies, Champ de Mars, sept heures, fusillé.*

Quelques *sociétés*, plus gaies, chantaient. Il y avait des dames.

Tout ce joyeux monde allait voir mourir le bel Hector, maréchal des logis aux chasseurs de Vauguyon… Pauvre jeune homme ! c'était une triste histoire. Mais il y avait si longtemps qu'on n'avait vu une exécution à mort à Sedan !

À ce bruit qui venait du dehors, et qui le rassurait, le baron Legagneur parut tout à coup se réveiller d'un sommeil et jeta autour de lui un regard cauteleux.

– Est-elle à vendre, ta moitié de secret ? demanda-t-il au Cloqueur tout surpris.

Il avait maintenant la voix ferme et l'accent viril. Nicolas Souquet répondit :

– Elle est à vendre, mais j'en veux ma fortune.

– Qu'appelles-tu ta fortune ?

– Dix mille francs ! fit Nicolas, rouge de désir.

– Tope là ! je te les donne.

– Non, vingt mille !

Le baron Michel, qui avait déjà tiré son portefeuille, le remit dans sa poche. Nerea prêtait l'oreille aux bruits de la rue. Elle ne donnait plus aucune attention à ce qui se passait autour d'elle. Tout à coup elle frappa sur l'épaule du Cloqueur.

– Je sais quelqu'un qui t'en donnera le double et le triple ! dit-elle.

– De qui parles-tu, ragaze ? demanda Giovan d'un air menaçant.

En deux bonds Nerea avait gagné la porte. Un homme passait à cheval. Il s'arrêta en face du seuil.

– Garde ton secret, Nicolas Souquet ! cria Nerea qui déjà était dehors, et ne te trouve pas sur le chemin de Jean Guern du village de Bazeille !

Elle sauta en croupe derrière le cavalier, qui prit le galop aussitôt. Nicolas Souquet s'était élancé pour la retenir. M. Legagneur mit un doigt sur sa bouche et glissa deux pièces d'or dans la main de Giovan.

– Fais-le boire, dit-il à voix basse ; si tu apportes le papier, tu auras les dix mille francs que je lui offrais.

Le Cloqueur rentra en ce moment et n'eut pas le temps de fermer la porte, parce qu'un nouvel arrivant le poussa et entra avec lui. Deux autres suivaient celui-ci. Ils étaient tous les trois enveloppés de longs manteaux.

– Il y a du nouveau, notre oncle, dit l'un d'eux.

Un autre s'écria.

– Quand je vous disais que le vieux fou était à se faire tirer les cartes !

– En route ! en route ! ajouta le troisième ; il faut que nous ayons passé la frontière avant le jour !

Ils s'emparèrent du baron Michel, qui se laissa faire comme un enfant surpris à la maraude, et l'instant d'après on entendit une voiture rouler sur le pavé de la rue.

– Le major Antoine et les deux neveux ! grommela le Cloqueur. Au chêne creux de Blamont, l'autre nuit, combien le major t'a-t-il donné pour nous détourner du vrai chemin ?

– Deux louis, cer ami.

– Et combien le baron t'a-t-il donné pour me voler le papier du moine ?

– Deux louis.

– Plus dix mille francs quand tu le lui porteras… Écoute, vieux Giovan, ta fille me plaît parce qu'elle a le diable au corps. Veux-tu mêler et que je sois ton gendre ?

Le père Bataille lui tendit la main aussitôt.

– Montre le papier, dit-il.

Le Cloqueur ouvrit sa veste et étendit sur la table le chiffon qu'il avait ramassé dans la chambre du mort, après le départ de Jean Guern et sa femme, au rez-de-chaussée de cette pauvre maison qui faisait face à l'hôtel Legagneur. Ils se penchèrent tous deux. Les yeux de Giovan brillèrent.

– As-tu tué quelquefois, cer ami ? demanda-t-il tout bas.

– Pas encore, repartit le Cloqueur.

Il y eut un silence, puis l'Italien reprit :

– Jean Guern et sa femme voyazent souvent seuls la nuit, très souvent. Viens au Çamp de Mars, mon zendre : nous causerons en route.

XIII
Le champ de Mars

Il n'y a pas à dire, ce fut un joyeux quart d'heure. Le champ de Mars était tout noir. La nuit avait cette opaque profondeur des instants qui précèdent le point du jour. Dans ces ténèbres, la cohue curieuse et impatiente grouillait. On ne voyait rien, sinon un mouvement d'ombres.

Mais on entendait partout un grand murmure fait de mille chuchotements. Par-dessus ce bruit confus s'élevait çà et là le gros rire idiot des farceurs. Les gens sages parlaient tranquillement de leurs affaires. Les bonnes femmes épuisaient ce sujet décourageant et pourtant bien-aimé, la cherté des vivres. Les enfants pleuraient, les chiens grondaient. Quelques orateurs élevaient la voix pour dire des sottises politiques.

De temps en temps une lueur subite se faisait. C'était un vieux tisseur qui allumait sa pipe ou un tondeur qui mettait le feu à son cigare. Les tisseurs sont du sénat, les tondeurs, au contraire, brillent parmi la « jeunesse. »

L'espiègle M. Jean-Marie était tondeur, M. Joreau était laineur, M. Chamoin était tisseur. La *dame* de M. Joreau était époutisseuse, c'est-à-dire chargée de faire la chasse aux nœuds dans les pièces revenant du brossage ; mission de haute confiance. La dame de M. Chamoin était cardeuse. Marion, la *demoiselle* de M. Battut, était empointeuse.

Or, on causait de choses sérieuses dans ce groupe présidé par M. Battut, tisseur.

– Pour être durs, dit cet honnête homme, résumant une série de lamentations, les temps sont durs !

– Ah ! mais oui ! repartit M. Chamoin, fileur ; n'est-ce pas vrai, Mame Chamoin ?

– Ah ! ah ! fit M. Battut, quant à ça, l'hiver a été rude !

– Celui de l'an passé n'était pas déjà trop doux, repartit madame Chamoin, cardeuse, et les pieds dans la boue comme nous les avons, on pourrait gagner un gros rhume.

– Ah ! mais oui ! approuva le fileur Chamoin ; et quand on l'a, on l'a.

– Dans ces cas-là, fit observer le laveur Martin Louveau, ça ne fait que croître et embellir !

M. Battut conclut :

– Rien n'empêche !

– Vous verrez, vous verrez ! criait le fils Chamoin, dans un petit tas de jeunesse, de ce que je m'ai fait nommer sergent, j'ai le bras long ! N'y aura pas de maire ni de curé qui tienne ! À la Noël, on dansera passé minuit, ou je me fâche contre le gouvernement !

– Comptons, disait-on dans un groupe de boutiquier, depuis la banqueroute des Maillard…

– Ah ! les coquins ! gronda aussitôt le chœur.

– Avec leurs salons dorés !

– Avec leurs domestiques habillés comme des colonels !

– Pour aller mal dans la fabrique, ça va mal, dit M. Battut en s'approchant ; bonsoir, messieurs et toute votre compagnie.

– Ah ! mais oui, ça va mal ! fit Chamoin père.

– Et ça ne fera que croître et embellir ! ajouta Martin Louveau.

– Comptons ! reprit paisiblement M. Battut en arrangeant ses doigts pour cela ; nous avons eu Lacombe et fils.

Le boutiquier, qui avait émis le premier cette idée de compter, repartit aigrement :

– Tout cela, c'est de l'histoire ancienne ! Nous ne parlons que depuis la Révolution de Belgique.

– Comme vous voudrez, répondit M. Battut ; recommençons. Vous avez les Morin et les Jamboux aîné… Les Premyot, les Duhautcourt, les Monterel…

– Parbleu ! s'écria le boutiquier, nous savons tout cela aussi bien que vous, l'homme !

– L'homme vous-même, dites donc, vous ! repartit M. Battut en se redressant ; est-ce parce que vous vendez des boutons de culotte que vous m'appelez l'homme ?

– Viens-toi-z'en, monsieur Chamoin ! s'écria sa femme, on va avoir des raisons ici !

– Les hommes, c'est drôle, dit madame Joreau ; ça ne veut pas qu'on les appelle des hommes !

M. Joreau et M. Chamoin retenaient M. Battut prêt à s'élancer sur le boutiquier.

– Pour aller mal, ça va mal, reprit le tisseur, et je voudrais bien connaître le malin qui m'empêcherait de le dire ! Nous avons eu la faillite Baralle la semaine passée. Cette semaine, les Bouillet-Persenet ont déposé. Sans les Legagneur, qui soutiennent la main-d'œuvre…

– En voilà une maison ! s'écria aussitôt le chœur.

– Des bordereaux de deux cent mille francs tous les lundis !

– Une caisse ouverte à toute heure !

– Jamais une heure de retard !

– Et savez-vous ce qu'ils dépensent par an, rien que pour leur plaisir ?

– La chasse au loup qu'ils ont donnée là-bas, devers Francheval, leur a coûté soixante mille francs.

– Si ceux-là tombaient, le commerce de Sedan serait à vau-lau.

– Mais c'est solide comme les piliers de la cathédrale !

– On dit pourtant… insinua le boutiquier.

– Tiens ! fit Martin Louveau, ça m'est revenu aussi !

– Quoi donc ! demanda-t-on de toutes parts.

Il n'y eut pas précisément de réponse à cette question, mais de toutes parts aussi les demi-mots se croisèrent.

– Comme les choses se savent !

– J'en ai ouï causer par-dessus les haies.

– Dame ! écoutez donc ! des dépenses pareilles !

– Soixante mille francs pour tuer trois loups ?

– Comme on dit quelquefois : « Tant va la cruche à l'eau… »

– On parle que M. Michel veut vendre le château de Bazeille.

– Et qu'il va se faire tirer les cartes chez le père Bataille, de la porte de la Cassine.

– Quand la glissade commence…

– Ah ! s'écria Martin Louveau, laveur, ça ne fait que croître et embellir.

– Et au bout du fossé… commença madame Chamoin.

– La culbute, acheva madame Joreau.

M. Battut secoua la tête et dit avec conviction :

– Rien n'empêche !

Cela fait deux gammes, l'une montée jusqu'en haut, l'autre jusqu'en bas descendue. À la fin de la première, on eût vendu Sedan aux Legagneur avec des facilités pour le payement. À la fin de la seconde, le boutiquier, adversaire de M. Battut, ne leur eût pas donné à crédit un bouton de culotte.

Le petit jour paraissait. Il faisait un froid piquant, avivé par un bon vent de giboulées. La cohue piétinait la terre mouillée du Champ de Mars pour se réchauffer un peu. L'impatience venait à mesure que l'heure du spectacle approchait. Les forgerons, les commis, les petits bourgeois et les ouvriers de la fabrique de draps, mettaient de côté les sujets d'entretien choisis pour tuer le temps, et ramenaient leur attention vers le drame qui allait se jouer gratis devant eux.

Les gens commençaient à se reconnaître. Il y avait de bruyants saluts échangés par-dessus les têtes. Quelques plaisanteries hasardées se croisaient entre gais lurons, membres influents de la jeunesse. Quelques horions même étaient communiqués et rendus de bon cœur.

Ma foi, on se divertissait, voilà ! Honni soit qui mal y pense ! Pour une fois que Sedan et sa banlieue avaient occasion de voir tuer un homme, faut-il se montrer sévère ?

– C'est drôle tout de même qu'on ne fait pas les préparatifs, dit M. Battut, tisseur, en se levant sur ses pointes.

M. Joreau, laineur, repartit :

– Ça n'est pas long, les préparatifs. Y a chez nous une image qui représente la *fusiliation* du maréchal Ney. Ça se fait à même la terre : l'homme d'un côté, qu'a les mains attachées derrière son dos, et les soldats de l'autre.

– Est-ce vrai qu'il saute en l'air quand il reçoit les balles dans le corps ? demanda M. Jean-Marie, sergent de la jeunesse de Bazeille.

– On ne voit pas ça sur l'image.

Mademoiselle Marion demanda à son tour :

– Ça le fait-il crier ?

– Voilà que le temps me paraît long ! dit madame Joreau en bâillant.

Et madame Chamoin ajouta :

– C'est moi qui mangerais bien ma soupe !

Un son de trompette retentit derrière les murailles du château. Ce fut comme un frémissement qui parcourut le Champ de Mars tout entier.

– Il va venir ! il va venir !

– Je suis trop petite ! je ne vas voir que sa tête.

– Hausse-moi, monsieur Chamoin !

Et cent voix à la fois :

– C'est trop tôt ; on ne va pas bien voir !

Je vous le dis, ce sont des spectacles.

Mais la porte du château ne s'ouvrait point. C'était une fausse alerte. Cependant, la fièvre naissait dans cette cohue à têtes chaudes et à pieds froids. On ne s'occupa plus que du condamné. Des bruits singuliers se répandirent. Ceux qui habitaient de l'autre côté du terre-plein, vis-à-vis du château, avaient été éveillés cette nuit par une aubade bien surprenante. Des voix retentissantes avaient saudé le condamné à mort avec mademoiselle Honorine de Blamont, la fiancée d'Antoine Legagneur.

Ils étaient plus de vingt qui avaient entendu cela. Quelques-uns prétendaient que la belle Honorine était là cachée dans la foule. Y avait-il une histoire ? L'héritière de Blamont connaissait-elle vraiment le jeune maréchal des logis ? Du moment qu'il y a une histoire, l'intérêt naît. Voilà que, tout à coup, les trois quarts de la foule se mirent à espérer je ne sais quoi ; un évènement, une péripétie, quelque chose d'inattendu : peut-être une bataille. On ne savait pas. Mais on parlait déjà des Errants de nuit qui allaient peut-être venir.

Depuis quelques minutes, un sourd mouvement se devinait derrière les murailles du château. Il y eut un roulement de tambour. La foule ondula comme une mer. Puis tout se calma. La porte restait close. Cette vieille forteresse, sphinx colossal, ne disait point son secret.

– Il y a donc, dit M. Jean-Marie, de la jeunesse, autour de qui on se pressait, qu'on a vu arriver, sur les quatre à cinq heures du matin, une voiture derrière le château, tout contre la poterne…

– Une voiture ! se récria-t-on ; une charrette, tu veux dire, pour emmener le condamné.

– Je dis une voiture… une voiture que vous connaissez bien… la berline de voyage du major Antoine Legagneur.

– Pas possible !

– Et que venait-elle faire là ?

– Y avait-il quelqu'un dedans ?

– Il y avait, répondit le sergent de la jeunesse de Bazeille, dont le jour naissant permettait d'admirer maintenant les joues violettes et les cheveux rouges, il y avait le major, les deux neveux et le baron Michel.

– Ah bah ! Ils étaient venus voir la chose tous les quatre ?

– Attendez donc !… il en a venu d'autres… un homme et une femme, montés sur le même cheval…

– Mademoiselle Honorine de Blamont, peut-être !

– Et l'homme ?

– Quant à la demoiselle, reprit Jean-Marie, je ne sais pas, mais l'homme était un Errant de nuit, pour sûr.

– Le chef de la bande ?

– Alors, la bande n'est pas loin…

Le cercle grossissait et se resserrait autour de Jean-Marie, qui prenait conscience de son succès. Il regardait les gens en clignant de l'œil, il parlait plus lourdement ; il avait, si la chose peut passer pour vraisemblable, l'air encore plus nigaud qu'à l'ordinaire, et plus gonflé.

– Je ne peux vous dire que ce que je sais, reprit-il ; la demoiselle et l'homme ont venu ensemble par la porte de la Cassine ; ils se sont cachés derrière les buissons. Vous le connaissez bien, l'homme ; il venait assez souvent chez M. Guern, avec sa bête, et à Sedan aussi, chez le moine d'Orval.

– Mathieu Sudre ! s'écria-t-on.

– Mathieu l'assassineur !

– L'homme au loup !

– Oui, oui… l'homme au loup, poursuivit Jean-Marie ils ont donc commencé par s'affronter, à ce qu'on croit, le major et Mathieu, car il faisait encore nuit, et on n'osait pas s'approcher d'eux, rapport à ce que M. Antoine n'est pas gêné pour se servir de ses pistolets, et dans le noir on peut attraper un mauvais coup. On a bien cru entendre aussi la voix de Nicolas Souquet, le Cloqueur, et du père Bataille… En voilà un qui se mêle de ceci et de cela. N'importe, s'il y a eu des taloches, on n'en sait rien. Mais ils ont parlé de Blamont et de chercher les trésors avec la baguette de coudre. Et le Cloqueur a dit aux Legagneur : « Vous en tenez dans l'aile ! Vous allez faire une mauvaise fin ! vous êtes sur la route de Belgique ! »

– De Belgique ! répétèrent vingt fois stupéfaites. Les Legagneur.

Puis les commentaires :

– Que disions-nous ?

– Ceux-là vont donc aussi faire le plongeon ?

– Des gens si orgueilleux ! À qui se fier !

Ainsi parlaient ceux qui ne perdaient rien dans la faillite annoncée. Ceux qui perdaient s'attachaient aux habits de M. Jean-Marie en poussant des cris de créanciers. Ils voulaient savoir, savoir au juste, savoir tout, et le bruit vrai ou faux de la faillite Legagneur se propageant de groupe en groupe avec une vélocité magique, faisait déjà le tour du Champ de Mars.

Dans sa course, cette rumeur se heurtait à d'autres rumeurs plus nouvelles ou plus précises, et ces mots s'entendirent bientôt de tous côtés :

– Ils ont troué la lune !

– On sait cela.

– C'est de l'histoire ancienne.

– Ils sont loin, s'ils courent encore !

Et des lamentations ! et des gémissements ! et des menaces !

– Ils sont donc partis ! vraiment partis ! partis tout à fait !

– Ah ! s'écria M. Joreau, dans quel temps vivons-nous ! Des gens si durs ! et qui partent !

– À qui se fier ? répéta M. Chamoin : des gens qui n'avaient ni cœur ni âme !

– Tout le monde sont donc sujet à s'évaporer, appuya madame Joreau, même les plus voleurs.

– Le fait est, dit madame Chamoin, que tous les jours on en voit de plus drôles.

– Et ça ne fera que croître et embellir ! décida le laveur Martin Louveau.

À quoi M. Battut, riposta :

– Rien n'empêche.

– Mais l'homme au loup ? demanda la jeunesse, et la demoiselle qu'il menait en croupe ?

– Voilà ! répondit Jean-Marie, on ne sait pas. La poterne du château s'a ouverte vers les cinq heures et demie…

– Ah ! ah ! fit-on.

Ceci était curieux, à ce qu'il paraît.

– Il est sorti quelqu'un, continua M. Jean-Marie. Le major a dit dans la nuit : « Bonsoir, ami Larchal. »

– C'était donc le geôlier qui sortait ?… Jean-Marie n'eut pas le temps de répondre ; la foule se prit à subir de grandes ondulations. Les portes du château venaient de s'ouvrir. Les troupes sortaient, infanterie et cavalerie ; mais au lieu de se ranger en bataille, comme il l'eût fallu pour protéger l'exécution, elles s'avançaient au petit pas, refoulant la cohue. Et dans le tumulte croissant, de nouvelles rumeurs allaient :

– Il n'y aura pas d'exécution !

– On fait évacuer le Champ de Mars.

– Larchal a été assassiné cette nuit, et le condamné s'est évadé sous sa veste de geôlier, par la grand-porte...

La presse devenait terrible. Les groupes se mêlaient. Les enfants effrayés poussaient des cris : les femmes hurlaient, étouffées. La force armée, calme et digne, rétablissait l'ordre avec intelligence, poussant tout ce troupeau humain dans le même trou. Un quart d'heure, après toute l'étendue du Champ de Mars était jonchée de queues d'habits et de lambeaux de coiffes. Sedan s'était amusé pour une fois.

Vers ce même instant, aux premiers rayons de l'aube, devant la porte de la maison Legagneur, qui était fermée et paraissait déserte, un prêtre, un choriste et quatre porteurs passèrent. Ils entrèrent dans la masure qui faisait face au palais au baron Michel. Ils venaient lever le corps de Dom Arsène Scholtus, dernier survivant des moines de l'abbaye d'Orval, et mort cette nuit-là même dans la paix de Dieu.

XIV
La lutte

Revenons à la prison où nous avons laissé notre Hector tapi derrière la porte de son cachot et serrant sa barre de fer. Larchal, le geôlier, arrivait à pas de loup, de l'autre côté des épais battants. La prison dormait comme la ville. Aucun bruit ne venait du dedans ni du dehors. C'était pourtant l'heure où les curieux s'éveillaient songeant à retenir leurs places au Champ de Mars. Déjà tous les chemins qui rayonnent autour de Sedan devaient être pleins. *Les jeunesses* de Bazeille, de la Moncelle et de Balan, les forgerons de Givonne, les métiers de Torcy, de Prenoy, de Vadelincourt ne pouvaient manquer une occasion pareille.

Hector entendait très bien Larchal, parlant tout seul et se disant :

– Voyons si le pauvre diable a tenu sa promesse.

Pour s'assurer de cela, il suffisait de remonter la corde. La bourse et le diamant devaient être au bout.

Il serait malaisé de définir exactement ce qui se passait dans l'esprit d'Hector. C'était un enfant doux et généreux. L'idée de tuer ne pouvait pas naître en lui directement, même au milieu de circonstances si extrêmes. Dans une mêlée, il aurait assommé autant d'hommes qu'on aurait voulu. Mais là,

95

de sang-froid, non. Au bruit de la porte qui s'ouvrait, il resta immobile. Sa main ne leva point la barre de fer. Le geôlier entra et jeta un coup d'œil cauteleux tout autour de la chambre. Hector était caché pour lui par la porte entrouverte ; la cellule semblait vide. Larchal, qui était entré tout blême, eut un court frémissement, puis un sourire.

– Il a sauté le pas ! grommela-t-il : va bien !

Hector ne sentit en lui aucun mouvement de colère. Il était las ; il s'appuya au mur. Larchal posa sa lanterne sur le billot. Il avait l'oreille aux aguets, le moindre bruit le faisait sauter brusquement ; mais le sourire ne quittait point ses lèvres, et il se frottait les mains tout doucement.

– Au fait, murmura-t-il, je ne pouvais pas savoir que la grâce serait venue !

– La grâce, répéta Hector en lui-même, comme s'il avait eu peine à saisir la signification de ce mot : la grâce !

Larchal était monté sur le billot : il cherchait la corde. Par un hasard singulier, la corde n'était point tombée au dehors, quand Hector l'avait dégagée de la barre de fer qui la maintenait. Le nœud coulant avait pris le chicot du barreau scié. C'était un appui solide ; la corde pendait comme auparavant. Larchal pensa tout haut :

– C'est le cas de dire : voilà un barreau scié proprement. Mais que diable a-t-il fait du morceau de fer ? Ces marmailles n'ont pas de soin !

Il se mit à haler la corde.

– Quand on pense, fit-il entre ses dents, que tout à l'heure il y avait un homme au bout !… Savoir ce qu'on va dire quand on le trouvera *escarbouillé* dans le fossé.

Un feu monta au visage d'Hector, mais il ne bougea pas. Larchal ramenait toujours sa corde et continuait de causer.

– Ces Legagneur sont si riches ! disait-il ; est-ce assez de cinq cents livres de rentes ? La vie d'un homme vaut mieux que cela. Qu'est-ce que c'est qu'un capital de vingt mille francs pour les Legagneur ? Peut-être bien que, plus d'une fois, je verrai le blanc-bec en rêve. Écoutez donc, c'est le cas de le dire : ça se paye. On aime à dormir tranquille.

Pour le coup, un mouvement d'indignation secoua la torpeur d'Hector. C'était le major Legagneur qui l'avait assassiné.

– J'aurais dû le deviner plus tôt, se dit-il.

Puis une autre pensée lui vint :

– Mais qui suis-je donc, pour que cet homme joue si gros jeu contre moi ?

À cette question, Hector ne se fit pas de réponse ; mais l'idée le frappa. Il se redressa. Si le major eût été là, à la place de Larchal, il y aurait eu une tête cassée.

Larchal, cependant, arrivait au bout de la corde, où il n'y avait rien, sinon le nœud qui la terminait.

– C'est le cas de le dire ! s'écria-t-il avec une sincère indignation. Le blanc-bec m'avait menti. Ah ! le propre à rien ! Et moi qui le regrettais presque !

Il était rouge de colère. Tout en pelotonnant la corde, il continuait :

– Il m'a fait tort ! Il s'en va en état de péché mortel ! Voleur ! filou ! canaille ! fripouille !

Ce dernier mot, qui est du pays, exprime le superlatif de l'injure. Hector avait maintenant envie de rire.

Mais tout à coup, il tressaillit de la tête aux pieds, tandis que le geôlier éclatait de rire à son tour. Il faisait toujours nuit noire ; les deux sentinelles du rempart et celle de la courtine lancèrent à la fois leurs trois qui-vive ? Et l'on entendit les crosses de leurs fusils résonner sur les dalles.

Hector prêtait l'oreille avidement. Ce qui avait occasionné le rire du geôlier, l'alerte des sentinelles et la subite émotion du prisonnier, le voici :

Une voix s'était élevée de l'autre côté des fortifications, à peu près à l'endroit où Hector avait entendu, le soir précédent, ce cri si longtemps espéré, ce cri qui avait fiancé son nom au nom d'Honorine de Blamont. C'était encore un cri cette fois, mais qui était poussé par une voix de femme et qui ne disait qu'un nom : Hector ! Ce nom fut prononcé trois fois. Le geôlier pouffait de rire.

– Ah ! grommelait-il dans sa rancune : c'est le cas de le dire : tu peux t'égosiller, ma fille ! Appelle ! appelle ! jusqu'à ce qu'il te réponde ! Le filou ! qui n'a rien mis au bout de la corde !

– Hector ! Hector ! Hector ! appela de nouveau la voix de la jeune fille.

Il y a d'étranges illusions. Hector eût juré ses grands dieux que c'était Honorine elle-même. Le geôlier implacable, tourné vers la fenêtre, répétait :

– Appelle ! appelle ! ne te gêne pas !

Il poussa un cri étouffé. Quelque chose venait de toucher son épaule. En se retournant brusquement et en voyant la porte qu'il avait oublié de refermer, il crut d'abord à quelque plaisanterie d'un employé de la prison ; mais il regarda mieux, et ses jambes flageolèrent sous le poids de son corps. La lumière de la lanterne éclairait d'en bas le visage d'Hector.

Hector tenait d'une main une bourse et la bague. Cette main-là était ouverte et tendue. De l'autre, il s'appuyait sur son barreau de fer. Les dents de l'Auvergnat claquaient. Ses yeux roulaient, et le souffle s'arrêtait dans sa gorge. Il recula jusqu'à ce que sa tête, rejetée en arrière, vînt choquer la muraille au-dessous de la fenêtre.

– Ah ! ah ! fit-il, sans savoir qu'il parlait : vous voilà, monsieur Hector ! C'est le cas de le dire : je vous croyais bien loin !

Il essaya de rire, mais les muscles bouleversés de sa figure n'obtinrent qu'une hideuse grimace. Il faut bien dire l'idée qui dominait en lui, au milieu de son trouble et de sa terreur. On ne la devinerait pas. Cette idée était : vingt mille francs de perdus, sans compter sa place, car Antoine Legagneur allait se venger. Tout à l'heure, Hector ne lui avait volé que cinquante louis et la bague. Maintenant Hector le ruinait de fond en comble. Hector ne parlait point.

– Vous n'avez donc pas osé descendre ? balbutia Larchal, qui essayait de se donner le change à lui-même.

Et, par le fait, il y avait apparence. On ne suppose pas un tour de force comme celui qu'Hector venait d'accomplir. Mais celui-ci prit la lanterne sur le billot et promena la lumière le long de son corps. Larchal vit ses habits en lambeaux et ses mains qui n'étaient plus qu'une plaie. Il détourna la tête.

– La corde était pourtant bonne ! dit-il au hasard.

– La corde était trop courte, répondit Hector, et vous le savez bien… Vous avez parlé tout à l'heure, pendant que vous croyiez être seul.

– J'ai parlé !… répéta Larchal, dont le regard s'éloignait toujours d'Hector ; c'est le cas de le dire : je ne m'en souviens plus.

Si notre jeune prisonnier avait été dans une situation d'esprit à observer attentivement les traits de l'Auvergnat, il aurait vu changer peu à peu l'expression de sa physionomie. Une idée germait dans cette épaisse cervelle de coquin. Larchal se disait :

– Il y a la corde que je peux rattacher. Il y a le barreau coupé. Je suis dans mon droit. On me devra une récompense, et le major ne pourra me filer dans la manche !

Larchal n'était pas un homme brave, mais il avait le sang-froid flamand, et quand sa cupidité auvergnate était en jeu, il pouvait payer de sa personne. Il était solidement bâti. Sa carrure annonçait un hercule. Il se disait encore :

– Ses mains n'ont plus de cuir sur la chair… ça ne doit pas tenir bien dur !

– Vous avez voulu m'assassiner, reprit cependant le jeune prisonnier ; ne niez pas : je n'ai pas l'intention de me venger de vous. Je sais à qui je dois m'en prendre. Laissons donc de côté cette dette, dont je n'exige pas le payement. Le marché tient toujours, si vous voulez. Voici la bourse et voici la bague.

– Et que faut-il faire ? demanda Larchal.

– Me donner votre pantalon, votre veste, votre casquette et votre lanterne.

– Et ma tête avec, n'est-ce pas ?

– Vous direz que je vous ai terrassé… vous direz…

Larchal semblait réfléchir.

– Ce que je demande, ajouta Hector, il me le faut… et sur-le-champ ! Si vous ne voulez pas me le donner, je vais le prendre !

Il fit un pas en avant. Larchal feignit de vouloir reculer encore. Son regard sournois interrogea de nouveau la main droite du prisonnier, qui n'était qu'une sanglante meurtrissure. Pour la seconde fois, il se dit :

– Ça ne doit pas serrer bien dur, une main pareille. En tournant la barre, je mettrai la chair à vif ; il lâchera !…

– Ne me faites pas de mal, monsieur Hector ! supplia-t-il d'une voix dolente. C'est le cas de le dire : Vous frapperiez sur un innocent.

– Une fois ! dit Hector, qui avait remis la lanterne sur le billot ; si je vais jusqu'à trois, tant pis pour vous… Deux fois !

Larchal se prit à déboutonner à deux mains sa grosse veste poilue.

– C'est le cas de le dire, grommela-t-il, vous ne donnez pas le temps de la réflexion, vous !

Ceci fut prononcé d'un accent si bourru, que le prisonnier n'eut pas de soupçons. Mais Larchal jouait la comédie. Au lieu de se dépouiller de sa veste, il prit, sous le revers, un long couteau à manche et bondit en avant. Le premier coup qu'il porta toucha Hector en pleine poitrine.

Larchal poussa un grognement de joie en sentant la lame pénétrer dans la chair. Il jeta son couteau et voulut saisir la barre. Hector avait chancelé. Un jet de sang rougissait déjà sa chemise.

Il évita néanmoins le second choc du geôlier en se portant de côté. La bourse et la bague tombèrent. Il lui fallait sa main gauche pour presser sa poitrine.

Larchal mit ses deux mains sur ses genoux et plia les jarrets. Il avait l'air d'un tigre qui va s'élancer.

Ses yeux rouges, que recouvraient presque entièrement les touffes de ses sourcils, dardaient un regard d'hyène sur sa victime. Il guettait le premier spasme, car la blessure, à son compte, devait être bonne.

En effet, le sang abandonnait le visage d'Hector. Une ligne bistrée estompait le dessous de ses paupières, et sa bouche avait des contractions.

– C'est le cas de le dire, gronda Larchal, dont les lèvres retrouvèrent un brutal sourire : Tu m'as fait une fameuse souleur, blanc-bec.

Il ramassa son couteau tout humide, sans oublier la bourse et le diamant. Hector, haletant déjà, s'était reculé jusqu'à la porte. Il s'appuyait au montant.

– N'est-ce pas que tu n'en vaux pas six ? demanda Larchal.

Il prit le billot de la main gauche, et, tenant son couteau de la droite, il s'avança crânement. À moitié route, il changea d'idée. Il saisit le billot à deux mains pour assommer Hector, et il le souleva. Un instant, le billot fut entre lui et le jeune prisonnier.

Cet instant suffit.

Le lion mourant broie son ennemi dans sa suprême convulsion. Hector avait bondi à son tour avec un râle arraché par la souffrance.

La main droite du geôlier, brisée au poignet, pendit.

Le billot tomba. La barre de fer frappa un second coup.

Le geôlier se coucha auprès du billot, la tête horriblement fracassée. Il ne bougea plus.

Hector s'assit sur le billot. Il prit sa tête à deux mains. Le sang remontait jusqu'à ses lèvres.

Mais la voix plus lointaine, la voix de jeune fille, arriva encore apportée par le vent. Elle disait :

– Hector ! Hector !

Hector mit son mouchoir en bouchon et le pressa sur sa blessure. Son gilet boutonné maintint ce grossier appareil. Les larmes lui venaient aux yeux et il murmurait :

– Honorine ! c'est Honorine ! aurai-je le temps d'arriver jusqu'à elle pour lui dire mon dernier adieu ?

Assurément, cette idée était invraisemblable et folle. Mlle de Blamont ! oser un acte pareil ! Mais à cette heure, sa tête était perdue.

Et s'il ne l'avait pas eue, cette idée extravagante, s'il n'avait pas entendu en rêve cette noble et chère voix qui l'appelait, il fût resté là inerte, accablé sous son mal physique et sous l'émotion terrible du meurtre qu'il venait de commettre.

Sortir de la prison, telle était désormais la seule pensée qui se formait en lui. Il se souvenait vaguement de tout ce qu'il avait arrangé pour son évasion. Il coordonnait ses idées acquises par un effort instinctif, mais plein de fatigue. Il ne discutait rien.

Il exécutait ses résolutions comme on obéit à un ordre, parce qu'il sentait bien que son être amoindri avait momentanément perdu sa vaillance. Il se voyait dans le passé comme un géant.

La grosse veste de Larchal fut dépouillée, et avec quelle peine ! Chaque fois que la position du corps présentait un obstacle, Hector pressant d'une main sa poitrine et s'efforçant de l'autre, laissait échapper de rauques gémissements.

Le geôlier devait être bien mort, car son corps se manœuvrait comme une masse. Après la veste, Hector prit le pantalon.

Quand ce fut fait, Hector tâta le cœur du geôlier qui ne battait plus.

Il s'agissait maintenant de se vêtir. Hector étancha son front inondé de sueur glacée. Le souffle lui manquait à chaque instant. Sa jeune et vigoureuse nature fléchissait de plus en plus. Il sentait sur sa poitrine un poids froid. C'était le mouchoir, alourdi et gonflé de sang comme une éponge.

Il réussit pourtant à passer le pantalon, puis le gros paletot-veste. Au moment où il se baissait pour prendre la casquette, des voix se firent entendre dans le corridor. Elles parlaient de Larchal.

– On l'a vu monter ! disait-on.

– Il doit être chez le maréchal des logis.

Et des pas pressés résonnaient sur le carreau, Hector, se coiffa précipitamment de la casquette. Il saisit la lanterne d'une main, de l'autre le trousseau de clefs.

– Geôlier, cria une des voix.

Et l'autre :

– Monsieur Larchal !

C'étaient deux guichetiers qui arrivaient ensemble à la porte. Hector, heureusement, était déjà sorti à moitié.

Il les poussa du dos avec rudesse et ferma la porte à double tour.

– Vous êtes tout de même un bonhomme au fond, monsieur Larchal, dit un des deux guichetiers ; vous avez voulu lui annoncer le premier la nouvelle.

– Qu'a-t-il dit, demanda le second, quand il a su qu'il avait sa grâce ?

Hector, au lieu répondre, se mit à marcher lourdement, imitant de son mieux l'allure empâtée de l'Auvergnat greffé sur pied belge. À chaque pas qu'il faisait, il avait grand-peine à retenir un gémissement. Les deux guichetiers le suivaient.

Arrivé au bout du corridor, qui était par bonheur fort obscur, et où les lanternes, qui toutes trois lançaient leurs rayons en avant, ne répandaient point de lumière, Hector saisit brusquement un des employés par le cou et s'appuya sur lui.

– Bien, bien, monsieur Larchal, dit le second, qui aussitôt le soutint de l'autre côté, que ne disiez-vous que vous aviez un coup de trop ?

Hector grommela :

– C'est le cas de le dire.

Puis il fit entendre un grognement confus. C'étaient bien les manières de l'Auvergnat. Les deux guichetiers n'avaient pas l'ombre d'un soupçon. On s'éveillait au quartier de la prison militaire. La porte de la cellule du père Gavaux, située au bas de l'escalier, était grande ouverte, et il y avait une lampe allumée derrière son grillage ; mais le bon vieux commis-greffier était absent.

Les gens de service allaient et venaient déjà par les corridors. Tout le monde parlait, et tout le monde parlait d'Hector. Il entendait ces paroles, qui étaient autour de ses oreilles comme un bourdonnement confus. Plus il allait, plus ses forces diminuaient. Le pas qu'il faisait lui semblait toujours être le dernier. Il ne connaissait pas bien l'intérieur de la prison. Ses yeux voilés distinguaient à peine les objets sur son passage. Il rassembla toute son énergie et balbutia en grossissant sa voix :

– C'est le cas de le dire : je ne sais pas où je suis !

Les deux guichetiers eurent un grand éclat de rire. Hector reprit :

101

– C'est de l'air que je voudrais, savez-vous.

Son esprit était présent, du moins quant à l'idée de sortir ; mais une fois dehors, que comptait-il faire, incapable qu'il était de se mouvoir ?

Là s'arrêtait son raisonnement.

– Vous allez en avoir, de l'air, monsieur Larchal, repartit un des servants, et de la bonne ! Il fait frisquet, ce matin, et comme le vent vient du sud-est, vous l'aurez en plein, là-bas, à la poterne.

Hector eut un mouvement de joie irréfléchie. Il lui sembla qu'il était sauvé, puisqu'on le conduisait à la poterne.

Mais le servant ajouta :

– Je ne sais pas ce que le major Antoine veut vous dire, mais il avait l'air diantrement pressé de vous voir !

C'était donc le major Antoine Legagneur qui attendait à la poterne ! Hector frissonna.

XV
La poterne

Le Champ de Mars de Sedan, borné vers l'ouest et le nord par le château, touche à la campagne vers l'est et le sud. Ce sont de grandes cultures ou *coutures*, comme on dit dans le pays, qui vont rejoindre la route de Bazeille et celle de Givonne.

Le Champ de Mars est de forme à peu près régulière ; mais à l'époque où se passe notre histoire, le bastion Savary s'avançait avec ses ouvrages à cornes et faisait enclave dans le terrain de manœuvres. Derrière le bastion était un recoin désert qui donnait passage pour rejoindre les routes de Givonne et de la Virée. Une poterne ouverte au revers du bastion, et connue sous le nom de poterne de l'Est, desservait les appartements des fonctionnaires du château.

Elle n'avait ni concierge ni sentinelle.

Pendant que les évènements racontés au précédent chapitre avaient lieu, le Champ de Mars s'emplissait, comme nous l'avons dit, et la foule s'y amassait, de plus en plus compacte. Mais, comme chacun était là pour voir, personne ne songeait à tourner le bastion pour se mettre à l'aise. L'emplacement situé devant la poterne de l'Est était complètement solitaire.

Vers cinq heures et demie du matin, au milieu de l'obscurité la plus profonde, une voiture s'y engagea et quatre hommes en descendirent. Le cocher s'accula à un bouquet d'ormes rabougris qui bordait les coutures.

Il y avait deux jeunes gens, un homme entre deux âges, dont l'apparence était presque herculéenne, et un petit vieillard. De l'endroit où ils étaient, on entendait le bruit de la cohue voisine, semblable aux grands bourdonnements d'une mer houleuse. Ces gens étaient les deux neveux Legagneur, le major Antoine et le baron Michel. Ils se disputaient entre eux, tout en descendant de voiture, et les deux neveux, ivres aux trois quarts, parlaient haut à leur vieil oncle, qu'ils traitaient avec le dernier mépris.

La haute société marchande de Sedan était accoutumée à voir dans le baron Michel une sorte de lama, entouré de vénération ; mais il arrive souvent que les patriarches de parade servant d'enseignes à certaines industries, payent bien cher le respect mensonger dont on les entoure en public. Ils ressemblent à ces reines de théâtre qui descendent de leur trône pour être tutoyées dans la coulisse.

– Tais-toi, mon oncle, disait François, l'aîné des neveux ; vous devriez avoir honte. C'est vous qui avez tué la maison avec vos manies de trembleur !

– Et je ne sais pas pourquoi nous prenons la peine de t'emmener, ajoutait Étienne, l'autre neveu.

C'étaient, comme nous l'avons dit, les deux fils de Jean Legagneur, second frère du baron, qui possédait un établissement de banque en Belgique.

– Vous m'avez ruiné ! gémissait le vieillard, vous m'avez perdu ! vous m'avez déshonoré !

Les neveux se mirent à rire.

– Allons ! la paix ! fit rudement le major. Tu nous assommes !

Le baron Michel se prit la tête à deux mains et geignit plus fort.

Antoine s'était éloigné. Il frappa doucement à la poterne du bastion. Le chien de garde hurla dans la cour intérieure. Ce fut tout. Antoine redoubla.

Comme il n'obtenait point encore de réponse, il murmura : « Larchal est en retard ! »

Le neveu Étienne avait cependant saisi Michel Legagneur par le bras.

– Entends-tu, mon oncle ? lui dit-il ; ne te vante pas trop haut d'être ruiné : toutes les pies de Sedan et des environs sont là, de l'autre côté de ce mur, et jacassent...

Le neveu François était allé en éclaireur jusqu'à l'angle du bastion. Il revint en même temps qu'Antoine, qui dit :

– Michel, tu fais le fou. Que perds-tu de plus que nous ?

– Mon nom, mes biens, mon honneur...

– Ton nom, c'est le nôtre, Michel. Tes biens étaient à nous ; tu n'as pas d'honneur... Veux-tu que je te dise ? Je suis sûr que tu as caché de l'argent dans quelque trou !

– Sur ma part de paradis !... commença le baron...

– Tu n'as pas de paradis ; mais laissons cela. Assurément, il aurait mieux valu rester sur notre terrain ; j'aurais gardé, moi, mon grade de major, et toi ta considération commerciale, qui nous a coûté si cher ; mais la faute est à toi, tu as mal tenu nos cartes.

– Voilà tout, dit François.

Et Étienne répéta :

– Voilà tout !

Le baron Michel se mit à pleurer et dit :

– Vous outragez mes cheveux blancs !

Ceux qui connaissaient le mieux M. le baron Legagneur, n'auraient point su dire au juste s'il était en enfance ou s'il jouait la comédie. Il y avait d'ailleurs du vrai dans les deux opinions. C'était une ruine de comédien.

Sa diplomatie fuyait comme un vase fêlé. Il continuait sa mise en scène, lors même qu'il n'y avait plus personne à tromper. Antoine poursuivit :

– Nous t'avions doré comme une châsse, morbleu ! nous t'avions paré comme une idole ! Et tu as fini par te prendre au sérieux comme l'âne qui portait des reliques ! Nous avions besoin d'une enseigne ; tu as été notre enseigne. Console-toi ! Tu seras le baron Michel en Belgique comme en France. Notre faillite n'est qu'un déménagement.

Le baron prit son foulard et le mit sur ses yeux.

– À mon âge, déclama-t-il, s'exiler ! mourir loin de sa patrie !

– Tu n'as pas de patrie. Nous passons la frontière, parce que notre fortune est là, de l'autre côté, une fortune immense qui ne peut nous échapper.

Tout en parlant, Antoine n'avait cessé de prêter l'oreille en guettant la poterne. Quand il vit que rien ne venait, il dit avec colère :

– Larchal me le payera ! En attendant, nous ne pouvons rester ici ; ce qui s'est passé cette nuit derrière ces murailles est notre œuvre commune…

– Je le nie ! s'écria le baron.

– Nous l'acceptons ! dirent les deux neveux Legagneur.

– Tu le nies, répéta Antoine ; mais tu partageras, tu es fait comme cela, mon vertueux frère ; ennemi du combat, ami du butin.

Il se rapprocha subitement et se prit à parler à voix basse.

– J'ai tout sacrifié, moi, dit-il ; il fallait jouer franc-jeu : entre nous et ce trésor de Soleuvre, qui nous rendra maîtres d'autres trésors incalculables, ceux-là, il y avait un héritier ; j'ai fait disparaître l'héritier…

J'épouse la fille de l'homme qui a la clef du trésor… Est-ce toi qui es le chef ou est-ce moi, mon frère Michel ?

Le baron étendit la main comme pour le repousser.

– S'il faut mériter cette suprématie par un meurtre, déclama-t-il, je m'y refuse avec horreur ! Le sang de ce malheureux jeune homme…

Il n'acheva pas. Par un signe, le neveu François lui ferma la bouche, tandis qu'Antoine, lui serrant le bras convulsivement, disait à son oreille :

– La chose est faite, tu es complice. Si tu veux rester en France, nous ne t'emmènerons pas de force !

Michel courba la tête et se tut. Dans le silence, on entendit mieux les impatients murmures de la foule qui emplissait le Champ de Mars. Le major Antoine gagna de nouveau la poterne et frappa plus fort que la première fois. Le chien de garde aboya. Une voix se fit entendre presque aussitôt après à l'intérieur.

– Qui va là ? demanda-t-elle.

– Ce n'est pas Larchal ! gronda le major, qui ne reconnaissait pas cette voix.

Il hésita. La crainte le prenait.

– Qui va là ? répéta la voix.

– Et bien ! fit le neveu François, qui s'était rapproché : Est-ce qu'on va partir sans savoir ?

Et, comme son oncle tardait à répondre, il se chargea de dire lui-même :

– C'est moi, le major Legagneur.

La clef tourna dans la serrure aussitôt.

Le bon vieux père Gavaux, commis greffier près les conseils de guerre, montra sa taille maigre et cassée en deux, à la porte.

– Comme ça se trouve ! dit-il ; salue bien, major ! Je sortais pour aller chez vous ; c'est de bonne heure, pas vrai ? Mais le colonel Poncelet a passé la nuit au château, nous avons des dépêches de Paris, et j'allais vous les porter.

– Donnez, monsieur Gavaux, donnez !

Le vieil employé lui mit dans la main un large pli. Le neveu François et les deux autres se tenaient immobiles dans l'ombre du fossé. Il ne fallait pas songer à voir ce qu'il y avait dans l'enveloppe cachetée. La nuit était toujours aussi noire.

– Voici le port, monsieur Gavaux, dit Antoine Legagneur, cherchant la main du vieillard pour y glisser un gros écu de cinq francs.

Celui-ci déclara, selon l'usage, qu'il se garderait bien de rien prendre, mais il empocha l'écu et dit :

– Voulez-vous entrer pour lire un peu la chose ?

– Non, je voudrais seulement voir Larchal, répondit le major.

M. Gavaux appela un guichetier qui passait dans le préau, et dit à haute voix :

– Prévenez M. Larchal que le major Legagneur l'attend ici.

Le guichetier obéit. M. Gavaux continua :

– On a travaillé toute la nuit, le colonel n'a pas fermé l'œil, mais il ne s'en plaint pas, non, car c'est un brave cœur, et quand il a reçu la grâce, il a lampé une choppe pleine de vin à la santé du ministre !

– Ah ! fit Antoine, la grâce est arrivée !

– Sur le minuit, pas avant, il était temps. L'exprès a eu du retard en chemin.

– Et, dit le major, le condamné ?

– M'est avis que Larchal est en train de lui annoncer la nouvelle. C'est un bon enfant, au fond, que ce père Larchal ! Quand je lui ai dit la chose, il était tout tremblant !

En ce moment, un bruit de pas se fit dans le fossé, vers la route de Givonne. Les deux interlocuteurs se turent à la fois. Leurs regards essayèrent de percer l'obscurité.

– Est-ce qu'il y a quelqu'un avec vous ? demanda M. Gavaux. Ceux qui sont au Champ de Mars, là-haut, à faire pied de grue, vont être attrapés ! C'est bien fait !

Antoine gardait maintenant le silence. Il écoutait. Par deux fois ce bruit mystérieux se fit encore entendre dans le fossé.

Une ligne moins sombre commençait à se montrer à l'horizon, vers l'est, lorsqu'un son de ferraille annonça l'arrivée de M. Larchal. Les deux guichetiers l'apportaient, littéralement, à bras.

– Il aura bu pour le contentement qu'il avait, dit le charitable Gavaux.

Et les deux guichetiers ajoutèrent :

– Tous les dimanches au soir, c'est comme ça !

On l'assit, ce bon Larchal, en dehors du seuil, le dos contre le mur.

– Bien des respects, monsieur le major, dit le vieux Gavaux en se retirant. M. Larchal a son trousseau pour rentrer.

M. Larchal avait non seulement ses clefs, mais encore sa lanterne ; il semblait parfaitement incapable de faire usage de l'une ou des autres. Les clefs et la lanterne gisaient à terre le long de ses flancs, bien qu'il ne les lâchât point. La lanterne perdait ses rayons dans le noir.

On ne pouvait distinguer ni les traits, ni même la taille du geôlier.

– Eh bien ! Larchal ? demanda Antoine d'une voix altérée.

Larchal ne répondit point. Il n'avait garde.

Antoine le prit par l'épaule. Les deux neveux en même, temps le poussaient du pied et tous les trois ensemble répétaient :

– Eh bien ! Larchal !

Il y eut dans les ténèbres, au détour du fossé, comme un éclat de rire étouffé.

– Est-ce toi qui as ri, Germain ? demanda François au cocher.

Pas plus de réponse de ce côté que de l'autre. Le major Antoine saisit tout à coup la lanterne que la main du prétendu geôlier retenait machinalement.

– Nous allons bien voir ! dit-il.

Le rayon de la lanterne vint frapper Larchal, et les quatre Legagneur poussèrent ensemble un cri de stupéfaction. À ce cri, un gros éclat de rire répondit, puis une voix flûtée dit :

– Tiens ! tiens ! zo ne m'attendais pas à cela !… Le maréchal des lozis, il est devenu zolier !

– Le bel Hector en personne ! dit dans l'ombre cette autre voix à qui appartenait le gros rire. C'est ma foi lui !

Le major retourna la lanterne, qui rencontra les visages de Giovan Bataille et du Cloqueur. Les deux neveux s'élancèrent à leur rencontre.

C'étaient de hardis compagnons, ces deux neveux, bandits à la frontière, piliers d'estaminet à la ville, ils n'avaient point de répugnance à jouer des mains, et là-bas, dans la forêt, ils avaient laissé plus d'une fois du sang de douanier aux broussailles.

Les Legagneur de Sedan n'entretenaient avec eux aucune relation apparente. Ils gémissaient, au contraire, bien haut sur la conduite de ces deux neveux ; mais par le fait, Étienne et François avaient leur rôle dans la comédie jouée en commun, et dont le lecteur ne peut deviner encore les scènes principales.

– Que venez-vous faire ici, vous ? demanda rudement l'aîné.

– La, la ! répondit le Cloqueur, les fossés du château sont au roi. Ne faites pas le méchant, croyez-moi ! Il y a trois mille témoins ici près.

– François ! appela impérieusement le major.

Et le vieux Michel disait déjà par derrière :

– Mes bons amis, je vous prie de constater que je suis absolument étranger à tout ce qui se passe ici… je ne me mêle de rien… je ne suis rien !

– Je t'assomme, toi, l'oncle ! gronda Étienne à son oreille, si tu ne te tiens pas en repos !

Antoine avait fait un pas vers les nouveaux arrivants.

– Nous ne craignons pas les témoins, Dieu merci ! dit-il ; au contraire, nous avons besoin de témoins !

– Faut-il aller vous chercher les trois mille du Champ de Mars ? demanda Nicolas Souquet d'un ton provoquant.

– Allez, si vous voulez, dit Antoine Legagneur ; ils verront le condamné à mort qui vient de s'évader, et qui porte les habits du geôlier Larchal. Le geôlier Larchal a été assassiné ; j'en ferai le serment !

Les deux neveux se rapprochèrent. Ils n'avaient pas encore songé à cela, mais l'idée leur sembla bonne, et ils dirent tous deux :

– Voilà !

– Celui-là n'a pas pu s'évader, grommela le Cloqueur en examinant Hector ; il a l'air d'un mort.

– Zo l'ai connu si frais et si gaillard ! ajouta Giovan.

Le Cloqueur continua :

– S'il a donné son compte à l'Auvergnat, d'ailleurs, il a bien fait.

Antoine marcha sur lui et demanda :

– Toi, es-tu contre nous ou avec nous ?

– C'est selon, répondit insolemment Nicolas.

– Que te faut-il pour être avec nous ?

– De l'argent.

– Combien d'argent ?

– Un billet de mille… pour commencer.

– Payez, Michel, ordonna le major.

– Payer avec quoi ! s'écria Michel Legagneur. Vous m'avez réduit à la mendicité !

– Tout à l'heure, répliqua le Cloqueur en riant, il était prêt à me donner vingt mille francs pour un petit secret que j'ai… et qui vaut près de deux millions.

Le père Bataille lui serra le bras.

– Tu mourras d'un coup de couteau, mon zendre ! murmura-t-il à son oreille. Tu parles trop !

Antoine arracha un billet de banque du portefeuille de Michel et le donna au Cloqueur, puis il reprit :

– Il s'agit de mettre ce garçon-là dans la voiture.

– La voiture ! répéta Nicolas, je ne vois pas de voiture.

– Elle est là, dit Antoine en montrant le bouquet d'ormes.

– Alors, dit Nicolas avec son gros rire, vous allez en banqueroute, décidément, messieurs Legagneur ?

Il s'approcha d'Hector, qui n'avait donné, durant toute cette scène, aucun signe de sensibilité.

– Aidez-moi à le soulever, beau-père, reprit-il ; et, vous autres, faites avancer la carriole.

– La voiture ne peut pas descendre dans le fossé, repartit Antoine ; on vous donnera un coup de main, si vous ne pouvez pas le porter à deux.

Giovan prit Hector par les pieds ; le Cloqueur le souleva par les aisselles. Hector rendit une plainte faible.

– Il n'est mie mort ! murmura Nicolas Souquet.

– Zo crois qu'il n'en vaut guère mieux, mon zendre, repartit tout bas l'Italien ; la carrozze lui servira de corbillard !

Ils se mirent à marcher du côté des arbres. Comme ils entraient sous l'ombrage, une main toucha l'épaule du Cloqueur et une voix lui dit à l'oreille :

– Tu portes ta fortune ! garde-la bien !

– Qui a parlé ? demanda Antoine Legagneur au bas du talus.

Le Cloqueur étonné avait reconnu Nerea. Il ne répondit pas et continua sa route vers la voiture dont le neveu François venait d'ouvrir la portière, Nerea passa entre le Cloqueur et son père qui l'avait reconnue au premier mot prononcé. Elle posa son oreille sur le cœur d'Hector.

– Nicolas, et vous, mon père, dit-elle en se relevant, ne soyez pas pour ceux-ci contre celui-là, je serais obligée de vous perdre !

– Mais qui donc parle ? demanda Antoine pour la seconde fois.

– Mettez-le dans la voiture ordonna encore Nerea, et sur votre vie, n'y laissez entrer personne !

Le Cloqueur et Giovan hésitaient, mais celui-ci dit :

– La ragaze en sait plus long que nous ! fais ce qu'elle veut.

Hector fut hissé dans la voiture. Quand le major voulut y entrer après lui, il trouva Nicolas Souquet au-devant de la portière. Un grand mouvement commençait à se faire dans le château.

– Vite ! vite ! dit le major Antoine en essayant de passer, on aura trouvé le corps de Larchal !

Et le neveu François qui arrivait s'écria :

– Mais ce n'est plus notre cocher qui est sur le siège.

Étienne, l'autre neveu, remontait le talus. Il s'arrêta au pied d'un arbre, se baissa et poussa un cri en apercevant le cocher attaché au tronc avec un bâillon solidement noué sur la bouche.

– De par tous les diables ! fit le major Legagneur qui sortit un pistolet de sa poche, que se passe-t-il ici ?

– En route, Mathieu ! cria Nerea.

C'était Mathieu l'homme au loup, qui était sur le siège.

Un double coup de son fouet enleva les chevaux. La voiture rentra dans la route et s'éloigna au galop. Antoine et les deux neveux restaient ébahis.

En ce moment de grands bruits se firent à l'intérieur du château et les malheureux spectateurs du Champ de Mars accoururent pour voir s'ils verraient enfin quelque chose. Nerea marcha vers eux en disant :

– Arrêtez les banqueroutiers ! arrêtez les Legagneur qui se sauvent en Belgique !

Ce fut aussitôt une confusion inexprimable. La foule se rua dans les fossés, tandis que la poterne du château donnait passage aux employés de la prison, en quête du captif évadé. Les deux flots se choquèrent. Le jour venait.

La nouvelle concernant les Legagneur s'était répandue de proche en proche comme une secousse électrique. On entendait de tous côtés :

– Aux banqueroutiers ! aux banqueroutiers !

Nerea prit son père par la main et le conduisit à l'extrémité du bouquet d'ormes. Il y avait là un cheval de labour.

– Montez là-dessus tous deux, dit-elle à Giovan et au Cloqueur : celui que vous venez de sauver se souviendra de vous si vous le méritez.

Elle prit en même temps sa course à pied à travers champs, suivie par le grand loup de Mathieu, qui débusqua d'une brousse et se mit à gambader auprès d'elle. La voiture l'attendait sur la route de Givonne. Elle y monta et Mathieu mit son attelage au galop.

La foule du champ de Mars, pendant cela, roulait sur elle-même et donnait la chasse aux Legagneur. Mais il y a des jours de mauvaise chance ; la foule n'eut même pas ses Legagneur. Ils s'échappèrent tous les quatre, y compris le vieux Michel qui retrouva ses jambes de quinze ans pour passer la frontière.

Une demi-heure après, comme l'aube blanchissait les maisons du bourg de Bazeille, une voiture s'arrêta dans la grande rue encore déserte, devant une demeure de rustique aspect, située vers le milieu du village, et dont la devanture portait cette enseigne : Jean Guern, sellier-carrossier.

La voiture était escortée par un animal long et tout noir, qui vint japper comme un chien à la portière. Mathieu Sudre qui était sur le siège descendit en même temps que Nerea sautait à terre. Ils frappèrent à la porte de Jean Guern.

– Qui va là ? demanda Julienne.

Nerea répondit :

– Celui dont Jean Guern a trouvé l'héritage dans le coffre du moine d'Orval, hier au soir.

– Debout, la Victoire ! cria Julienne en dedans.

La voix mâle du vieux dragon se fit entendre à son tour.

– Qui va là ?

En même temps il tirait la barre de la porte. Au moment où il ouvrait, Nerea répondait :

– Le fils d'Hector de Soleuvre et de Constance de Bazeille.

Mathieu et Nerea portaient Hector toujours évanoui. Le loup allait et venait comme une sentinelle. Jean Guern, droit sur ses jambes, grave, mais pâle et les larmes aux yeux, prit Hector dans ses bras avec autant de facilité que si c'eût été un enfant.

– Entrez, dit-il.

– Non, répliqua Nerea, nous avons d'autre besogne.

Et l'homme au loup demanda :

– Vous chargez-vous de lui ?

– Il aura à manger jusqu'à notre dernière bouchée de pain, répliqua Julienne, qui avait les mains jointes et regardait la pâleur du jeune homme en pleurant.

Jean Guern ajouta, la tête haute et le regard calme :

– Il sera défendu jusqu'à la dernière goutte de notre sang !

DEUXIÈME PARTIE

Les ruines d'Orval

I
Le val d'or

Ce fut de 1831 à 1834 qu'eurent lieu, dans l'est, les principaux désordres suscités par les chercheurs de trésors. Il y a une chose très singulière chez nous. La France ignore toujours sa propre histoire, malgré cette colonne de nos journaux quotidiennement remplie par les *faits divers*. Le public est très ami des *faits divers*, mais il n'en garde aucun souvenir. Un clou chasse l'autre, dit le proverbe. Le *fait divers* du jour ensevelit le *fait divers* de la veille.

L'état de nos frontières de l'est, à l'époque dont nous parlons, dut assurément fournir plus d'un *fait divers* aux journaux bien informés. Il y eut en effet de graves incidents, des luttes, des attaques nocturnes, des violations de domicile à main armée. Contrebandiers, voleurs de bois et réfractaires s'unirent pour rançonner ces campagnes ordinairement si paisibles, et la stagnation des affaires aidant, cette folie caractérisée, la chasse aux trésors, fit de véritables ravages aux champs comme dans les villes.

Mais nous l'avons dit : c'est le propre de ces frivoles annales d'être incontinent oubliées. Cela sert à causer un soir ; cela vit jusqu'à l'apparition du *prochain numéro*.

On ne se souvient plus guère aujourd'hui de ces troubles d'espèce toute particulière qui agitèrent un instant ces quelques lieues carrées de pays, prises sur l'ancien duché de Bouillon, sur la Champagne orientale et sur la Lorraine du nord.

Ce nom, illustre à tant de titres, l'abbaye d'Orval, est inconnu aux quatre-vingt-dix-neuf centièmes des gens qui lisent, qui pensent et qui racontent. Encore le peu qui sait ce nom le rapporte-t-il uniquement à cette célèbre prophétie générale du solitaire d'Orval, qui a tout prédit : Napoléon, la campagne de Russie, les Cent Jours, la Restauration, le Gouvernement de Juillet, le pillage de l'Archevêché, l'évènement de Février, la grande bataille du mois de Juin 1848, l'empire nouveau, la guerre de Crimée, la guerre d'Italie. M. de Bismarck, la Commune, et bien d'autres choses arrivées.

Et bien d'autres choses encore qui peut-être arriveront.

Mais quant au monastère lui-même, cette mémorable Athènes des abbayes, ce lieu savant, poli, généreux, pieux, splendide, cette maison si hospitalière à l'art, si secourable à la misère, ce couvent qui était une capitale et dont l'abbé était un roi, nul ne lui a accordé un souvenir.

Je me trompe, cependant : quelques lettrés du Luxembourg, de la Lorraine ou de la Champagne ont fait sur l'ancien comté de Chiny des livres très sérieux et très méritants, mais on sait le sort des livres édités par la province.

Il n'en est pas moins vrai de dire que ces ruines de la vieille abbaye, morte d'hier et déjà oubliée, gardent dans le pays une extraordinaire importance. C'est le centre de tout un monde de souvenirs. Les légendes viennent s'ajouter aux faits authentiques pour former une sorte de monument qui domine toute l'histoire locale. À l'heure où j'écris, vous trouveriez encore entre Bouillon et Montmédy quelque vieillard ayant vu l'abbé mitré à la tête de son armée de moines, menant la procession de la Fête-Dieu autour des étangs superposés ou le long de la Bonde-Couture ; il vous dirait comme était grand ce prodigieux palais, qui n'avait pas son pareil au monde. Il vous dirait quelle étrange foule s'entassait, calme et toujours sûre d'obtenir, dans les cours et devant la manse, aux heures solennelles de l'aumône.

Il vous dirait les sereines tranquillités de cette contrée heureuse entre toutes, belle oasis de l'âge d'or au milieu des civilisations arides, et qui est morte, entendez-vous, morte du coup porté à ses seigneurs !

Car il n'y a plus rien autour de ces palais détruits. L'herbe croît entre les pierres qui gisent sur le sol, et quand la neige de janvier met son linceul au-dessus de ces tombes, les seules traces qui marquent en noir l'uniformité de ces blancs tapis sont des pistes de loup, ou les pas de ces autres bêtes brutes, carnassières aussi et plus avides : les chasseurs de trésors.

Il vous dirait, le vieil homme, ce qui exalte sans cesse, ce qui toujours surexcite la convoitise de ces malheureux, acharnés à un travail inutile. Il vous ferait le compte féerique des richesses de l'abbaye d'Orval.

Riche dès son début, car son nom était comme un horoscope d'opulence : le Val d'Or. Riche dans la virilité de son développement, plus riche, lorsque des ducs, des princes, des rois venaient s'asseoir à la table de son chapitre. Riche dans sa vieillesse, encore plus riche ! au moment où le brutal caprice d'un soldat mit à néant sa merveilleuse fortune.

Il vous dirait aussi, car la croyance du pays est unanime autant qu'invétérée, que ces incomparables amas d'argent, d'or et de pierres précieuses, n'ont pu fondre dans la terre ou s'évaporer dans l'air ; – que l'eau elle-même, dépositaire fidèle, garde pendant des siècles les trésors confiés ; – que les trésors existent, sous l'eau ou dans la terre, épargne splendide et capable de payer un royaume, tous les trésors, depuis l'anneau mystique de la belle comtesse Mathilde, qui brille dans les armoiries d'Orval, jusqu'aux joyaux sans nombre, prodigués par toutes les générations des souverains de Chiny, des comtes de Los, des seigneurs de Bouillon, des ducs de Luxembourg et de Lorraine.

Ils existent, parce que les ravageurs étaient des soldats, le pillage militaire est toujours superficiel. Le général Loison, je n'ai pas inventé le nom, fit bien diriger vers la frontière, en 1793, *douze cents* chariots de meubles magnifiques, d'objets religieux, de linge, de marbres sculptés, d'étoffes admirables et d'ouvrages en acier, le tout arraché aux ruines fumantes de la grande thébaïde, mais ces douze cents chariots avaient été chargés à ciel ouvert. On savait ce qu'ils contenaient.

Les moines avaient disparu comme par enchantement. Quelques paysans attardés auraient pu seuls raconter le passage de leurs blanche procession, à l'heure de minuit, le long de la vallée.

Ceux qui n'avaient pas fui étaient morts assassinés. Le secret des caves d'Orval restait intact. Nul ne l'avait révélé. Nul ne l'aurait pu, à vrai dire, puisque l'abbé mitré tout seul, avec le prieur trésorier, connaissait le chemin des caves où reposait cette colossale fortune.

La tradition locale affirmait que ces caves étaient gardées par des cours d'eau souterrains, de telle sorte qu'à la moindre alerte on les pouvait noyer. Et la tradition ne devait pas mentir, car dans les fouilles partielles, pratiquées au commencement de l'empire, les travailleurs avaient été tout à coup arrêtés par de sourds et inexprimables fracas, sortant des entrailles de la terre.

C'étaient les treize canaux d'Orval, dont chacun portait le nom d'un apôtre, sauf le plus grand, qui se nommait le comte Arnoux. Ils alimentaient les huit étangs et les forges de la Soye. Ils contenaient autant d'eau que la Semoye et la Chiers réunies. Pour arriver au trésor, il fallait traverser ce fleuve enseveli.

Depuis ces premières fouilles, faites en 1805, il y avait eu de nombreuses tentatives. La *fièvre d'or* prenait le pays par accès et presque toujours aux temps de troubles. Lors de la campagne de Russie, un cloutier de Stenay, Justin Adour, réunit une compagnie de malandrins, connus sous la dénomination des *Compagnons du trésor*, et mit à nu les fondations de l'ancienne basilique.

Il affirmait que le principal amas de valeurs était sous le maître-autel, dans une cave qui avait trois étages au-dessous des caveaux de sépulture. Il fut tué par ses travailleurs, qui l'accusaient de les avoir trompés.

En 1814, la confrérie des *Errants de nuit* se fonda en même temps à Bouillon et à Montmédy. Elle avait pour but avoué la contrebande, et son chef, le maître d'école de Fagny, livra des batailles rangées à la douane. Mais la contrebande n'était qu'un moyen. On voulait rassembler un capital pour acheter l'enclos d'Orval, les étangs et la Ronde-Couture. Le maître d'école disait :

– Nous sommes trois cents : chacun de nous aura son hôtel en ville et son château dans les champs.

La balle d'un douanier arrêta ce beau rêve. Le maître d'école fut tué au mois de novembre 1814 par le lieutenant Fayet, de la seconde ligne.

En 1815, au fort de l'invasion, la confrérie des *Errants* ressuscita. Ses œuvres ne sont pas bien connues. On sait seulement que vingt-deux hommes, dont sept étaient des soldats prussiens, furent noyés dans une mine creusées sous le troisième étang d'Orval. La mine avait six mètres de profondeur et le double de coude. Cette aventure coupa net la fièvre d'or. Pendant les premières années de la Restauration, on n'entendit point parler de fouilles. Seulement, les mauvais sujets du pays, qui faisaient la contrebande armée, gardèrent le nom d'*Errants de nuit*.

Vers la fin de 1825, une compagnie se forma, une compagnie sérieuse, comme on dit, une compagnie de capitalistes. Il ne s'agissait plus de pauvres diables comme le maître d'école. C'étaient des gens bien posés. Le siège de la société était à Namur. On plaça des actions de mille francs, payables par tiers. Le gérant ne se réserva aucune espèce de bénéfices, sauf à mettre intégralement les versements dans son sac. L'amortissement fut prévu, l'intérêt garanti, les dividendes calculés ; en un mot, ce fut une affaire.

Ma foi ! les propriétaires de la contrée saisirent avec joie cette occasion de doubler leurs capitaux. Il vint un ingénieur de Paris. On chaîna les ruines, on mira les niveaux, on fit des sondages très bien réussis. Il y eut même une maisonnette en belles planches de chêne, sur laquelle on écrivit : « Bureau central des travaux. »

Les petits propriétaires venaient voir cela. On fit danser une fois leurs fillettes sur l'herbe. Puis, les actions étant souscrites, l'affaire se noya comme les sept soldats prussiens. Le gérant court encore.

Les années médiales de la Restauration furent, comme chacun le sait, une époque de pleine et complète prospérité matérielle. Mais la révolution de 1830 et la contre-épreuve qu'en tirèrent immédiatement les Belges changèrent tout à coup la face des choses. L'agriculture souffrit, la fabrique s'arrêta. D'innombrables faillites vinrent jeter la panique dans les populations commerçantes.

Depuis le commencement du siècle, on n'avait pas vu un pareil excès de misère. C'était le moment. La chaîne du travail étant rompue, toutes les industries illicites refleurirent. Les voleurs de bois organisèrent de nouveau leurs bataillons, les contrebandiers s'armèrent, et les réfractaires, mirent à rançon les habitations isolées. Il y eut des incendiaires.

Ce nom d'*Errants de nuit*, qu'on ne prononçait plus depuis longtemps qu'aux veillées, redevint une dénomination actuelle. On confondit sous ce titre vague tous les malheureux que l'oisiveté forcée jetait dans la révolte, tous les mauvais sujets, tous ceux, en un mot dont le gagne-pain n'était pas au grand jour.

En général, pour qu'une association de malfaiteurs soit connue, il faut l'action de la justice. On ne sait l'histoire des bandes, que le lendemain de l'arrêt qui les a condamnées. Au moment où se passe notre drame, la justice était désorganisée chez nous ; en Belgique, elle était disloquée. *Les Errants* de toute sorte faisaient leurs divers métiers sans trop de gêne. C'est à peine si les tribunaux avaient eu à punir jusque-là quelques enfants perdus de cette grande armée.

Il ne faut point s'étonner. En un temps plus rapproché de nous, les mêmes faits se sont reproduits. On a vu, après 1848, des populations s'enrégimenter pour aller, comme elles le disaient, *chercher du bois en Belgique*. On partait au petit jour en bon ordre : on chantait en chemin des hymnes à la bière ou à la patrie. Des charrettes suivaient pour porter le butin. Au bois, la cognée retentissait sans vergogne. Les chênes séculaires tombaient pour être débités sur place. Les ravages de ces coupes déréglées ne sont point encore réparés. « La forêt est à tout le monde ! » telle est l'opinion politique de ces honnêtes bûcherons. Pour soutenir cette opinion, ils avaient leurs haches et des fusils. La journée finie, on s'en revenait chantant. Le souper attendait les *travailleurs*. La famille, réunie autour du foyer, enseignait aux enfants la haine du vol et de la rapine.

Soyons justes et ajoutons ceci : Aussitôt que la fabrique put reprendre, on n'entendit plus parler de voleurs de bois. La forêt cessa d'être à tout le monde, et revint, largement ébréchée, à ses propriétaires légitimes.

D'après les renseignements que peuvent donner les gens de la frontière, *les errants de nuit* de 1832 n'avaient point d'organisation proprement dite. C'était le hasard ou le besoin qui les jetait dans la voie mauvaise où ils se rencontraient souvent, mais non pas en amis. En effet, les faux bûcherons battaient les maraudeurs de Happe-Tout (la petite Moncelle) quand ils les rencontraient dans l'exercice de leurs fonctions ; les faux gendarmes arrêtaient les contrebandiers et les débarrassaient de leurs charges ; mais cela ne profitait, point aux bureaux de douanes, il n'y avait entre tous ces vagabonds qu'un terrain commun : c'était la recherche des trésors.

Tous donnaient dans ce rêve qui semble être la maladie de ces contrées depuis que l'abbaye d'Orval est au ras du sol. Tous apportaient leur offrande quand un charlatan demandait cinq ou six écus pour faire tourner la baguette de coudrier. Trompés vingt fois, ils recommençaient sans cesse. Il n'y avait guère de semaine où les ruines de la vieille abbaye ne fussent le théâtre de quelque parade cabalistique.

On aurait tort de croire que les paysans fussent les seuls à tomber dans ce travers. Le prédécesseur de Giovan Battàglia, Monnot Prosper, qui avait été longtemps le sorcier en titre d'office depuis Sedan jusqu'à Montmédy, avait rançonné plusieurs gros bonnets, et personne n'ignorait que le baron Michel était un de ses principaux clients.

Depuis la mort de Monnot, le père Bataille avait des centaines de suivants chaque fois qu'il faisait virer le coudre dans les ruines d'Orval. Il avait, ce père Bataille, une partie des qualités de l'emploi : l'effronterie, le bavardage, l'onction, la rouerie. Mais la foi lui manquait. C'était un charlatan sceptique. Avec un petit peu de foi, il eût fait certainement sa fortune en ruinant tous ses protégés. Car la foi n'empêche pas du tout d'être filou, quand il s'agit d'escamotages. C'est là une des plus jolies nuances du métier de magicien…

Mais reprenons notre récit. Nous avons quitté Sedan, d'où se sont éloignés tous nos personnages. Quinze jours se sont écoulés depuis cette matinée du premier lundi de carême où forgerons, ouvriers et bourgeois quittèrent leur lit en vain pour assister à l'exécution de notre Hector. Nous sommes en Belgique, à deux pas de la ligne frontière, à un quart de lieue tout au plus du chêne creux, – le dernier de l'avenue de Blamont, – au pied duquel fut enterré le malheureux bachelier, pris au piège à loup, selon la légende que notre ami petit Pierre tenait de la bonne demoiselle Honorine.

C'est le soir. Nous gravissons une colline boisée qui semble clore un étroit vallon, comme le batardeau arrête ou détourne un courant. Et, par le fait, autour du pied de la colline, le clair ruisseau de la Marche, moitié français moitié belge, décrit une courbe gracieuse. Derrière nous, en remontant le courant de l'eau, sont les belles forges de Soye, que nous cache un rideau de hêtres géants. En prêtant l'oreille, nous entendrions le sourd fracas des hauts fourneaux.

À notre droite, c'est le village de Limes, un Belge. À notre gauche, le hameau français de Fagny.

Arrivés cependant au sommet du mamelon central, qui va céder sous nos pieds et nous conduire en pente douce jusqu'au pli vert formant l'ados de la vallée, si nous suivons le cours tortueux de ce limpide ruisseau, dont les truites fournirent aux anciens comtes de Chiny la pièce principale de leurs armoiries, nous assistons tout à coup à un spectacle vraiment magique. Orval est beau, grand, majestueux, jusque dans son dernier sommeil.

Devant nous, en effet, c'est le val d'Or, la nécropole où sont ensevelis tant de souvenirs avec tant de richesses ! C'est le palais des aumônes inépuisables, l'abbaye souveraine dont la haute justice s'étendait sur tout un grand pays ; le séjour de la paresse et de la gourmandise, affirment les uns ; la retraite de la piété austère, de la science, et du recueillement, disent les autres ; Orval, dont les abbés faisaient envie aux princes ; Orval, l'amour du peuple et des rois ; Orval, le Mécène de pierre qui donnait asile aux savants, aux inventeurs, aux poètes !

C'est Orval, un sépulcre.

Le coteau belge et le coteau français fuient à droite et à gauche en s'évasant légèrement, comme pour faire à la Thébaïde choisie une place plus spacieuse. D'un côté, la rampe uniforme se couvre de grands vieux chênes qui filent en hauteur, terminant la forêt de Merlanvaux ; de l'autre, une végétation luxuriante et fleurie, mais inculte, marie l'or éclatant des genêts aux glacés roses de la bruyère. Au fond, c'est un miroir immense, l'étang du bas, au bout duquel, en tournant un peu sur la droite, on trouve les ruines.

Puis, au-dessous des ruines, les six autres étangs, superposés comme par miracle, entourés tous les six du paysage merveilleux, et reproduisant dans leurs eaux cristallines toutes les merveilles du paysage.

Il est impossible, je vous le dis, de voir cela sans pousser un cri d'admiration ; impossible aussi de réprimer le soupir du cœur qui se serre.

Nous autres civilisés, nous jetons l'anathème à ce sauvage qui incendia la bibliothèque d'Alexandrie. Mais le sabre est-il devenu depuis lors moins aveugle ? et faut-il excuser ce lâche canon, tonnant contre la paix d'un monastère ! Les pierres tombées ne ressuscitent pas plus que la cendre des manuscrits. Il y a impiété des deux parts, et l'impiété est plus grande dans le siècle le plus éclairé.

On ne vous prie pas de plaindre les moines. C'étaient des fainéants, bien qu'ils vous aient gardé le dépôt sacré des lettres et des arts. Nos peintres d'estaminet, à qui les lettres importent peu et qui se moquent bien de l'art, nous les représentent tous ivres de vin et de vice. Ils gagnent à cela de quoi boire.

Mais laissez-nous plaindre les chefs-d'œuvre ! Laissez-nous relever par la pensée ces débris qui gisent depuis soixante ans sous l'herbe, et reconstruire ce Louvre, luttant de grandeur avec les grandes forêts ? Il ne faut point d'effort pour cela. Le fantôme se dresse pour quiconque l'évoque, et dès qu'il apparaît, le cadre, agrandi, semble le presser avec amour.

C'était une enceinte de cinq kilomètres de tour, flanquée de tourelles, et coiffée, et surmontée de la croix abbatiale. Les chênes ne s'arrêtaient qu'à cette limite. De trois côtés, le couvent était pris dans les bois. Il ne s'agit donc que de remplir le vide existant actuellement et occupé par un sol houleux, couvert de broussailles, enjambant d'énormes pierres, et dont les mouvements heurtés semblent produits par quelque ébranlement volcanique.

Au premier plan, nous avons la tour des Bénédictins, construction gothique qui terminait la triple terrasse du sud ; à droite de la tour, un carré irrégulier, formé de bâtiments datant du quinzième siècle. C'était le quartier des étrangers, dominé par la chapelle Sainte-Marguerite, œuvre des Bénédictins ; et relié par les constructions dites *magasins*, à ce grandiose système de communs qui enveloppait tout le monastère. L'hospitalité d'Orval n'était pas d'un jour. On y pouvait entrer pour vivre et pour mourir. Ce trapèze, qui s'avance vers vous et qui faisait l'extrême pointe de l'enclos vers le sud, était le *cimetière des étrangers*. Il est peuplé d'autant de tombes que le cimetière du couvent.

Au bas de la terrasse commençait l'ancien édifice claustral, entourant trois vastes cours, et enclavant la vieille basilique de Notre-Dame d'Orval. C'était d'abord la grande salle des banquets, suivie des cuisines monumentales, servant uniquement aux hôtes princiers dont la protection faisait la richesse de l'aumônerie. C'était ensuite le palais affecté au logement de ces visiteurs puissants. Puis venait la première cour des Bernardins, la cour des novices, sur laquelle donnait le logement occupé par saint Bernard, le grand cloître, l'église et le lectroi ou salle de lecture.

À gauche, c'était l'ancien bâtiment abbatial, terminé par la chapelle Montaigu qui était un des plus purs bijoux qu'eût ciselés la Renaissance. À droite, c'est-à-dire vers le nord-est, s'élevait le nouveau couvent, achevé au trois quarts lors de l'attaque des troupes françaises en 1793.

C'était là surtout que s'entassaient les splendeurs. L'église neuve, dédiée à saint Bernard, se dressait au centre. Plusieurs écrivains du dernier siècle ont célébré son étonnante magnificence. Elle avait cent trente mètres de long, dans œuvre, sur cinquante de large, trente mètres carrés de plus que Notre Dame de Paris !

Elle ouvrait son portail sur la cour d'honneur, au haut d'un tertre qui motivait deux perrons circulaires de vingt-deux marches chacun. La façade se formait de trois ordonnances : la première, ionique ; la seconde, corinthienne ; la troisième, composite. Les sculptures, répandues à profusion entre les colonnes, étaient de Leroux et d'Olivier dont le parc de Bruxelles possède plusieurs belles statues.

Le voyageur qui s'arrêtait à la place où nous sommes voyait surgir cette basilique splendide, au milieu des bois sombres et délicieux. Il n'apercevait pas encore la cité de l'aumône et de la prière, que déjà la croix d'or, brillant comme un phare au-dessus de l'océan de verdure, lui disait : Là est le repos de Dieu.

119

Nous n'avons point parlé des jardins, qui passaient pour n'avoir point leurs pareils en Europe ; mais les terrasses sont encore là, doubles et triples, sur une étendue de plus d'une demi-lieue. C'est tout ce qui reste.

Mais quand un brouillard léger monte au-dessus des étangs où le soleil demi-voilé allume de mystérieux foyers, tout peut renaître pour l'œil du poète derrière le fantastique rideau de vapeurs. L'enceinte s'arrondit encore avec ses tourelles aiguës ; la ligne des clôtures fuit, rigide et régulière ; basiliques et chapelles étagent leurs clochers inégaux, tandis que les quatre maîtresses tours, les Bernardins, la Punition, le Trésor et les Archives, dressent leurs masses lourdes et graves comme la puissante stature des siècles de foi.

II
Les sept étangs

Le soleil était couché depuis quelques minutes ; l'ombre s'épaississait dans la vallée. Les sept étangs, réfléchissant les lueurs de l'occident, semblaient des taches rougeâtres étalées sur le noir, et diminuant selon les lois de la perspective. La plainte des moulins de la Soye avait cessé. Tout était silence et solitude dans le val. Un homme sortit de la forêt et fit quelques pas sur la route française qui borde la rive droite du ruisseau de la Marche. C'était à un demi-quart de lieue de ce mamelon d'où nous regardions tout à l'heure le paysage. De là, on ne pouvait apercevoir ni le village de Limes ni le hameau de Fagny, cachés tous deux par une avance de bois.

L'homme était de haute stature, large d'épaules, un peu épais de taille. Il avait cette allure particulière aux cavaliers et se portait droit comme un soldat. Les derniers rayons du crépuscule, au moment où il sortait de l'ombre, éclairèrent son visage, commun, mais doué d'une certaine beauté, relevée par les coquetteries de sa coiffure et le pli militaire d'une forte moustache. Il était vêtu d'une redingote noire, bien prise et boutonnée. De larges pantalons plissés tombaient sur sa botte vernie. Ce n'était pas la tenue d'un chasseur, et pourtant il portait en bandoulière un riche fusil à deux coups.

Il avait en outre sous le bras un objet de forme cylindrique, que l'obscurité croissante empêchait de distinguer. Il s'arrêta dès qu'il fut sur la route battue ; et, se tournant vers le fourré d'où il sortait, il demanda :

– Est-ce d'ici qu'on peut voir ?

– Zo crois qu'on peut voir de partout, monsou le mazor, répondit une voix flûtée sous le couvert ; mais z'aime mieux me promener de l'autre côté de l'eau.

– Avance ! ordonna Antoine Legagneur.

La figure de furet de Giovan Battaglia parut entre deux chênes. Il avait l'air inquiet, selon son habitude, et sa chevelure chinchilla semblait avoir pris, depuis deux semaines, des tons encore plus grisâtres. Avant de mettre le pied sur la route, il regarda avec soin à droite et à gauche.

– As-tu donc peur ? demanda le major.

– Monsou Legagneur, répondit Giovan, peur n'est pas le mot. Zo suis, Dieu merci ! bien courazeux, mais c'est que ma position est si délicate.

– Tu trompes tout le monde, c'est vrai.

– Zo ne trompe personne, ce n'est pas dans mon caractère. Mais, pour vous servir je me suis mis dans l'embarras. Les zendarmes ont mon signalement. Mon cer ami et futur zendre, Nicolas Souquet, se doute bien que zo n'ai pas gardé très fidèlement son secret. M. de Blamont a pour moi la même affection que le lièvre pour le cien de çasse. Zean Guern m'a promis de me casser les reins à la première occasion. M. Micel ne peut pas me souffrir, sous prétexte que je suis un fripon. Les zeunes messieurs Legagneur, vos neveux, me détestent. Mademoiselle Honorine se défie de moi. Ma fille elle-même, ma petite ragaze, qui m'aimait tant…

– Mets-toi là, interrompit le major, et tiens-toi ferme.

Il l'avait pris par ses deux épaules pointues, et le plantait devant lui. Giovan voulait continuer ; le major lui secoua la tête d'importance.

– Je te défends de parler, dit-il, et surtout de gesticuler.

Il ôta de dessous son bras l'objet cylindrique que nous avons mentionné. C'était une lunette dans son étui. Antoine Legagneur la braqua en se faisant un appui de l'épaule de Giovan, et la mit à son point.

– Laquelle des pièces d'eau appelles-tu l'Étang de l'Abbé ? demanda-t-il.

– La seconde en commençant par le bas, répondit Giovan.

– Je la tiens, c'est la plus grande de toutes.

– Et la plus profonde, ajouta Giovan.

Le major se pencha pour voir sa figure et dit :

– Tu l'as donc sondée ?

– Zo vous dis, repartit l'Italien, ce qui se radote dans le pays.

– Mais la lueur ? le feu Saint-Bernard ? tu l'as vu ?

– Sans doute, si on peut appeler ça voir. Une nuit, pendant que zo faisais tourner la baguette autour de la chapelle Montaigut, voilà que tout le monde se met à crier : « Le feu Saint-Bernard ! le feu Saint-Bernard ! » Zo regardai comme les autres, et zo crois bien que z'aperçus quelque petite çose.

– Dans quelle direction ?

– Vers le milieu de l'Étang de l'Abbé, un peu à gauche. Mais ne vous fatiguez pas les yeux, mousou Legagneur, vous ne découvrirez rien.

– Parce qu'il fait encore trop jour ?

– D'abord, c'est si faible, qu'un rayon de lune suffit pour effacer la lueur, et ce reflet rouze qui couvre l'étang est cent fois plus brillant que le feu Saint-Bernard. Mais il y a encore une autre raison.

– Laquelle ?

– Le feu Saint-Bernard ne se montre qu'après minuit.

– Tu l'as donc observé bien des fois, pour en parler si savamment ?

Giovan se retourna à demi et répondit en souriant :

– Ce sont les zens du pays qui disent cela.

– Alors, les gens du pays s'occupent du feu Saint-Bernard ?

– Beaucoup. Ils disent qu'on a vu la lueur pour la première fois le lendemain de la dévastation de l'abbaye. Les soldats mécréants avaient zeté les reliques de saint-Bernard dans l'étang, et ce sont les reliques de saint Bernard qui brillent comme cela au fond de l'eau.

Antoine le prit par les épaules, le fit tourner, et le regarda en face. L'ombre descendait rapidement.

– Est-ce ton idée, à toi ? demanda le major.

– Moi, répondit l'Italien, zo n'ai point d'idée ; z'écoute pour le compte de mon cer maître.

Antoine fut un instant avant de reprendre la parole.

– Et qu'est-ce que c'est que la *chape de Saint Bernard* ? demanda-t-il.

– La cape de saint Bernard, répliqua Giovan ; c'est quand l'étang se couvre de brume. La lueur n'est plus alors à la surface de l'eau. Elle monte dans le brouillard et forme comme un fantôme.

– C'est singulier ? murmura M. Legagneur ; il faut qu'il y ait quelque chose, bien sûr.

– Oh ! il y a quelque çose ! prononça vivement l'Italien.

– Tu en sais plus long que tu ne veux m'en dire, Giovan ! s'écria le major.

L'autre jura ses grands dieux aussitôt, protestant de son ignorance et de sa fidélité.

– Alors, dit Antoine, ta fille en sait plus long que toi !

Giovan leva les mains et les yeux au ciel.

– Qui peut dire ce que celle-là sait ! fit-il entre ses dents.

Puis il ajouta :

– Est-ce que vous avez rencontré Nerea ?

Le major ne répondit point. Après un silence, il reprit :

– Rien de semblable ne se produit jamais sur les autres étangs ?

– Zamais ! au grand zamais ! répondit Giovan.

– Où trouverions-nous ta fille ?

– Ce n'est pas moi qui peux répondre à cette question-là, cer maître ; la ragaze va où elle veut.

Le major lui saisit tout à coup le bras.

– Oui, murmura-t-il, revenant à une précédente question de l'Italien ; je l'ai rencontrée. J'interrogeais un bûcheron de Limes sur le sujet qui nous occupe. Je vis une femme qui passait à cheval, et je la reconnus parce qu'elle était suivie par le loup noir de Mathieu Sudre, l'assassin. J'avais dit au bûcheron, comme je viens de te le dire à toi : « En somme, qu'est-ce que c'est que cela ! » Nerea, car c'était bien elle, me répondit, en passant au galop de son cheval : « C'est l'endroit où tu mourras ! »

Giovan tressaillit violemment.

– Elle a toujours, dit, prononça-t-il à voix basse, que le trésor serait un porte-malheur.

– Tu crois donc que le trésor est là ? demanda vivement Antoine Legagneur.

Les yeux de l'Italien jetèrent un éclat soudain puis s'éteignirent, et il prit un air innocent.

– Le trésor au milieu de l'étang ! s'écria-t-il ; avec une çandelle allumée dans l'eau !

Antoine Legagneur lui lâcha le bras et dit froidement :

– Engage ta fille à ne plus se mêler de mes affaires.

Puis, changeant de ton :

– Toi qui cours la nuit comme un loup-garou, père Bataille, où sommes-nous de la lune ?

– Nous l'aurons nouvelle dans trois zours.

– Alors, c'est le bon moment pour voir le feu Saint-Bernard. Je n'y puis venir cette nuit, mais la nuit prochaine…

Il s'interrompit pour prêter l'oreille. Le galop d'un cheval se faisait entendre au loin.

– Va-t'en ! ordonna-t-il à Giovan ; je n'ai plus besoin de toi ; sois vigilant, sois fidèle, tu seras récompensé.

Le père Bataille ôta son chapeau. La nuit était tout à fait venue. Au lieu de s'éloigner, il dit :

– Vous attendez quelqu'un de Sedan, cer maître ?

– Va-t'en ! répéta Antoine Legagneur ; ne cherche jamais à deviner au-delà de ce que je veux dire !

Giovan se jeta sous le couvert. On n'entendait plus le cheval galopant. Les pas de Giovan bruissaient, au contraire, dans les feuilles sèches. Antoine Legagneur pensa :

– Le drôle serait capable de me prévenir, et je reviendrai dès cette nuit.

Bataille, lui, cheminant le long d'un sentier tracé sous le couvert, se faisait cette confidence à lui-même.

– Ce brutal coquin de mazor trompe ses frères, ses neveux, sa fiancée, et moi par-dessus le marcé. Zo crois qu'il n'y a que moi sur la terre pour tromper plus de monde que lui. Il est temps d'azir. Quand je serai rice, en voici un à qui zo ne prêterai pas mon arzent !

Il s'arrêta tout à coup, fit un crochet et revint à pas de loup vers la lisière du bois. Antoine Legagneur était resté à la même place. Il tourna une dernière fois les yeux vers les étangs qui éteignaient successivement leurs reflets. Le plus élevé renvoyait seul désormais les vagues clartés de l'horizon.

Le galop du cheval invisible retentit de nouveau sur la route, dans la direction de la forge de Soye. Puis le bruit cessa tout à coup, comme si le cavalier eût brusquement arrêté sa monture. Puis encore un coup de sifflet aigu retentit dans le silence de la vallée. Antoine dit :

– C'est lui !

Et il se prit à marcher à grands pas vers le monticule découvert placé entre les deux versants de la vallée d'Orval.

III
Antoine Legagneur

Un homme était debout sur le monticule : une connaissance, à nous, près d'un cheval soufflant et fumant.

– Bonjour, Bastien, lui dit Antoine, après avoir franchi le ruisseau de la Marche sur un petit pont de planches.

– Bonsoir, monsieur Legagneur, bonsoir, répondit le nouveau venu d'un ton bourru ; cela va mal là-bas, je vous en préviens, et vous feriez mieux de vous promener de l'autre côté de la frontière.

Antoine fit les quelques pas qui le séparaient encore de Sébastien Lethil, ancien garçon de caisse du baron Michel, et que nous vîmes autrefois au gué de Saint-Ilde.

– Parle moins haut, mon bonhomme, lui dit-il en prenant un accent de familiarité presque caressante ; les Errants de nuit ont des oreilles d'âne et n'en écoutent que mieux. Attache ton cheval à un buisson, et viens là-bas, au milieu de la prairie. J'aime le foin dans cette saison où il n'est pas assez haut pour abriter les curieux.

Il prit le bras de Bastien qui dit avec moquerie.

– Vous voilà donc devenu prudent, monsieur Legagneur ? et bien gentil avec tout le monde ?

– Eh ! eh ! fit Antoine : là-bas l'argent ne me coûtait rien, il y avait Michel… Vois-tu, quand il faut partager je n'en suis plus… Payer un bon garçon comme toi, se reprit-il, voyant que l'autre fronçait les sourcils, payer royalement je ne dis pas ; tu verras bien que je n'ai pas la main fermée ! Mais partager ! non ! que veux-tu ? c'est plus fort que moi !

– Je conçois ça, fit Bastien froidement.

– Je disais donc, mon vieil ami, que je jouais en étourneau, là-bas à Sedan, et je t'explique pourquoi, mais ici…

Il s'arrêta pour jeter à la ronde un regard.

– Ici ? répéta Sébastien Lethil.

– Ici, mon camarade, la fortune est à moi tout seul, elle est dodue, et je suis prudent.

Sébastien changea aussitôt de visage. Tout à l'heure il parlait rude, et son air était presque insolent, mais ce fut d'un ton mielleux qu'il fit cette question :

– Vous avez donc trouvé le magot ?

– Mon bonhomme, répondit Antoine ; je savais ce que je faisais en jetant mon bonnet par-dessus les moulins ; un homme comme moi, n'arrache pas ses épaulettes sans être bien sûr de faire un marché d'or, pas vrai ?

– Combien y a-t-il ? demanda Bastien.

– Ne t'inquiète pas, te voilà riche.

– Ah ! monsieur Legagneur ! s'écria Bastien attendri.

Antoine fit tourner la bandoulière de son fusil autour de son cou. La prairie n'était pas large. Il y avait des buissons qui s'avançaient jusqu'à une cinquantaine de pas de nos deux interlocuteurs, Antoine prit son fusil et arma les deux batteries.

– Que faites-vous ? s'écria Bastien, reculant instinctivement.

Au lieu de répondre, Antoine mit en joue le buisson le plus voisin.

– Je donne une minute à celui qui est là-dedans, prononça-t-il à haute voix, pour repasser le ruisseau.

L'honnête Giovan Bataille n'avait point de mauvaise honte, à ce qu'il paraît. Les broussailles s'agitèrent aussitôt avec bruit, et il se jeta vaillamment dans l'eau pour ne point perdre de temps à retrouver le pont, de planches.

– Le pays est bon, dit tranquillement Antoine, parce que nous sommes ici à mille lieues de la cour d'assises. Mais il faut veiller serré, justement à cause de cela… Tu me demandais combien il y a, Bastien, mon ami, reprit-il en rejetant son fusil derrière ses épaules ; qu'est-ce que cela te fait si on te donne de quoi acheter là-bas, entre Bazeille et La Moncelle, une quarantaine de bons arpents ?

– Ferez-vous cela pour moi, monsieur Legagneur !

– Quarante ou cinquante, quoi donc ! à deux mille l'arpent de prairies, à quinze cents l'arpent de coutures, je n'en aurai pas seulement pour cent mille francs. Et dis-moi, Bastien, qu'est-ce qui va donc mal là-bas ?

Bastien passa ses deux mains tour à tour sur son front qui ruisselait de sueur.

– Mon Dieu ! monsieur Legagneur, répliqua-t-il, vous savez, un malheur ne vient jamais seul. Mais, à présent que vous importe cela ?

– Dis toujours, et dis vite ! Nous ne formons plus qu'une famille les Blamont et nous, au château, et mon absence serait remarquée.

– Eh bien ! les tondeurs ont tout cassé chez vous, au château de Bazeille. On a pendu des écriteaux à la porte de votre maison de Sedan.

– Qu'est-ce qu'il y a sur ces écriteaux ?

– *Legagneur voleur*.

– Les imbéciles ! fit Antoine.

– Le colonel Poncelet a publié un ordre du jour pour spécifier que vous n'étiez pas du régiment ! que vous n'aviez fait qu'y passer. Les soldats ont affiché votre destitution à la porte de la caserne, et dimanche dernier au Fond de Givonne, on a promené un mannequin qui avait une inscription sur le dos.

– Quelle inscription ?

– La même que celle de l'écriteau.

Antoine dit d'une voix un peu altérée :

– Les coquins !

Sébastien tournait son chapeau entre ses doigts.

– Est-ce qu'il y a encore quelque chose, demanda Antoine.

– Oui, monsieur le major.

– Ne m'appelle plus ainsi ! Voyons, va jusqu'au bout.

– Il y a, reprit Bastien, que l'Auvergnat n'est pas mort.

Malgré l'obscurité, on aurait pu deviner la pâleur qui envahissait le visage d'Antoine Legagneur.

– Larchal ! fit-il d'une voix qui tremblait et il a parlé ?

– Tout au long, comme de juste.

Antoine ferma les poings et lâcha un juron.

– Il a raconté l'histoire de la corde trop courte, poursuivit Bastien ; savez-vous que ce jeune gars d'Hector est un fier coq pour avoir rattrapé sa fenêtre de si loin ?

– Et que dit-on de tout cela ? demanda Antoine.

– Dame ! on parle de vous faire chercher en Belgique. Ça se peut en s'adressant au gouvernement.

– S'ils prennent ce chemin-là, nous avons du temps devant nous.

– Sans doute. Mais vous savez, vos chasseurs ne vous aimaient pas beaucoup. Le colonel a été obligé de les consigner. Ils voulaient faire une pointe jusqu'ici, le pendant de la battue aux loups, comme ils disaient.

Antoine avait déjà recouvré son sang-froid.

– Cela n'aura pas lieu, dit-il ; ce vieux grognard de Poncelet a trop de prétention au titre d'honnête homme. Mon ami Bastien, dans quelques jours, j'aurai élevé un rempart d'or entre moi et toutes ces misères.

On ne condamne pas un homme de vingt millions sur le témoignage d'un geôlier.

– Vingt millions ! répéta Bastien abasourdi. Et par réflexion :

– Dites donc ! sur vingt millions, vous ne me donnez que cent malheureux mille francs ! Plaisantez-vous.

– Ingrat ! fit Antoine en riant, tu as failli te mettre à mes genoux, tout à l'heure !

– Vous irez bien jusqu'à deux cents, monsieur Legagneur.

– Je ne dis pas non. Parle-moi du jeune homme.

– Du bel Hector ? Ceci est encore une histoire.

– Il est toujours bien bas ?

– De sa blessure ? Ah ! plus souvent ! il se porte comme vous et moi !

– Comment ! il a quitté le lit ?

– Le lit et la maison.

– Il n'est plus chez Jean Guern ! s'écria Antoine avec un profond étonnement.

– Voilà quatre jours qu'il est parti en sautant par la fenêtre.

– Et où est-il, à présent ?

– Le diable le sait. J'ai été à Bazeille tout exprès pour savoir de ses nouvelles. J'ai trouvé la maison du sellier-carrossier fermée, car Guern et sa femme sont partis tous deux à la poursuite du jeune homme.

Antoine ne parlait plus. Bastien Lethil continua :

– Voici ce qui se dit à Bazeille : Jean Guern et sa femme soignaient le maréchal des logis comme si c'eût été leur propre enfant. Personne n'entrait dans la maison, et une fois que les gendarmes vinrent de Sedan, la bonne femme se mit sur sa porte avec le fusil de son homme. Elle leur cria du seuil : « Passez de l'autre côté de la route, il y a un malade chez nous ! » Les gendarmes lui répondirent : « Dieu vous bénisse madame Guern ! » car tout le monde est pour eux et contre vous.

– On verra, on verra ! grommela Antoine ; il n'y a rien de si sot que le monde !

– N'empêche qu'on apportait toutes sortes de choses aux Guern pour leur blessé, du vin, du sucre, des confitures. Le colonel envoya dire qu'on n'eût point de crainte. Tous les jours à la brune, Mathieu, l'homme au loup, venait, ou bien c'était la fille de Giovan Bataille. Ceux-là entraient. À Bazeille, vous ne trouveriez personne pour dénoncer l'homme au loup. On sait bien qu'il a tué ; mais sa victime était un des meurtriers de Soleuvre.

– Ah ! fit Antoine entre ses dents, on réveille donc toutes ces histoires-là ?

– Elles n'ont jamais dormi, monsieur Legagneur ; seulement on vous croyait si riche !

– Je suis dix fois plus riche qu'alors, mon vieux Bastien ! Continue.

– Il y a donc encore qu'on parle de réhabiliter Mathieu, comme ils disent, et de faire un grand procès pour savoir au juste comment le dernier Hector de Soleuvre et Constance de Bazeille sont morts.

– Qu'ils fassent leur grand procès, je n'en tiendrai que mieux le père d'Honorine… après ?

– Après ? Voyons donc, que je me souvienne ! On crie tout haut dans le pays que le maréchal des logis est l'héritier de Soleuvre.

– Parce qu'il s'appelle Hector ? c'est joli : Après ?

– Après ? je suis un peu brouillé, voyez-vous, l'affaire des cent arpents me trotte dans la tête. Mais je puis bien vous dire qu'on parle de vous du matin jusqu'au soir. Les Errants de nuit ne sont plus à la mode. Legagneur ! Legagneur ! Legagneur ! on n'entend plus que ce nom dans la ville de Sedan et aux alentours.

– C'est convenu, nous sommes célèbres ! interrompit Antoine avec impatience. Mais revenons au jeune homme. Sait-il son apocryphe et illustre origine ?

– Voilà le curieux ! s'écria Bastien ; il n'y a que lui pour l'ignorer encore. Le vieux moine d'Orval, frère Arsène qui est mort en face de chez vous, a laissé des tas de paperasses. Il avait gardé le grand secret pendant quarante ans. Et vous lui devez une belle chandelle, à celui-là ! car vous avez assez bien profité de son silence. Il se taisait, le brave chrétien, à cause d'une certaine prophétie du solitaire qui prédit au dernier Soleuvre des dangers sans nombre avant le jour de sa vingtième année accompli…

– Elle a raison, la prophétie !

– Dans le cas, poursuivit Bastien où il saurait le nom de sa famille.

– Quel oracle que ce solitaire ! Et quel homme prudent, que ce bon frère Arsène !

– Dame, dit Bastien en baissant la voix, la prophétie avait prédit l'heure et le jour de la mort des deux derniers Soleuvre.

– Tu donnes là-dedans, toi aussi ! fit Antoine avec pitié.

– Écoutez donc ! ce qu'on a vu, on l'a vu ! Enfin n'importe, le jeune homme ne sait rien pour le moment ; mais il ne tardera pas à savoir, car sa vingtième année est bien près de sonner.

– Et si sa vingtième année ne sonne jamais ?

Bastien fut un instant avant de répondre, puis il dit :

– Ça vous regarde ; moi, je suis pour vous répéter ce que j'ai entendu. Il y a donc qu'un soir, la fille de Giovan Bataille, la Nerea, traversa le village à cheval, suivie, comme elle l'est toujours à présent, par le loup noir de Mathieu. Elle entra chez les Guern par la petite porte, qui donne sur les vergers du côté de la rivière. Le maréchal des logis se levait depuis deux ou trois jours, mais il était encore bien faible. Ils disent là-bas qu'il a perdu plus des trois quarts de son sang par la blessure que lui a faite le couteau de Larchal. On pense bien que la Nerea venait le chercher.

– De la part de qui ? demanda Antoine.

Bastien répondit en hésitant :

– On l'avait saudé avec la bonne demoiselle Honorine.

– Je donnerais cinquante mille écus comptant, sans escompte, s'écria Antoine Legagneur, pour que cette sotte histoire l'eût ramené dans les environs du château.

– Pourquoi cela ? on prétend que la bonne demoiselle…

– Tais-toi ! je te l'ai dit déjà, nous sommes ici dans un bon pays où on fait tout ce qu'on veut.

Il caressait la crosse de son fusil de chasse.

– Si tu savais comme cet outil-là porte bien la balle ! ajouta-t-il.

– Pour ça, je m'en lave les mains !… Jean Guern et sa femme voulurent empêcher le jeune homme de partir, voilà ce qui est certain. Mais le lendemain au matin on trouva la fenêtre ouverte et l'oiseau déniché.

L'homme et la femme Guern s'en allèrent chacun de son côté ; le soir, ils ramenèrent leurs quatre grands fils. On mangea et l'on but, puis tout le monde se mit en route : les gars un par un, le mari et la femme ensemble avec leurs bâtons de voyage, et, depuis ce soir-là, portes et fenêtres sont closes chez eux.

– Voilà tout ? demanda Antoine après un silence.

– Voilà tout ? répondit Bastien.

– Eh bien ! mon garçon, tu vas souper et coucher au château de Blamont. Je t'invite. J'y suis chez moi comme si c'était le lendemain des noces.

– Ce n'est pas de refus, répliqua Bastien.

Ils remontèrent tous deux le mamelon, dans la direction du château. Le long du chemin, Antoine affecta de parler à haute voix, comme s'il eût souhaité avoir des auditeurs derrière les buissons de la route. Il disait :

– Tout est arrangé à Blamont ; ma chère Honorine ne rêve plus que de moi, et le père voudrait déjà me tenir pour gendre. Nous ferons une famille modèle.

– À quand la noce ! demanda Bastien.

– Cela dépend de moi. Ce qui m'arrête c'est ce maréchal des logis. Ne va pas croire que je sois jaloux, fi donc ! Mais il y a ce mystérieux héritage des Soleuvre, les dix-huit cent mille francs de l'émigré : je te conterai cela. Honorine serait héritière unique, sans cet Hector ; mais, en définitive, je suis bien assez riche pour faire un mariage d'inclination.

Ils quittèrent le sentier au bout de quatre ou cinq cents pas, et laissèrent à leur droite les forges de la Soye, pressées de toutes parts par les grands arbres de la forêt.

129

– Ici, reprit Antoine parlant toujours à très haute voix, nous avons toujours les parades des Errants de nuit. Ils vont et viennent dans les broussailles, ils font des trous, ils soulèvent des pierres. Giovan Bataille promènent sa baguette aimantée, et ils ne trouvent rien bien entendu, puisqu'il n'y a plus rien à trouver.

Bastien s'arrêta.

– Est ce que vraiment vous avez mis la main sur le grand trésor des abbés ? demanda-t-il d'une voix où tremblait son émotion cupide.

– Marche, mon garçon, marche ! répondit Antoine. Quand j'ai passé la frontière, crois-moi, je savais bien ce que je faisais. Antoine Legagneur n'est pas un enfant. Ceux qui crient contre lui à présent baiseront bientôt la trace de ses pas. Mais qu'est-ce que cela ?

Il s'était interrompu brusquement pour faire cette question. L'avenue du château de Blamont était à quelque cinquante pas d'eux, sur la gauche. Les six rangs de chênes énormes traçaient à perte de vue une ligne plus sombre dans la nuit.

– Quoi donc ? demanda Bastien.

Et avant que M. Legagneur eût le temps de répondre :

– J'ai vu ! reprit Bastien en baissant la voix.

Au pied du dernier arbre de l'avenue, il y avait une forme haute et svelte : un homme debout.

– Baisse-toi, ordonna tout bas Antoine.

Par un mouvement plus rapide que la pensée, il avait mis en joue. Il jouissait, parmi les chasseurs du pays de Sedan, d'une réputation de premier ordre comme tireur. Il visa le quart d'une minute environ.

Mais il releva son fusil sans avoir tiré.

– Du diable si pareille chose m'est arrivée jamais ! balbutia-t-il en se faisant de sa main une visière. Je l'avais au bout de mon fusil, et quand j'ai été pour peser sur la languette plus rien !… Est-il entré en terre ?

– Non, répondit Bastien ; il a tourné tranquillement autour de l'arbre. Mais vous mettez les gens en joue comme des lapins, monsieur Legagneur ! Voici la seconde fois de cette soirée !

– C'est un bon pays ! repartit Antoine.

Puis, posant ses deux mains sur les épaules de Lethil :

– Voyons, tu as encore de bons yeux, garçon ?

– Assez bons.

– L'as-tu reconnu ?

– Je ne pourrais pas en jurer.

– Mais tu le crois ?

– Oui, je le crois.

– Eh bien, garçon, tu auras cinq cents louis de plus, quoique tu ne l'aies pas vu le premier. S'il est ici, son affaire est claire, et il est ici : ma joie me le dit !

Au lieu de poursuivre sa route, il revint sur ses pas, faisant signe à Bastien de le suivre, et prit un long détour pour gagner le château.

– Il ne faut pas effaroucher le gibier, dit-il, baissant désormais la voix et assourdissant sa marche sur le gazon. Là-bas, en Afrique, nous attendions les antilopes autour de l'abreuvoir, sans jamais nous approcher de l'eau. Ce gros chêne, c'est l'abreuvoir où nous trouverons toujours notre antilope à deux pattes.

Bastien répondit :

– Je ne me mêle pas de cette chasse-là.

On voyait les lumières du château. Antoine reprit :

– Fais attention à ce que je vais te dire, tu n'auras pas de peine à gagner tes cent arpents, mais encore faut-il que tu joues ton rôle. Tout va bien à Sedan…

– Mais du tout ! voulut interrompre Bastien.

Le major frappa du pied.

– Tout va bien ! répéta-t-il. Je le veux !

Puis, comme Bastien gardait le silence, il ajouta :

– Ils te feront des questions ; tu répondras : Les choses s'arrangent au mieux, M. Antoine a laissé de si bons souvenirs dans le pays ! On le regrette. Quant au maréchal des logis, il file un triste coton, le pauvre diable, et jamais il ne s'en relèvera !

– Pour cent arpents, c'est trop mentir !

– Je te promets, moi, mon garçon, que tu ne mentiras pas en disant cela. Cet Hector a une maladie dont aucun médecin ne pourra le guérir !

On était à la grille du château. Antoine sonna en maître. Avant d'entrer, il posa son doigt sur l'épaule de Bastien et lui dit :

– Sois dévoué aveuglément ou rien de fait !

La grille s'ouvrit et se referma. Le domestique attendit que Bastien eût pris le chemin de l'office, et dit :

– Quelqu'un est venu demander M. le major.

– Qui est ce quelqu'un demanda Antoine.

– Une femme.

– Elle a dit son nom ?

– Elle a laissé une lettre, en recommandant de la donner à M. le major lui-même.

Antoine regarda l'écriture, et l'expression de son visage devint plus sombre.

– Quelque mendiante grommela-t-il.

– Non, fit le valet, je ne crois pas que ce soit une mendiante.

Antoine lui prit la lumière des mains et le congédia.

Il se dirigea précipitamment vers sa chambre, dont il ferma la porte à clef. Il rompit le cachet de la lettre avec agitation. Aux premiers mots qu'il lut, le sang lui monta au visage. Puis il devint très pâle et se laissa tomber sur un siège. La lettre était ainsi conçue.

Cette nuit, à trois heures, celui que vous avez voulu assassiner, sera dans le bois de Blamont, au lieu dit : la Croix-Renaud. Il aura ses armes. Il consent à se mesurer avec vous comme si vous étiez un homme d'honneur. Si vous reculez devant cette rencontre, il vous tuera comme une bête féroce partout où il vous trouvera.

Un sourire triomphant était aux lèvres d'Antoine Legagneur.

– La Croix-Renaud ! murmura-t-il, l'endroit est bon. Mais comment la Nerea a-t-elle consenti à porter ce message ?…

Il resta un instant pensif, puis il se leva en disant :

– Bastien ne suffit pas, il me faut les deux neveux. C'est un quine qui nous sort à la loterie !

En dehors de la grille, deux ombres glissaient entre les arbres de l'avenue. Antoine n'avait pas perdu son temps en parlant haut le long de la route. Il y avait des gens pour l'écouter.

– Eh bien ! mon zendre ? dit la voix flûtée du sorcier piémontais, qui était l'une des ombres.

La basse-taille du Cloqueur répondit :

– Je veux être pendu, si nous n'avons pas là le plus damné coquin qui soit sur la terre :

– On ne pend plus, fit observer Giovan ; mais on n'y perd rien, Dieu merci ! De deux çoses l'une : ou il dit vrai par hasard, en ce cas-là, nous lui disons : Part à trois ! ou il ment comme un arraceur de dents, selon son habitude et nous arrivons les premiers pour ne partazer avec personne. Cette nuit, nous saurons cela.

Ils se serrèrent la main. Avant de s'éloigner, le Cloqueur dit :

– Nous avons de la besogne, cette nuit !

Puis il demanda :

– Si j'avais besoin de vous, vieux Giovan, où vous trouverais-je ?

Le père Bataille compta sur ses doigts.

– Z'ai l'étang, répliqua-t-il, z'ai le vieux baron, z'ai la baguette à l'ancienne cour des novices. À deux heures après minuit, zo serai cez Constant, au *Lion belze* de la frontière.

– Vous savez que les deux neveux s'y sont donné rendez-vous.

L'Italien cligna son petit œil rusé.

– On peut touzours regarder et laisser faire, répliqua-t-il ; tout le monde sème autour de nous, mon zendre, et c'est nous qui ferons la récolte !

IV
Souper de famille

L'habitation connue sous le nom de château de Blamont était une dépendance de l'abbaye. Les sires de Merlanveaux, qui avaient porté parfois le titre de vidames d'Orval et qui remplirent, durant des siècles, les fonctions de champions laïques, procurateurs et poursuivants du monastère, le tenaient à fief de l'abbé mitré.

Cette famille s'était éteinte dans la première moitié du XVIIIe siècle. Le domaine avait fait retour à la communauté, qui en avait disposé en faveur d'Honoré Buttel, seigneur de Blamont, créé chevalier en 1749 par le duc de Luxembourg, et qui fut chargé de la procure laïque d'Orval, pour lui et ses descendants mâles, par dom Bernard-Montgaillard, quarante-septième abbé, son oncle.

Ces Buttel de Blamont n'avaient rien de commun avec les comtes de Blamont, ou mieux Blamont, branche cadette des souverains de Chiny. C'était une race tranquille, vouée aux travaux d'administration, et dont aucun rejeton ne dépassa le commun niveau. Ils vivaient solitairement et faisaient avec honnêteté les affaires extérieures de l'abbaye.

Le château était un vieux bâtiment d'aspect irrégulier, composé de plusieurs parties hétérogènes. Malgré la solidité de ses constructions, sa situation dans un bas-fond humide, et le voisinage trop immédiat de la forêt, hâtaient visiblement sa chute. L'aile gauche et le corps de logis principal, qu'on n'habitait point tombaient presque en ruines. L'aile droite, au contraire, avait été rajeunie, ainsi qu'un corps de logis carré, en retour sur les jardins, qui contenait les salons et les appartements de la bonne demoiselle Honorine.

M. de Blamont, son père, avait même fait construire, sous la Restauration, un pavillon de style grec pour flanquer ce dernier corps de logis. On appelait l'ensemble de ces bâtisses le château neuf. Le château neuf commençait au mur de refend de l'aile droite. Il n'avait pas de communication intérieure avec le château vieux, dont toutes les portes étaient maçonnées. Dans le pays, on disait qu'il y avait une raison à cela, et cette raison était toute une lugubre histoire.

Quoiqu'il en soit, depuis deux semaines environ, le château de Blamont n'était plus une solitude. Il y avait foule de domestiques aux offices, et les maîtres emplissaient la maison. M. de Blamont avait donné l'hospitalité à tous les membres de la famille Legagneur.

133

Toute l'aile droite était occupée par Antoine, les deux neveux, le baron Michel, sa femme et ses filles. M. de Blamont et Honorine n'avait gardé que le petit corps de logis en retour sur le jardin. Les domestiques des Legagneur avaient été obligés de s'arranger des retraites provisoires dans les appartements à demi ruinés du château vieux.

La pensée du provisoire était du reste partout, car les Legagneur annonçaient à son de trompe qu'après un séjour de deux ou trois fois vingt-quatre heures, ils retourneraient à Sedan. Une seule chose semblait définitive, c'était l'union projetée entre M. Antoine Legagneur, officier supérieur *démissionnaire*, et Mlle Honorine de Blamont. Ici, Antoine ne se vantait ni ne mentait. Les publications étaient faites selon la loi belge, on avait signé le contrat en pleine connaissance de cause des deux parts. La cérémonie devait avoir lieu le lendemain à l'ancienne chapelle du château, sans éclat et sans pompe. La position actuelle des Legagneur défendait tout ce qui eût ressemblé à une fête. M. de Blamont, en annonçant cette union à ses gens, selon l'antique usage flamand, avait dit :

– C'est à la fois un mariage d'inclination et un mariage de convenance. Ils s'aiment depuis longtemps, et quand ses affaires vont être arrangées, M. Legagneur sera puissamment riche.

Les domestiques en avaient cru ce qu'ils avaient voulu. Honorine avait fait une cruelle maladie, que bien des gens attribuaient à l'horreur que lui inspirait cette union.

Il était huit heures du soir lorsque Antoine Legagneur fit son entrée au salon de Blamont, grande pièce meublée avec une simplicité presque puritaine. D'un côté de la cheminée se tenaient la baronne Michel Legagneur, ses deux filles, Mlle Brigitte et Mlle Clémence, en toilette de ville irréprochable, et Honorine de Blamont très pâle sous son costume sombre. À l'autre coin, Félicité la dame de compagnie brodait un couvre-pied au crochet. Le baron Michel et M. de Blamont jouaient aux dames sur le guéridon, au milieu de la chambre. Les neveux, Étienne et François, étaient vautrés sur un sofa. Leurs pipes jetaient dans l'atmosphère un âcre nuage qui allait s'épaississant.

C'est ici le seul point où la Belgique ne se hâte point de contrefaire les mœurs françaises. La population mâle de ce beau petit royaume a horreur de la galanterie.

C'était bien une famille, comme l'avait dit Antoine à Bastien. On n'en était plus aux compliments. Mme la baronne sommeillait à son aise, et ses deux grandes filles bâillaient avec un parfait abandon.

La dame de compagnie avait une toux sèche qui était un blâme impuissant contre les fumeurs. Honorine songeait. Les neveux juraient. Le baron Michel se plaignait de son jeu. M. de Blamont, calme et froid, le gagnait sans se fâcher.

Il est temps de présenter au lecteur le père d'Honorine. C'était un homme d'ivoire. Son visage, très régulier, était d'un blanc mat sur lequel couraient, vers les tempes, quelques veines d'un bleu pâle. Son front, où pas une ride n'apparaissait, avait de la hauteur et se couronnait d'une chevelure bouclée. Son nez droit, sculpté à la grecque, descendait sur une bouche très petite dont les lèvres décolorées saillaient à peine. Dans toute la force du terme, on peut dire qu'il n'avait pas d'âge, mais tout en lui était si étrangement immobile, que son aspect faisait naître l'idée d'une mystérieuse pétrification.

Il jouait comme un automate admirablement combiné ; ses coups étaient sûrs, rapides, savants. Il ne parlait point. Il opposait aux plaintes enfantines du vieux Michel une impassibilité de glace. Il vivait cependant, car à de longs intervalles, quand le regard de ses grands yeux d'un bleu profond se portait vers sa fille, une animation soudaine et singulière s'allumait dans sa prunelle.

Deux ou trois fois le regard d'Honorine avait croisé le sien. La jeune fille essayait alors de sourire, et la paupière de M. de Blamont devenait humide. Mais il n'oubliait pas son jeu, et ses distractions ne lui enlevaient jamais la victoire.

À part ces coups d'œil échangés entre le père et la fille, nous devons affirmer que l'observateur le plus minutieux eût cherché en vain dans ce salon engourdi la piste d'un drame. L'élément dominant était l'ennui. Si quelque fatalité pesait sur cette belle jeune fille, le martyre devait être accepté, et la résignation venue.

L'arrivée d'Antoine Legagneur fut saluée comme un prétexte de s'éveiller. La baronne s'étira, les deux grandes demoiselles se redressèrent, disposant, selon l'art, les plis de deux fort belles robes à volants ; Étienne et François se levèrent. Antoine donna un bonsoir collectif, et s'approcha d'Honorine afin de lui baiser la main.

– Chère enfant, prononça-t-il tout bas, je suis allé à Montmédy. Demain matin nous aurons la corbeille.

– Toujours galant ! fit observer la baronne Legagneur.

Les deux grandes filles savaient bien que la faillite de la maison de Sedan éloignait indéfiniment leurs corbeilles à elles. Elles détestaient Honorine de tout leur cœur.

– C'est une chose extraordinaire, dit plaintivement le baron Michel, comme on a peu de considération pour moi. Que ne me jette-t-on au rebut tout de suite ?…

Il repoussa le jeu de dames. M. de Blamont mit dans sa bourse le double louis qui était l'enjeu. Les deux neveux avaient accueilli, selon leur coutume, la sortie du vieux Michel par un bruyant éclat de rire.

– À qui en a-t-il ? demanda Antoine.

– Dieu le sait ! répondit la baronne.

Les deux grandes filles levèrent les yeux au ciel en murmurant :

– Il nous fait tourner le sang !

Antigone ne devait ressembler ni à l'une ni à l'autre de ces deux demoiselles. La dame de compagnie releva ses lunettes, espérant un scandale : à la campagne, cela tue le temps.

– À qui j'en ai ! s'écria le baron Michel, se laissant aller à sa puérile colère ; ne savez-vous pas, Antoine, que j'aime la régularité dans les repas. Rentre-t-on une demi-heure trop tard quand on empêche un homme de mon âge de se mettre à table ? Ayez au moins quelque égard pour mes cheveux blancs !

– Mais je vous ai donné le motif de mon retard, mon frère, répliqua Antoine, affectant la douceur.

Le bonhomme savait bien qu'Honorine de Blamont lui était ici une égide. Il se hâta d'en abuser.

– Vous avez abreuvé d'amertume les jours de ma vieillesse ! dit-il ; voici des filles sans dot ! voici une pauvre femme qui n'a plus même un douaire !

– Monsieur Legagneur !... voulut dire la baronne.

– Non, Léocadie ! Ma douleur, trop longtemps contenue, déborde ! Et pourquoi M. de Blamont ne me laisse-t-il pas gagner une seule partie aux dames ? Je n'aimerais pas être si heureux que cela au jeu ? Vous êtes tous contre moi. Prenez un couteau, François ou Étienne, car vous ne valez pas mieux l'un que l'autre, et plongez-le-moi dans le sein !

Un gros garçon, natif du Luxembourg, ouvrit la porte brusquement et dit à haute voix :

– Messieurs et dames, la soupe est servie, savez-vous ?

Le baron se leva plus lestement qu'on n'aurait pu l'espérer. L'instant d'après, il était à table jusqu'au menton, grondant les domestiques, accusant le potage, calomniant la température, maugréant les courants d'air, mais mangeant comme un vampire. Au moment où Antoine allait le rejoindre, François l'arrêta et lui dit :

– Un petit mot, s'il vous plaît, notre oncle !

Étienne s'était rapproché. Antoine lui tendit les mains.

– J'ai des nouvelles de votre père, mes neveux, leur dit-il ; mon frère Jean refuse de nous ouvrir sa caisse.

– Un vrai Legagneur ! dirent ensemble Étienne et François.

Ils riaient de bon cœur. François reprit :

– Bastien Lethil devrait être revenu de Sedan.

– Il me semblait l'avoir entrevu devant la porte de l'office, répliqua Antoine. Allons souper, mes neveux.

Mais ceux-ci se mirent au-devant de lui.

– Vous avez *entrevu* Bastien, notre oncle ?

– Et vous ne l'avez pas interrogé ?

Puis tous deux à la fois :

– Vous voulez nous tromper comme à l'ordinaire !

Antoine était fort comme un taureau. Il les écarta tous les deux, mais ce ne fut pas pour s'enfuir, car si les neveux ne l'avaient pas accosté ce soir, il aurait accosté les neveux. Au lieu de gagner la salle à manger, il croisa ses bras sur sa poitrine et les regarda en face.

– Votre père est un Legagneur ! prononça-t-il avec amertume, et vous êtes les dignes fils de votre père. Oh ! oh ! le moment de compter viendra. Et si vous n'avez pas marché droit, mes neveux, du diable si je ne vous assomme pas comme des chiens enragés !

– Pourvu qu'on se laisse faire ! répliqua François d'un ton rodomont.

Antoine le saisit au collet, et il devint livide.

– Lâchez mon frère ! s'écria Étienne menaçant.

De son autre main, Antoine l'empoigna par la poitrine et il les rapprocha tous deux violemment.

– Et moi aussi, je suis un Legagneur ! dit-il en contenant sa voix, mais un Legagneur qui en vaut six !… Écoutez-moi, mes neveux : j'ai vu Bastien ; je l'ai interrogé. On parle de meurtre à Sedan et tout le long de la route.

– Nous savions que Larchal avait dit son mot, murmura François.

– Et vous me l'aviez caché !

– Pour ne pas vous faire du chagrin, notre oncle.

– Moi, je ne vous cacherai rien, mes neveux. Ce n'est pas de ce meurtre-là qu'on parle. Le maréchal des logis a raconté l'histoire du gué de Saint-Ilde. Et l'on cherche les neveux Legagneur pour leur demander ce qu'ils ont fait du soldat Denis Monnin, disparu depuis le jour du lundi gras.

– Mais c'est vous, morbleu !… commença Étienne.

– La paix ! Dans ce pays-ci, mes garçons, l'écusson du roi a pour devise cette vieille maxime : « L'union fait la force. » Nous aurions été bien forts si nous avions pu rester unis. Mais nous sommes des Legagneur, chacun de nous est pour soi-même contre tous les autres.

– N'êtes-vous pas comme cela, vous, notre oncle ? demanda François.

– Non, puisque, pour la dernière fois, je vais essayer de vous serrer autour de moi. Regarde-moi bien, François ; Étienne, regarde-moi bien, les yeux dans les yeux ! Êtes-vous hommes à garder loyalement, une fois en votre vie, la parole donnée ?

– Oui, répondirent-ils en même temps.

Et François ajouta :

– S'il y a avantage.

– Tu es le plus franc des deux ! s'écria Antoine ; touche là ! Voici ce dont il s'agit : j'ai dix hommes cette nuit qui m'attendent au cabaret du *Lion belge*, mais je suis *occupé*. Le maréchal des logis Hector est ici.

L'homme et la femme Guern ne doivent pas être loin. Faut-il vous dire le reste ?

– C'est compris ! s'écria François.

– Bien ! Pouvez-vous être au cabaret dans deux heures ?

– Avant, s'il le faut.

– Prêts à tout ?

– On a fait ses preuves, je pense ?

– Autre histoire, dit Antoine. Lisez ceci : ce n'est pas long.

Il leur tendait, ouvert, le cartel qu'il venait de recevoir. Étienne et François le prirent chacun d'une main et l'épelèrent.

– Est-ce possible ! dit Étienne le premier.

– Tiens ! tiens ! fit François ; le petit vient dans la gueule du loup ! Vous n'avez pas besoin de vous déranger, notre oncle ; nous ferons cette affaire-là.

– Non pas ! repartit Antoine vivement ; il veut un duel, il aura le duel.

Le baron appelait. Antoine ajouta précipitamment :

– Bastien vous expliquera tout. Il faut qu'à une heure après minuit vous soyez tous trois à la Croix-Renaud.

– Nous y serons, notre oncle.

Antoine leur tendit la main.

– Votre fortune est entre vos mains, mes neveux, prononça-t-il solennellement ; songez que j'aurais pu me passer de vous.

– Notre oncle, grand merci !

Ils entrèrent dans la salle à manger et soupèrent d'un solide appétit. Nous le répétons : c'était une famille. Chacun agissait là comme chez soi. La baronne Legagneur servait. Si quelqu'un avait physionomie d'invité, c'étaient M. de Blamont et sa fille.

Les deux neveux vivaient à la mode anglo-belge : ils buvaient du grog en mangeant, et à mesure que le repas avançait, la dose d'eau-de-vie devenant plus forte dans le mélange, ils arrivaient à boire, vers le dessert, de l'alcool presque pur.

Ils étaient jeunes, bien taillés, mais lourds. Ils se ressemblaient ; deux vrais Peaux-Rouges du Luxembourg : têtes longues, joues couleur de sang, cheveux plats, bouches à pipes, grandes oreilles écarlates. Après le café, ils rejetèrent leurs serviettes sur la table et sortirent sans saluer personne.

Le souper avait été ce que sont tous les repas dans ces pays gloutons : une profusion de mets mal gradués, mal servis, mais substantiels. Les dîners belges, redoutables aux étrangers, se composent d'une demi-douzaine de repas aboutés les uns aux autres. Le proverbe : la moutarde après dîner, n'a point de sens en Belgique. On n'y est jamais après dîner.

La dame de compagnie, la baronne et les deux grandes demoiselles avaient joué de la mâchoire, une heure durant, sans débrider. Le baron Michel et Antoine, crânement et comme un banqueroutier de bonne humeur, le baron, d'un air pleutre et en geignant, selon sa coutume.

Il n'y avait là, pour ne point faire honneur au repas, que les véritables maîtres de la maison : M. de Blamont et Honorine, sa fille. Ils étaient assis très loin l'un de l'autre. M. de Blamont avait pour voisines la baronne et sa fille aînée : Honorine était entre son fiancé, Antoine Legagneur, et le baron Michel. C'étaient, à tout prendre, les deux places d'honneur.

M. de Blamont et sa fille avaient à peine effleuré le premier mets, puis leur assiette était restée vide. M. de Blamont parlait peu, mais ce qu'il disait n'indiquait aucun trouble d'esprit. Honorine répondait avec une aisance froide et souvent souriante aux attentions qu'avait pour elle Antoine Legagneur.

Quand Étienne et François se furent retirés, le vieux Michel se versa un bon verre de vin. Il était tendre après le repas.

– Rien n'est plus précieux, dit-il en levant son verre d'une main un peu tremblante, que la véritable amitié. Le cœur s'épanouit au sein de la famille. Antoine, mon frère, M. de Blamont, notre excellent et cher compagnon de jeunesse, je bois au resserrement prochain des liens qui nous unissent !

Dans les banquets de la fabrique de draps, il avait parfois prononcé des discours et mérité des applaudissements. On but à l'union prochaine. Honorine et M. de Blamont firent raison comme les autres. Antoine donna une poignée de main à Michel, et ce dernier versa quelques larmes.

– Ma chère femme, reprit-il en cassant des noisettes, je saisis cette occasion de proclamer que tu fais mon bonheur depuis trente années. Le monde apprécie rarement les vertus simples dont tu es le modèle. Que ta récompense soit dans l'affection profonde de ton époux, dans la respectueuse tendresse de tes filles, dans l'estime éclairée de tout ce qui t'entoure !

Il s'essuya les yeux et poursuivit :

– Au déclin d'une longue carrière, j'ai peut-être le droit de me reposer dans ces tranquilles félicités.

Il pleurait abondamment.

– Allons, Michel, dit la baronne, qui avait honte, calmez-vous, mon ami.

Les deux grandes demoiselles étaient furieuses. Depuis qu'elles avaient l'âge de raison, elles subissaient, au dessert, les attendrissements de papa.

– Ô ma compagne ! dit celui-ci à la baronne, qui lui faisait les gros yeux, ne m'enviez pas l'émotion qui agite doucement mon âme. Je sais que les mœurs nouvelles n'admettent point ces épanchements. Nous avons honte, hélas ! de notre cœur. Mais je suis un homme du bon vieux temps, je tiens aux bons vieux usages, et j'en donne ici une preuve en chantant un couplet national, comme faisaient nos pères.

Sans transition, il entonna d'une voix chevrotante :
À plein verre, mes bons amis,
Allons, buveurs, il faut chanter la bière !
À plein verre mes bons amis,
Il faut chanter la bière du pays !
Tra la la !

Ce dernier mot, lancé avec une sénile gaillardise, tomba sans écho. Il y avait un malaise autour de la table. Toutes les figures étaient tranquilles cependant, et il eût été facile de confondre la gêne de tous avec cette fatigue ennuyée qui vient parfois trôner au milieu des réunions campagnardes.

La baronne, enfin se leva. Chacun attendait ce moment avec une évidente impatience. Pourtant, Michel dit :

– Entre mes enfants, ma femme, mon frère, la fiancée de mon frère, qui sera pour moi une fille chérie, le temps passe trop vite ; je voudrais l'arrêter dans son vol !

Excité sans doute par ce flux de poésie, l'ex-major Antoine dit en baisant la main d'Honorine :

– Demain luira enfin pour moi l'aurore du bonheur.

Vous eussiez cru assister à une de ces scènes d'intérieur bourgeois, où l'émotion vraie est presque toujours gâtée par de malheureux essais de beau langage. Or, de tous les voiles qui peuvent couvrir une menace, le ridicule est assurément le plus épais.

On se sépara. Les trois dames Legagneur se retirèrent dans leur *quartier*, comme on dit en Belgique. Le vieux baron, après avoir embrassé tout le monde, gagna son appartement, cahin-caha. M. de Blamont baisa sa fille au front, et la quitta sans mot dire.

Les portes se refermèrent l'une après l'autre le long des corridors sonores. Une demi-heure après, tout était silence au château.

Mais cinq minutes après, un craquement se fit dans la galerie qui séparait en deux l'aile moderne, bâtie sur le jardin. C'était là que demeuraient M. de Blamont, Honorine, le baron Michel et l'ex-major Antoine. La porte de M. de Blamont tourna sur ses gonds en grinçant légèrement. Une lueur se montra, puis la figure blanche et immobile du maître du logis.

Il portait un flambeau. Il sortit de sa chambre sans trop de précaution, et prit l'escalier de service qui descendait au jardin. À peine avait-il tourné l'angle du corridor, qu'une autre porte s'ouvrit. C'était celle du baron Michel.

Vous n'eussiez point reconnu le chef de la maison Legagneur. Sa taille si volontiers courbée, était droite. Son œil larmoyant brillait. Il avait jeté bas le déguisement dont il s'affublait d'ordinaire. Ce n'était plus un vieillard, mais un homme : un de ces hommes cauteleux, doucereux mais terribles, qui semblent cacher la griffe d'un chat-tigre sous leur patte de velours.

Michel Legagneur se glissa d'un pas rapide et léger sur les traces de M. de Blamont. Comme il arrivait au bout du corridor, il se trouva tout à coup face à face avec une femme voilée, qui recula.

Le baron resta un instant décontenancé, puis il dit en essayant de sourire :

– Ma belle petite sœur, je serai discret, mais à charge de revanche !

– Monsieur… balbutia Honorine.

– Remettez-vous, poursuivit le baron Michel, qui montra du doigt l'autre extrémité de la galerie ; nous ne sommes pas les seuls pour avoir de l'occupation cette nuit !

Pour la quatrième fois, une porte venait de s'ouvrir sur le corridor de l'aile en retour. L'ex-major Antoine sortait de sa chambre et s'arrêtait pour écouter. Le baron prit la main d'Honorine et la serra fortement en disant à voix basse.

– Celui-là est mon frère. Je le hais. Si je parle, il vous tuera. Vous autres femmes, vous comprenez à demi-mot : je vous laisse libre de me trahir.

Il descendit l'escalier de service. Honorine s'effaça dans la profonde embrasure d'une porte au moment où l'ex-major Antoine passait sur la pointe des pieds, se dirigeant vers le grand escalier.

V

La bonne demoiselle

Comme on le voit, la nuit menaçait de n'être point tranquille pour les hôtes du château de Blamont.

Les deux neveux étaient partis pour cette auberge isolée, le *Lion belge*, tenue par le cabaretier Constant, où nous avons rencontré pour la première fois Mathieu Sudre et son grand loup ; et il ne faut point oublier que les nocturnes assaillants du gué de Saint-Ilde étaient sortis de ce coupe-gorge.

Il nous reste à suivre dans leurs pérégrinations diverses M. de Blamont, cette énigme, le baron Legagneur, l'ex-major Antoine et Honorine de Blamont, la bonne demoiselle. Commençons par cette dernière.

Honorine quitta toute tremblante son embrasure quand le pas d'Antoine eut cessé de se faire entendre dans le corridor. Ce n'était pas de peur qu'elle tremblait, c'était de froid. Elle relevait de maladie. Pendant qu'Hector attendait dans son cachot l'heure prochaine de l'exécution, Honorine, étendue sur son lit de souffrance, hésitait entre la vie et la mort. La fièvre l'avait prise au retour de la battue Legagneur, dans le bois de Francheval : une fièvre terrible.

Tant que dura la maladie, aucune nouvelle ne lui vint de Sedan. Il y avait comme un rempart entre elle et le dehors. Son père ne quittait guère son chevet. Pendant ces longs jours, qui ressemblaient à une agonie ; pendant les nuits, où le souffle s'arrêta si souvent entre ses lèvres décolorées, M. de Blamont restait assis au pied du lit, silencieux, immobile. Sa pâleur de marbre n'augmentait point. Seulement, quand il approchait son mouchoir de ses lèvres, la fine toile avait des taches de sang. Ce marbre aimait, et il souffrait.

Tous les jours on venait prendre, de la part des Legagneur, le bulletin de la santé d'Honorine. Les neveux étaient presque constamment dans le pays.

Une nuit, le père et la fille étaient seuls. Honorine dormait, agitée par un sommeil fiévreux ; M. de Blamont s'était assoupi dans son fauteuil. Ils furent éveillés tous les deux violemment par la détonation d'une arme à feu. Honorine se leva sur son séant, malgré sa faiblesse.

– C'est lui qu'on tue ! s'écria-t-elle.

Il y avait eu sans doute des confidences échangées entre le père et la fille, car ce cri ne parut point surprendre M. de Blamont. Il savait de qui Honorine voulait parler, il répondit :

– Ce ne peut pas être Hector, je te l'affirme sur l'honneur.

– Comment pouvez-vous affirmer cela, mon père ? demanda la jeune fille, qui laissa choir sur l'oreiller sa belle tête pâlie.

Comme M. de Blamont gardait le silence, elle ajouta :

– Est-ce parce qu'il est mort qu'on ne peut plus le tuer ?

Ceci nous dit assez qu'Honorine de Blamont ignorait absolument ce qui s'était passé depuis la chasse au loup.

Le lendemain, une fillette du pays, qui la servait, lui apprit qu'on avait trouvé, autour de la grande pièce d'eau du parc, l'herbe foulée et tachée de gouttes de sang. Honorine était encore très malade à cette époque. C'était vers la fin du carnaval. Quelques jours après, le bruit se répandit qu'un jeune soldat français, nommé Denis Monin, avait été assassiné par les Errants de nuit. On n'avait point retrouvé son cadavre.

Honorine commençait à se lever aux heures du milieu du jour. Pendant le fort de sa maladie, nous savons que M. de Blamont ne l'avait point quittée. Nul n'avait surpris une larme dans ses yeux, mais un soir où les médecins avaient condamné Honorine, M. de Blamont rassembla ses serviteurs dans la chapelle et les prit à témoin d'un vœu qu'il fit à Sainte-Marie d'Orval. Les termes de ce vœu restèrent son secret. Il n'avait point fallu cela pour apprendre à ses serviteurs qu'il aimait sa fille par-dessus tout ici-bas.

M. de Blamont n'avait pas été toujours ce qu'on le voyait aujourd'hui. On parlait encore de sa brillante jeunesse. Au temps où il avait épousé la belle Mathilde de Bazeille, pas un gentilhomme de la contrée n'aurait pu rivaliser avec lui. Comme son nom était de bien neuve noblesse, M. de Bazeille aurait certainement repoussé sa recherche, si Mathilde n'avait dit : « Je le veux ! »

Jean Guern et sa femme se souvenaient de la soirée des noces. Mathilde était si belle dans sa joie, que le vieux M. de Bazeille consentit à embrasser son gendre de bon cœur. Julienne vint conduire s'nfant Mathilde jusqu'en Belgique, et revint avec une bourse pleine qui se vida petit à petit dans la bouteille du vieux Jean Guern. Mathilde de Bazeille mourut toute jeune, et ce qu'on savait de sa mort était comme une légende dont les esprits forts du pays ne garantissaient point l'exactitude ; mais c'était à cause de cette légende qu'Antoine Legagneur avait recherché la main d'Honorine de Blamont, à cause aussi de cette légende que le baron Michel, sincère ami de ses aises, était hors de son lit à cette heure avancée de la nuit aujourd'hui. Voici l'histoire.

Mathilde et son mari s'aimaient bien. Une nuit, Mathilde s'éveilla et crut faire un rêve en se trouvant seule dans la chambre nuptiale. Elle appela, puis elle se leva, folle qu'elle était d'inquiétude. Elle parcourut au hasard les grands corridors du château. Elle s'égara. Après de longs détours, elle descendit les degrés d'un escalier étroit où soufflait un vent glacial qui éteignit son flambeau.

Une obscurité profonde régnait en ce lieu. Au bas de l'escalier commençait un souterrain qui avait plusieurs rues. Mathilde s'engagea dans une de ces voies ténébreuses, et marcha jusqu'à l'épuisement de ses forces, tournant, montant, descendant. La fatigue et la frayeur lui firent perdre connaissance. Quand elle s'éveilla, elle était dans une salle assez vaste, où pénétrait un jour doux et mystérieux. Ce jour venait d'en haut, par une glace au-dessus de laquelle était comme un brouillard demi-transparent. Elle croyait rêver encore, parce que, au travers de la glace, elle voyait de temps à autre de grands poissons qui nageaient dans ce brouillard. Mais son étonnement devait augmenter encore. Son regard s'étant abaissé vers les objets qui l'entouraient, elle vit que le sol de cette pièce souterraine était couvert d'or. Il y en avait partout. L'or s'élevait en piles le long des murailles, ou s'éparpillait en flots comme une mer. Quand elle voulut se lever, elle entendit l'or tinter. Elle était couchée sur un tas d'or.

Toutes les nuits, dès ce temps-là, vers la douzième heure, on voyait briller au-dessus de l'Étang-de-l'Abbé une lueur, le feu Saint-Bernard, dont nous avons parlé déjà, et qu'on nommait la chape de Saint-Bernard quand elle semblait monter au-dessus de l'eau dans les nuits brumeuses. Les paysans de la contrée et les forgerons de la Soye disaient que le feu Saint-Bernard s'éteignait jadis quand un abbé d'Orval devait mourir.

À cause du sang qui était dans les veines de Blamont, sa race avait recueilli ce mystique héritage. Quand un Blamont était à l'agonie, le feu Saint-Bernard s'éteignait.

Le lendemain du décès, le feu Saint-Bernard se rallumait ; mais chacun savait bien que le jour où le dernier Blamont irait se coucher dans la tombe, le feu Saint-Bernard ne devait plus se rallumer jamais.

La nuit qui suivit l'aventure de Mathilde, ceux qui passèrent entre l'étang-de-l'Abbé et l'étang du Bas cherchèrent le feu, car il n'y avait point de lune. Rien ne se montrait. Les forgerons et les laboureurs dirent :

– Il y a une personne du nom de Blamont qui va mourir. Nous verrons un bel enterrement ; pour sûr ?

On ne vit point d'enterrement, mais Mathilde de Bazeille, dame de Blamont, ne vint plus s'asseoir, douce et pieuse, au banc de la paroisse, et Honorine, sa pauvre petite fille, fut habillée de deuil.

Or, il se disait encore autre chose aux veillées du pays frontière. On disait que M. de Blamont savait où le trésor d'Orval était caché dans les ruines.

On disait que Lucas de Trêves, cinquante-unième et dernier abbé, lui avait confié le grand secret à l'heure de mourir, et que, chaque nuit, Blamont quittait sa couche pour aller visiter le trésor. Que faisait-il, baigné dans cet océan de richesses ? et pourquoi menait-il la vie d'un petit gentilhomme, auprès de cette mine qui lui eût acheté, s'il avait voulu, des couronnes de duc et de prince ? Les uns répondaient qu'il aimait l'or pour l'or. La vue de l'or l'enivrait : c'était sa passion. Les autres prétendaient qu'il avait fait un serment au moine décédé.

Quoi qu'il en soit, voici ce qui causa le malheur de Mathilde. Personne dans le pays n'aurait su donner cette explication. Elle fut trouvée longtemps après dans les papiers du châtelain de Blamont, et produite lors du procès criminel de Jean Legagneur, à Namur.

M. de Blamont était à visiter le trésor cette nuit où son infortunée femme quitta sa couche pour le chercher. Il avait oublié de fermer les galeries ; Mathilde s'y engagea par hasard. Le souterrain ayant plusieurs voies, M. de Blamont avait pu regagner l'entrée sans rencontrer sa femme, et l'idée ne lui était même pas venue qu'elle l'eût suivi jusque dans ces passages secrets où, depuis des années, lui seul avait pénétré. Quand il trouva la chambre nuptiale vide, il faillit perdre la raison. Mathilde était toute sa vie.

Il fit des recherches, dans les environs d'abord, puis au loin. La crainte d'éveiller un soupçon sur l'honneur de sa femme mit dans ses démarches un mystère absolu. Il ne confia son douloureux secret à personne et fut huit jours entiers sans retourner au souterrain. Ce fut pendant ces huit jours que le feu Saint Bernard cessa de luire. Le neuvième jour, M. de Blamont rouvrit pour la première fois la porte secrète et gagna les ruines par son ténébreux chemin. Il trouva sa femme morte sur un monceau d'or et lui creusa une fosse dans le souterrain même.

Le feu Saint-Bernard fut après cela des années sans s'éteindre. On cessa de le voir quelques nuits durant, lors de la maladie d'Honorine, au chevet de qui M. de Blamont veillait, et aussitôt le bruit courut qu'Honorine allait mourir. Dès que le danger fut passé, M. de Blamont prit l'habitude de se retirer chaque soir un peu avant minuit. Le feu Saint-Bernard reparut de plus belle. Quelques jours après, les Legagneur arrivèrent au château. Ils s'y installèrent en maîtres.

Il était évident que ces gens possédaient sur M. de Blamont un peu ces despotiques empires que donne la connaissance surprise d'un secret. Honorine avait fait allusion à cela dans son entrevue avec Hector, le jour de la chasse aux loups. Ce secret, nous n'avons pas à en parler encore. Nous pouvons dire seulement que Mathilde de Bazeille n'était pas la seule personne qui eût disparu au château de Blamont.

Lors de l'arrivée des Legagneur, Honorine était en convalescence. Elle ne retira point la parole que son père lui avait arrachée. Le jour du mariage fut fixé, puis le contrat signé. Son père lui dit, le soir de la signature du contrat :

– Je n'aime que toi. Voici bientôt quinze ans que ta mère est morte, et j'ai fait un vœu pendant que tu étais malade. Tu verras.

Le lendemain, il ajouta :

– J'ai passé la nuit à écrire. On saura tout. Tu verras si je t'aimais !

Ce même jour, Honorine trouva un papier fixé, à l'aide d'une épingle, à l'oreiller de son lit. Ce papier disait :

Le chêne creux est toujours au bout de l'avenue.

Honorine ne connaissait point cette écriture, et cependant, faible qu'elle était encore, elle jeta une mante sur ses épaules et quitta la maison le soir venu.

145

Ils avaient eu raison, les gens de la frontière, qui lui avaient donné ce surnom : *la bonne demoiselle*. Sa charité seule le lui eût mérité, mais elle accomplissait plus d'un devoir et souffrait de plus d'une blessure.

Le lecteur a deviné qu'il y avait entre elle et Hector un autre lien que leurs romanesques fiançailles. Honorine était belle de cœur encore plus que de visage. Le lecteur a deviné aussi l'étendue du sacrifice qu'elle faisait à son père. Ces dévouements, Dieu merci, ne sont pas rares, et chacun de nous a pu en admirer, mais Honorine avait encore un autre rôle. Son innocence expiait un crime ; sa jeunesse avait de la prudence pour une vieillesse dangereusement compromise, et, sans perdre le respect filial, elle devait avoir des prévoyances de mère à l'endroit de son père. Aussi, derrière sa douceur, elle avait la bravoure d'un homme.

Sa convalescence fut lente. Elle ne se plaignait jamais. Quand son père l'interrogeait, elle disait : « Je suis bien. »

Mais souvent, au matin, on la trouvait plus pâle. Ses yeux fatigués brûlaient. On eût dit que le sommeil ne savait point la reposer. Et plus approchait l'époque fixée pour le mariage, plus sa tristesse augmentait.

Ce soir du « souper de famille », où tant de gens couraient les corridors du château de Blamont, au lieu de rester dans leurs lits, Honorine chancelait en marchant et frissonnait sous sa mante en traversant la galerie. Laissant à sa droite la route prise par son père, qu'elle n'avait pas vu, et par le baron Michel, Honorine se dirigea vers le grand escalier.

Pendant qu'elle en descendait les marches, elle entendit le chien de garde qui grondait dans la cour. Elle mit l'œil aux carreaux de la fenêtre et distingua l'ex-major Legagneur qui était en train d'acheter le silence du Cerbère au prix de quelques friandises. Honorine attendit. Elle ne semblait nullement étonnée de ce qui se passait. Antoine ayant apaisé les chiens, sortit par la grille, à l'aide d'une clef qu'il avait. Il referma la porte derrière lui.

Honorine reprit aussitôt sa marche pénible. Elle traversa la cour. L'énorme chien rendit un grognement caressant. Honorine aussi avait une clef de la grille. Avant de refermer, elle promena son regard autour d'elle. Il n'y avait personne dans la vaste demi-lune de gazon qui était entre le château et la forêt. La campagne était silencieuse.

Honorine laissa son regard plus longtemps dans la direction du nord-est, où était la route qui menait aux ruines d'Orval. Elle savait qu'Antoine allait de ce côté. Au lieu de suivre la même direction, elle marcha droit à l'ouest pour gagner l'avenue qui descendait vers la frontière de France. L'avenue était longue. Honorine fut obligée de s'asseoir plus d'une fois avant d'en atteindre le bout.

Enfin, l'obscurité moins profonde annonça la fin de cette voûte touffue qui cachait le ciel. Honorine aperçut devant elle la basse plaine, noyée dans le brouillard d'hiver. La brume venait jusqu'à l'avenue.

Honorine distingua une forme confuse, immobile, au pied du dernier chêne à droite en descendant : Le chêne creux, sous lequel on avait tué le pauvre bachelier. Elle fut obligée de s'arrêter encore, tant la fatigue l'accablait. La forme qui était au pied de l'arbre fit un mouvement, et une voix de femme rompit le silence de la nuit.

– Allons ! dit-elle d'un accent impérieux. L'heure presse.

En même temps, quelque chose de long et de noir se glissa dans le bas-côté de l'avenue, faisant bruire les feuilles sèches et frôlant, les broussées. Honorine pressa le pas. Quand elle fut tout près du chêne creux, elle demanda :

– Est-ce vous, Nerea ?

– C'est moi, répondit l'ombre.

– A-t-il été malade ? balbutia Mlle de Blamont.

Elle s'interrompit pour apaiser le loup, qui gambadait joyeusement autour d'elle.

– Oui, repartit la fille de Giovan Bataille, et en danger de mort ; comment pouvez-vous ignorer cela ?

– Où est-il ?

– Près d'ici, malgré moi ; il cherche son malheur… Ah ! fit-elle en voyant approcher Honorine dont le grand loup léchait les mains comme un chien esclave, tout le monde vous aime ; vous avez un sort !

– Vous ne m'aimez pas, vous, Nerea, dit Mlle de Blamont.

– Non, parce que vous êtes son malheur ! Et pourtant, se reprit-elle en lui saisissant la main brusquement, vous êtes bonne, je sais bien cela. La première fois que je vous ai vue, tout mon cœur s'est élancé vers vous. Pendant que vous étiez malade, j'ai prié Dieu qu'il vous rendît la santé. Si vous vouliez le sauver, je sens que je serais votre amie.

– Parlez-vous d'Hector ! s'écria Honorine ; le ciel n'est témoin que je donnerais tout mon sang pour le sauver ! je le veux… et je le dois. Dites, que faut-il faire ?

– Vous ne le ferez pas ! murmura l'Italienne.

– Dites ! dites ! faut-il jurer ?

– Non ! ne jurez pas. Je vais vous le dire sans vous obliger à un parjure : IL FAUT L'OUBLIER.

Honorine demanda d'une voix défaillante :

– Venez-vous de sa part ?

– Oui, mais s'il m'entendait, il m'écraserait.

Il y eut un silence, puis Nerea se redressa tout à coup, si haut, qu'elle dominait Honorine de toute la tête.

– Voilà ce qu'il faut faire, répéta-t-elle : épousez vite Antoine Legagneur, et soyez une morte pour le fils de *celui que votre père a assassiné* !

VI
La nuit du 12 novembre 1817

Honorine chancela. Tout son corps tressaillait. La fièvre faisait claquer ses dents. Elle fut obligée de se retenir à l'arbre pour ne point tomber à la renverse.

– Tu mens ! dit-elle cependant ; mon père est un gentilhomme et un chrétien. Il n'y a point de sang sur sa conscience !

– Alors, répliqua Nerea, qui avait aux lèvres un sourire cruel, pourquoi as-tu dit : « Je dois », après avoir dit : « Je veux » ? Et pourquoi ne chasses-tu pas ce Legagneur, marchand failli et soldat dégradé, toi qui es riche et qui es noble ?

– Parce que, balbutia Honorine, parce que…

Elle n'acheva pas. Elle courba la tête et fondit en larmes.

– Parce que, poursuivit l'Italienne, il a pouvoir sur ton père, je te mets au défi de dire non !

Honorine garda le silence. Son souffle s'arrêtait dans sa poitrine.

– Il a pouvoir sur ton père, continua Nerea impitoyable, parce que les Legagneur étaient au château de Blamont la nuit du 12 novembre 1817.

– La nuit du 12 novembre 1817 ! répéta Honorine.

– Vous étiez bien enfant, alors, mademoiselle, dit Nerea qui changea de ton brusquement. Peut-être que vous ne savez pas… Écoutez-moi : je vous jure sur l'espoir de mon salut que je ne vous veux point de mal.

– Mais que se passa-t-il, prononça Honorine comme en un rêve, dans la nuit du 12 novembre 1817 ?

– Je sais cela, répondit Nerea : je sais tout. Mais je ne suis pas ici pour parler. Celui qui m'a envoyée nous attend, venez !

Elle voulut prendre la main d'Honorine, qui la repoussa, mais qui dit :

– Parlez ! Au nom de Dieu, parlez !

– Je sais tout, répéta Nerea ; ces ruines me connaissent… Le moine n'a rien voulu me dire, jamais. Ai-je besoin de quelqu'un pour savoir ?

Une pensée traversa l'esprit d'Honorine. Elle se dit, ranimée par un soudain espoir :

– C'est une folle !

Nerea poursuivit comme si elle eut entendu :

– Non, je ne suis pas folle. Je sais que je mourrai toute jeune, je sais qu'on ne portera pas mon deuil. En me berçant, ma mère avait lu mon malheur. Une fois j'ai jeûné pendant sept jours, veillé pendant sept nuits et consulté les trois sorts dans la Bible latine. Quand j'eus les sorts, je les portai au moine qui est mort. Le moine savait traduire le latin. Voici ce que disaient les trois sorts :

Honorine pensait, en l'écoutant :

– C'est une folle ! c'est une folle !

– Je sais que vous avez échangé une promesse avec *lui*, continua la fille de Giovan, et le jour où vous l'avez fait, vous songiez à la dette mystérieuse qui pèse sur vous, car si vous ne savez pas, vous craignez et vous soupçonnez… Je sais que sa destinée à lui se jouera cette nuit. Écoutez !

Elle avait pris son air de pythonisse ; le vent nocturne apportait de vagues bruits. Elle dit :

– La pioche déchire le sol ! ils cherchent ! La baguette aimantée tourne, tourne, mais la terre refuse de dire son secret.

Elle souriait avec amertume. Elle ajouta :

– Moi seule aurais pu dire où est le trésor.

Puis, d'une voix altérée :

– Écoutez ! écoutez ! Je vous dis d'écouter !

Ses mains étendues imploraient le silence. Sa tête se penchait vers les ruines que la nuit noire cachait au fond de la vallée. Elle reprit :

– L'eau tranquille se ride et clapote sourdement contre les rives de l'étang. Ils ont vu la lueur, la lueur qui éclaire une tombe…

Elle s'assit au pied du chêne, comme si elle eût oublié l'objet de sa venue.

– Ce ne sera pas un duel, dit-elle encore mais un assassinat !

Honorine fut frappée surtout de ce dernier mot.

– Qui doit se battre en duel ? demanda-t-elle.

– Je vous dis, répéta Nerea, que s'il vit demain au matin, quand viendront les premiers rayons du soleil, il sera riche, il sera grand, il sera heureux !

– Hector ?…

Au lieu de répondre, Nerea laissa tomber sa tête sur sa poitrine. Ses longs cheveux dénoués baignaient ses mains et bouclaient sur ses genoux.

– Hector ! murmura-t-elle d'un accent doux et triste, je n'ai pas encore osé lui dire le malheur de sa race. Il a besoin de toute sa force pour surmonter les périls de cette dernière nuit. Les démons sont conjurés. Avec quoi combattrait-il, si je lui enlevais tout son courage ?

Elle fit signe à Honorine d'approcher.

– Je vous crains, mais je vous plains, à cause du mal que vous pouvez lui faire ; moi, j'ai une tendresse de sœur. Je prie Dieu, qui connaît mon cœur. Mon péché est de dérober le secret de Dieu ; mais dès que je n'aurai plus à interroger le destin pour celui qui ne sait même pas que je l'aime comme un frère, je parlerai au prêtre et je pourrai saintement mourir… Asseyez-vous là, près de moi, et m'écoutez. Je ne suis pas votre ennemie.

C'était une nuit comme celle-ci, sombre et muette. Votre mère était morte déjà. Blamont portait encore son deuil. Vous étiez toute petite, mais vous saviez déjà que votre père ne passait jamais dans son lit le temps qui est entre le soir et le matin. Vous connaissiez la porte voûtée qui s'ouvre au bas de l'escalier du jardin. Vous n'ignoriez point où reposaient les os de votre mère !… Tout cela est-il vrai ?

Honorine répondit :

– C'est vrai.

– Vous pouvez vous souvenir d'un soir où de nombreux étrangers envahirent tout à coup votre maison solitaire. Il y avait un jeune ménage, un enfant et trois hommes.

– L'enfant s'appelait Hector ! interrompit Honorine comme malgré elle.

– L'enfant s'appelait Hector, répéta Nerea ; le père aussi. Le nom de la famille de tous les deux était Soleuvre. La jeune femme était Constance de Bazeille.

– La sœur de ma mère ?

– Oui, la sœur de votre mère. La prophétie d'Orval avait dit que Mathilde et Constance mourraient jeunes et mourraient malheureuses. Mais laissez-moi poursuivre et ne m'interrompez plus. Les trois hommes étaient Michel, Jean et Antoine Legagneur. Jean faisait en ce temps-là le métier de contrebandier. Antoine, après avoir été dégradé comme sous-officier au service des Pays-Bas, s'était établi en France ; Michel était l'homme de confiance et presque l'associé de Soleuvre.

Hector de Soleuvre et sa femme, avec leur enfant, venaient demander l'hospitalité à M. de Blamont. Un retard dans leurs payements avait ameuté contre eux la population ouvrière de Sedan. Les carreaux de l'hôtel de Soleuvre avaient été brisés. Ils fuyaient. Ils étaient riches, pourtant. C'était une main perfide qui avait embrouillé leurs affaires. M. de Blamont aurait pu d'un seul mot faire cesser leur peine. Comprenez-vous ce que je veux dire par là ?

– Non, répondit Honorine.

– Eh bien ! vous allez me comprendre : dans l'endroit où M. de Blamont se rendait et se rend encore chaque nuit, il y a un million huit cent mille francs, en espèces monnayées, qui appartenaient à Hector de Soleuvre le père, et qui appartiennent à Hector de Soleuvre le fils.

La poitrine d'Honorine rendit un gémissement.

– Mon père ! murmura-t-elle, mon père !

– Votre père, continua Nerea, reçut ses hôtes avec cordialité. Hector de Soleuvre, sa femme et leur jeune fils eurent, après souper, la chambre bleue qui est la dernière dans le corridor du bâtiment neuf.

– La chambre fermée, dit Honorine.

– Plût à Dieu qu'elle eût été fermée cette nuit-là ! Les trois Legagneur couchèrent dans trois chambres séparées de l'aile droite du vieux château. À onze heures de nuit, toutes les lumières étaient éteintes dans la maison de Blamont. Vers minuit, un bruit étrange se fit entendre.

– Mais comment savez-vous cela, vous ? s'écria Honorine.

– Je suis de votre âge, c'est vrai, répliqua la fille de Giovan ; je n'ai pu être témoin. Mais il est des choses que vous ne pouvez pas nier. Il y avait un homme, en ce temps-là, qui entrait au château de Blamont, même quand toutes les portes étaient closes.

– Le moine ! balbutia Honorine, mais vous venez d'avouer que le moine vous avait refusé ses secrets.

– C'est encore la vérité. Seulement, le moine avait pour serviteur un pauvre enfant qui est devenu un homme, et qui a donné à la cause des Soleuvre plus que sa vie. Avez-vous oublié Mathieu, l'homme au loup ?

– Celui-là n'a pas pu calomnier mon père ! s'écria Honorine, celui-là m'aime !

– Oh ! fit Nerea, qui eut son sourire amer, vous, on vous aime ! mais moi, l'on m'obéit. J'ai pouvoir sur Mathieu et sur bien d'autres !

Elle avait redressé sa taille avec un soudain orgueil où il y avait du sauvage et de l'enfant.

– Mathieu n'a pas calomnié votre père, reprit-elle ; Mathieu a gardé son secret pendant quinze ans, à cause de vous, qui êtes la fille de Mathilde. Mais je lui ai ordonné de parler, et ce qu'il n'eût pas dit à sa mère, il me l'a confié à moi, à moi seule. Ce qu'il m'a confié, c'est ce qu'il a vu.

Cette nuit du 12 novembre 1817, Mathieu était venu au château de Blamont de la part du moine d'Orval. Le moine avait besoin d'argent, non pour lui : il vivait de rien, mais pour son grand pèlerinage ! Il allait prédire au pape, dans Rome, et au roi de France, dans Paris, les désastres qui menaçaient le monde.

Il était cinq heures après minuit. Tout dormait encore au château. Quand Mathieu s'introduisit par la porte qui donne sur le jardin, il entendit un bruit de pas dans le corridor. Il s'arrêta, pensant que Blamont rentrait de son voyage de chaque nuit. Mais, au lieu de rentrer, Blamont sortait. Il portait un

lourd fardeau sur ses épaules courbées. Et il gémissait sous ce faix, disant :
« Mon Dieu, ayez pitié de moi ! »

Il n'y avait pour toute lumière dans le corridor qu'une lanterne sourde
posée par terre à l'entrée du petit escalier. Cela faisait un rond clair au bout de
la galerie, et tout le reste demeurait dans l'ombre. Mathieu restait immobile.
En ce temps-là, il n'avait que vingt ans, et c'est encore aujourd'hui un
homme timide. Il essayait de distinguer ce fardeau, dont le poids arrachait
des plaintes à M. de Blamont. Il ne pouvait y parvenir. La nuit était trop
noire. Quand Blamont arriva en face de la lanterne, la lueur n'éclaira que ses
jambes et le bas de sa charge. Mathieu vit comme un sac, ou plutôt un paquet
enveloppé de toile. C'était grand, cela paraissait pesant. Blamont s'arrêta
pour reprendre haleine et s'essuyer le front. Il dit : « Mon Dieu ayez pitié
de moi ! »

Quand M. de Blamont eut descendu trois ou quatre marches de l'escalier,
cela le mit de niveau avec l'âme de lanterne qui restait en haut, et Mathieu
put voir la partie supérieure du fardeau. Il crut rêver. La toile dessinait
vaguement une forme humaine. Mathieu n'eut pas beaucoup de temps pour
examiner cela, car Blamont continua de descendre et disparut avec sa charge
au tournant de l'escalier. On ne le voyait déjà plus, qu'on entendait encore
cette exclamation sourde et toujours répétée qui semblait accuser l'angoisse
ou la folie : « Mon Dieu, ayez pitié de moi ! »

Mathieu eut l'idée de le suivre, mais il était cloué à sa place par la terreur.
M. de Blamont ne fut pas absent plus de deux minutes. Mathieu l'entendit
qui remontait l'escalier en courant. Il vit en plein sa figure au moment où
M. de Blamont atteignait les premières marches. Il dit qu'il s'est trouvé plus
d'une fois en face d'un mort, mais que jamais cadavre ne lui a semblé si
pâle que l'était votre père…

Honorine écoutait, immobile comme une statue. La fille de Giovan
s'étant arrêtée, Mlle de Blamont ne parla ni ne bougea.

Nerea s'était arrêtée parce que le loup avait hurlé. Elle dit :

– Ici Bijou !

Le loup obéit en rampant. Quand il fut tout près, l'Italienne le caressa de
la main et murmura :

– Qu'as-tu, vieux ?

Le loup battit de la queue, puis il mit son museau au vent, puis encore il
encensa de la tête comme un cheval.

– Bien ! bien ! fit Nerea, il n'est pas encore l'heure. À bas !

Elle le repoussa du pied. Le loup retourna à sa place.

– M. de Blamont, dit la fille de Giovan Bataille en reprenant son récit,
passa devant la lanterne, courbé en deux, bien qu'il n'eût plus son fardeau.
Il semblait se traîner avec peine. En traversant le corridor, il frôla presque

Mathieu, qui entendit râler sa poitrine. Ce n'était pas dans son appartement que M. de Blamont se rendait. Il ouvrit la porte de la dernière chambre située sur le corridor, la chambre qu'on avait donnée à Hector de Soleuvre, à sa femme et à leur enfant. Mathieu ne savait même pas qu'il y eût des étrangers au château cette nuit-là.

M. de Blamont fut environ deux minutes dans la chambre. Mathieu entendit un enfant qui pleurait, puis la voix de votre père disant :

– Dors, petit ; dors, mon mignon !

Il dit que cette voix le fit frémir, tant elle tremblait horriblement. L'idée d'un meurtre était née en lui. Allait-on frapper ce pauvre petit être ?

Mathieu se glissa jusqu'à la porte de la chambre. Dans la chambre, il y avait une lampe veilleuse. On avait fermé les rideaux autour du berceau de l'enfant. Mathieu vit M. de Blamont, votre père, qui enveloppait dans un drap de lit le corps de Soleuvre…

– Mensonge ! balbutia Honorine, mensonge horrible !

– Laissez, que j'achève.

– Mensonge ! je ne vous crois pas !

– Il vous faudra bien me croire. M. de Blamont mit le corps de Soleuvre sur ses épaules, avec des efforts terribles ; il s'y reprit à plusieurs fois. Chaque fois, il disait : « Mon Dieu, je ne peux pas ! Mon Dieu, je vais mourir ! Mon Dieu, ayez pitié de moi ! » En voyant la forme que prenait sur ses épaules le cadavre enveloppé, Mathieu devina bien que le premier fardeau était aussi un corps mort. L'enfant, derrière ses rideaux, appelait son père et sa mère. Le père était là ; le premier fardeau devait être la mère.

Mathieu n'eut que le temps de se glisser dans une embrasure de porte. M. de Blamont franchit le seuil avec sa charge et se dirigea pour la seconde fois vers le petit escalier. À chaque pas qu'il faisait, Mathieu croyait qu'il allait tomber la face contre terre. Mais non, il allait toujours.

Au moment où il disparaissait de nouveau dans la cage de l'escalier, des bruits de pas et de voix se firent entendre à l'autre bout de la galerie. C'étaient les trois Legagneur qui venaient éveiller leurs compagnons de route, car on devait aller ce jour-là jusqu'à Liège. Ils affectaient beaucoup de gaieté. Ils entrèrent dans la chambre des Soleuvre. Puis Mathieu entendit un triple cri, puis le silence.

M. de Blamont remontait ; il prit sa lanterne au haut de l'escalier. Bien qu'il n'eût plus sa charge, il chancelait comme un homme ivre, et répétait d'une voix étouffée : « Ah ! mon Dieu ! ah ! mon Dieu ! » Comme il arrivait à la porte des Soleuvre pour regagner sans doute sa propre chambre, qui était au-delà, sa lanterne éclaira les trois Legagneur, rangés devant le seuil. Ses genoux fléchirent, et il tomba prosterné.

– Pitié ! pitié ! pitié ! s'écria-t-il par trois fois.

– Tu as assassiné Soleuvre et sa femme, dit Antoine Legagneur, qui a toujours été le maître ; nous avons vu le sang !

– Non, répondit M. de Blamont ; je suis innocent, pitié ! pitié !

La tête de Mlle de Blamont s'affaissa sur sa poitrine.

– Vous pleurez, dit Nerea ; s'il ne s'agissait de lui, je ne vous aurais pas porté ce coup.

– Je ne pleure pas, répliqua Honorine, dont la voix était ferme ; mon père est innocent, comme il l'a dit : j'en suis certaine ; j'en ferais le serment à l'heure de mourir. Il y a là-dessous quelque mystère d'iniquité. Continuez, ma fille. Que firent et que dirent les Legagneur ?

– Ah ! s'écria Nerea, vous soupçonnez les Legagneur ! Moi aussi, je les ai soupçonnés. Ils n'en sont pas à leur premier crime, et celui-là leur a bien profité. Mais Mathieu a vu, et Mathieu ne sait pas mentir.

– Que firent et que dirent les Legagneur ? répéta Honorine.

– Jean, le père de ceux qu'on appelle les *neveux*, parla de dénoncer le fait à la police de Bouillon. Votre père lui a donné depuis bien de l'argent. Antoine voulait venger sur le coup son malheureux associé. Michel tremblait… Mais ce sont des marchands, et Antoine éclaira la situation d'un mot ; il dit à votre père : « – Désormais vous nous appartenez ! »

M. de Blamont ne protesta point. Les Legagneur exigèrent d'abord qu'on leur remît l'enfant, qui est le maréchal des logis Hector, héritier unique et légitime de Soleuvre et de Bazeille. M. de Blamont donna l'enfant. Michel Legagneur eut de quoi reprendre la maison de Sedan ; Antoine reçut de fortes sommes ; Jean, qui n'était alors qu'un malheureux, devint tout à coup riche.

Et quand la justice vint faire enquête au château de Blamont, au sujet de la disparition de Soleuvre et de sa femme, les trois Legagneur portèrent ce témoignage : « Soleuvre était réduit au désespoir ; il parlait de suicide… Sa femme n'avait pas d'autre volonté que la sienne. Ce que Soleuvre a fait, sa femme a dû le faire. »

Il n'y avait ni traces ni preuves. Mathieu seul aurait pu parler ; il garda le silence. La justice se retira.

Mais, depuis ce temps-là, les Legagneur sont les maîtres de votre père. Quoi qu'ils veuillent, M. de Blamont n'a pas le droit de leur opposer un refus.

– J'ai vu mon père leur résister en face à tous les trois, dit Honorine.

Nerea se prit à sourire.

– Je sais cela, répliqua-t-elle ; l'homme qui n'a pas défendu sa fille a su défendre son trésor.

Au moment où Mlle de Blamont allait répondre, Nerea lui serra le bras fortement et dit :

– Silence !

Le loup venait de se dresser et flairait au vent.

– Bellement, Bijou ! bellement ! murmura la fille de Giovan ; allez au bout !

Le loup partit comme un trait.

– C'est l'heure, dit tout bas Nerea en se tournant vers sa compagne ; je sais d'avance ce que vous allez entendre et voir. Souvenez-vous seulement d'une chose, c'est qu'il veut jouer sa vie pour vous, et que s'il succombe, la cause unique de sa mort ce sera vous.

Honorine voulut parler. La main de Nerea lui ferma la bouche.

VII

Une minute se passa. Un bruit sourd et lointain se faisait vers la frontière de France. Nous avons entendu déjà un bruit pareil cette nuit où le maréchal des logis vint, pour la première fois, au creux du chêne. C'était évidemment la marche d'une grande troupe d'hommes. Honorine balbutia !

– Les Errants de nuit !

– Nous n'avons pas affaire aux Errants de nuit, répondit Nerea ; qu'ils passent !

On commença de voir des lueurs aller à travers les arbres. Le bruit augmentait : trépignements, longs murmures, chants d'ivresse. Comme la première fois, la tumultueuse armée des chasseurs d'or tourna court à une cinquantaine de pas du vieux chêne et se dirigea vers la vallée d'Orval. Comme la première fois, il y avait des vieillards, des enfants et des femmes, mais le groupe principal était armé de bêches, de pelles et de fusils.

En tête était l'homme à cheval. À l'arrière-garde cheminait l'âne, monté par un petit homme qui secouait une torche à tour de bras et qui était ivre. Une bonne moitié de ses compagnons pouvait, à cet égard, lui rendre des points.

La cohue s'engouffra dans le chemin de traverse menant à Orval. Des mille cris qui formaient cette grande clameur, répandue sur son passage, une seule parole se dégageait, distincte, à force d'être souvent répétée : « C'est cette nuit ! c'est cette nuit ! » Puis les cris redevinrent rumeur ; le fracas de la marche s'étouffa. Au bout d'une minute encore, on n'entendit plus qu'un vague murmure.

– Qu'y a-t-il donc cette nuit ? demanda Honorine.

– Dieu le sait, répondit Nerea dont la voix était grave ; cette nuit contient l'heure marquée, voilà ce qui est certain. Ces aveugles vont où le démon les pousse. Moi, je vois trouble et rouge : beaucoup d'or et beaucoup de sang !

Honorine se sentait défaillir, non point à cause du passage des Errants ni des dernières paroles prononcées. Elle songeait à son père et à Hector. C'était pour payer la dette de son père qu'elle avait dit un jour à Hector : « Je veux bien être votre fiancée. » Et c'était encore pour son père qu'elle trahissait sa foi et son propre cœur en acceptant la recherche du major Antoine.

Son père ! que de fois elle avait repoussé un soupçon terrible ! Son père lui avait dit : « Je t'apprendrai tout », mais il avait trop tardé : Nerea venait de parler la première. Cette scène muette des corridors de Blamont lui passait devant les yeux : elle voyait son père fléchissant par deux fois sous le fardeau. Deux victimes ! Le père et la mère d'Hector !...

Les herbes s'agitèrent au-delà du talus qui bordait l'avenue. Une sombre masse franchit le fossé.

– Tout doux, vieux ! fit Nerea, qui mit sa main sur le dos ruisselant du grand loup.

Les flancs de l'animal tremblaient. Il respirait court. Sa langue énorme tombait jusque sur le gazon.

– Tu as été à l'eau, Bijou, reprit Nerea, mais tu n'as pas eu le temps de boire. Ils sont là. Allez devant, vieux ! allez !

Puis, se tournant vers Honorine, elle ajouta :

– Suivez-nous !

Le loup se prit à remonter l'avenue en droite ligne et pas à pas. Nerea marchait sur ses traces ; Honorine venait ensuite, faible et pouvant à peine se soutenir. Le loup quitta l'avenue à deux cents pas du chêne creux, et passa dans les taillis par une brèche charretière. Une fois dans le taillis qui s'étendait au sud de l'avenue, le loup ralentit encore son pas. Il s'arrêtait de temps en temps pour flairer au vent.

– Je ne puis plus marcher dit Mlle de Blamont, dont les forces étaient complètement épuisées.

Nerea répondit :

– Traînez-vous ! Il faut que vous voyiez et que vous entendiez !

Honorine ne pouvait obéir. Elle restait affaissée contre un arbre. Nerea siffla. Le loup s'arrêta.

– Ici, vieux ! dit-elle.

Le loup vint en rampant.

– C'est cela ! Baisse-toi, vieux ! reprit l'Italienne, tu vaux mieux que bien des hommes. Vous, demoiselle, faites un effort, asseyez-vous sur son dos. Je suis là pour vous empêcher de tomber.

Honorine perdit l'équilibre dès qu'elle eût lâché l'arbre. Nerea la saisit à bras-le-corps et la plaça sur le dos du loup, qui se reprit aussitôt à marcher. Nerea soutenait Honorine, comme Mathieu Sudre avait soutenu Hector, la nuit de l'attaque, au gué de Saint-Ilde.

La route se fit ainsi, dans un taillis de chênes où serpentait un étroit sentier. Tout à coup, au travers des branches dépouillées, on put apercevoir de vives lueurs. Ce n'étaient pas les torches des Errants de nuit, car on s'était dirigé en sens inverse de la vallée d'Orval ; et pourtant, c'étaient des torches. Au-delà du taillis, s'étendait une clairière de forme ovale qui touchait à une futaie de hêtres.

– Bellement, vieux ! murmura Nerea qui dirigea le loup vers la partie la plus méridionale de la clairière.

Aussitôt que les branches ne firent plus obstacle, trois figures connues se montrèrent, éclairées par les torches. C'étaient Étienne et François Legagneur, les deux neveux, accompagnés de l'ancien garçon de caisse, Sébastien Lethil.

François était seul au pied d'un tertre où se voyaient les débris d'une croix mutilée. Étienne et Bastien enlevaient des mottes de gazon à quelque vingt pas de là. Leurs torches étaient plantées en terre.

– Reposez-vous, dit la fille de Giovan, et tâchez d'entendre.

– Le cœur me manque, balbutia Mlle de Blamont ; il y a comme un voile au-devant de mes yeux.

– Vous est-il impossible de voir ? demanda Nerea.

– Je vois, répondit Honorine comme un enfant qu'on interroge, les deux jeunes Legagneur et un de leurs valets.

– Et reconnaissez-vous le lieu où nous sommes ?

– C'est la clairière de la Croix-Renaud.

– N'avez-vous pas entendu prononcer ce nom depuis peu ?

Honorine se recueillit.

– Si fait, dit-elle enfin avec fatigue ; il me semble, par Antoine Legagneur…

Nerea l'interrompit.

– Cela suffit, reprit-elle ; vous n'avez désormais qu'à écouter, vous allez comprendre.

Étienne et Bastien Lethil causaient à demi-voix ; François allumait sa pipe à sa torche.

– Ah çà ! cria-t-il tout à coup aux deux autres, ce monsieur-là est donc un oiseau d'espèce bien rare pour qu'on prenne tant de gants avec lui ?

– Nous faisons ce que l'oncle Antoine a commandé, répliqua Étienne.

– Une bonne balle dans le dos, grommela François, ici ou sur la route, aurait arrangé l'affaire sans tous ces embarras !

Nerea sentit Honorine qui tressaillait à côté d'elle.

– Oh ! fit-elle, ce n'est que le commencement.

L'expression de douceur et de pitié qui était naguère dans sa voix avait disparu. François reprenait :

– Le monsieur aura-t-il ses témoins ?

– On ne sait pas, répondit Bastien Lethil.

– C'est égal, dit Étienne, l'oncle n'est pas fier, lui qui a porté la grosse épaulette, de se battre ainsi avec un sous-officier.

– Se battre ! répétèrent les deux autres en éclatant de rire.

– Nerea ! Nerea ! balbutia Honorine d'une voix brisée, est-ce donc lui qu'ils vont assassiner ici ?

– Écoutez ! repartit froidement la fille de Giovan.

– L'oncle est rusé, poursuivait Étienne ; il compte bien rentrer en France avant la fin du mois. Si ce qu'il dit est vrai, avec les millions du monastère, il aura de quoi acheter deux ou trois réputations d'honnête homme. Avez-vous bien compris son idée, vous autres ? Il fait ici d'une pierre deux coups. Le maréchal-des-logis passe pour une fine lame. Avec ce duel-là, notre oncle évitera bien des affaires ennuyeuses.

– Parbleu ! répliqua François, tu nous prends donc pour des conscrits ! Nous savons notre oncle par cœur aussi bien que toi.

Lethil adaptait au-dessus d'un petit trou carré, creusé en terre, une des mottes de gazon arrachées.

– Il lui faut son homme blessé par devant, grommela-t-il avec insouciance ; voilà tout. Et Dieu merci ! quand même le maréchal-des-logis aurait le diable au corps, il trébuchera dans une de nos chausse-trapes, soit en marchant, soit en rompant.

– Si on choisit l'épée, son numéro est tiré ! décida François.

– Et si on choisit le pistolet, ajouta Lethil, c'est vous qui chargerez les armes.

Honorine était à la torture.

– Mais il faut courir ! prononça-t-elle d'une voix étouffée ! il faut le prévenir !

– Croyez-vous, repartit Nerea que je vous aie attendue pour l'avertir ? C'est un Soleuvre : sa volonté est de fer.

– Je me jetterai à ses genoux !

– Je m'y suis jetée.

– Je l'implorerai avec larmes.

– J'ai pleuré… car vous ne savez pas tout ; c'est par moi que ces hommes sont ici. Il m'avait ordonné de porter le cartel, j'ai obéi.

– Vous !… s'écria Mlle de Blamont.

– Silence !… si l'on vous entendait, la seule chance de salut qui reste serait perdue !

– Quinze, seize, dix-sept, dix-huit chausse-trapes ! comptait Étienne en ce moment. S'il se tire de là, je lui paye de la bière du pays à plein verre, mes bons amis !

– Quant à s'en tirer, riposta Bastien, c'est comme si on parlait de prendre la lune avec les dents. Nous serons quatre contre un.

Honorine serra si fortement le bras de Nerea que celle-ci se retourna étonnée.

– Conduisez-moi, dit Mlle de Blamont, je veux le voir, lui parler.

La fille de Giovan eut son sourire amer.

– À quoi bon ? dit-elle. Ce que je n'ai pu faire, nulle autre ne le fera.

Elle ne parla plus. Honorine cherchait laborieusement dans le trouble de sa pensée le mot qui pourrait la fléchir. Bastien et les deux neveux s'étaient groupés sur le tertre, au pied de la croix. Ils causaient maintenant à voix basse. Leur besogne était achevée. Tout à coup la fille de Giovan se redressa et dit :

– Venez !

Sa voix s'était élevée malgré elle pour prononcer ce mot : « Venez ! » qui était l'expression de son découragement.

À peine était-il sorti de sa bouche que les trois torches s'éteignaient. Les deux neveux et Bastien se jetèrent en même temps à plat ventre, rampant vers la futaie : ils croyaient à une attaque. Bastien se releva le premier.

– C'était une voix de femme, dit-il.

– Tout de même, répondit François, nous voilà en pleine déroute pour un mot qui sort du couvert. Il faut savoir qui a parlé, nous jouons une grande partie !

Ils s'étaient arrêtés. Nerea effrayée de sa propre imprudence, entraînait Honorine à travers le taillis. On entendait le bruit des feuilles desséchées sous leurs pas.

– Ils se sauvent ! dit François, après avoir écouté.

– Ils ont plus peur que nous, ajouta Étienne.

– Prenez sur la gauche, je vais tourner le taillis du château. S'il nous ont vus, tant pis pour eux !

– Ou tant pis pour nous ! grommela l'aîné des neveux.

Ils suivirent cependant l'avis de Bastien. Étienne et François tournèrent le dos à la futaie et marchèrent sans bruit vers le taillis. Bastien était déjà sous le couvert. Il avait pris au nord-est pour gagner l'avenue. Honorine et Nerea fuyaient ; elles avaient de l'avance, mais Honorine était si faible et si tremblante, qu'elle pouvait à peine se traîner.

Nerea disait :

– Mon orgueil m'a mis un bandeau sur les yeux. Ce que je n'ai pu faire, peut-être que vous le ferez. Courage, donc ! Moi, si j'avais l'espoir de le sauver, j'aurais des ailes !

Ce n'était pas le courage qui manquait à la pauvre Honorine. L'Italienne reprit :

– Appuyez-vous sur moi, je suis forte !

Honorine ne dédaigna point son secours.

– Notre route est longue encore, poursuivit Nerea, mais j'ai un cheval au bout de l'avenue. Si nous pouvons l'atteindre, nous leur échapperons.

– Pensez-vous donc que nous soyons poursuivies ? interrogea Mlle de Blamont.

– J'en suis sûre, répliqua l'Italienne.

Elles firent quelques pas en silence. Le loup marchait près d'elles, se serrant contre Nerea. Celle-ci s'arrêta tout à coup.

– Écoute, vieux ! prononça-t-elle, si bas qu'Honorine eut peine à comprendre le sens de ses paroles.

Le loup dressa les oreilles et tourna la tête dans la direction du nord-est. Nerea le caressa de la main. Comme elle sentit le poil se hérisser sous ses doigts, elle ajouta tout bas :

– Pille, Bijou ! pille ! pille !

Vous eussiez dit une flèche qui part. Le grand loup entra d'un bond dans le fourré et disparut ; l'instant d'après, on entendit un juron, puis un coup de pistolet sous le couvert. Nerea serrait Honorine à bras-le-corps.

– Sur votre vie, murmura-t-elle à son oreille, pas un mouvement, pas un souffle !

Elle l'avait entraînée dans un épais buisson. À droite et à gauche du buisson, deux ombres passèrent.

– À qui diable Bastien en a-t-il ? demanda François Legagneur.

– On n'entend plus rien, répondit Étienne ; je donnerais quelque chose pour savoir quel gibier il a tiré.

Ils s'éloignèrent, allongeant le pas avec précaution. Nerea et sa compagne restèrent encore immobiles pendant une bonne minute ; le bois était rentré dans le silence. Les deux neveux n'étaient pas loin, cependant, car les batteries de deux pistolets armés presque en même temps sonnèrent. Nerea tendit l'oreille. On courait dans le taillis.

– C'est le moment, dit-elle ; un effort ! cette occasion-là ne se retrouvera plus.

Honorine rassembla tout ce qu'elle avait de force. Soutenue qu'elle était par l'Italienne, elle parvint à franchir la distance qui les séparait de l'avenue ; mais au moment où la nuit moins sombre annonçait la fin du bois, un bruit confus commença à se faire entendre ; c'était comme une bataille. Cela approchait ; on distinguait des pas précipités, des piétinements de luttes, des blasphèmes ; les branches du taillis éclataient en se brisant ; plusieurs coups de feu retentirent. Honorine, plus morte que vive, ralentit son pas. Nerea l'entraîna, lui fit traverser l'avenue, et s'engagea avec elle dans la bruyère qui rejoignait les ruines d'Orval.

Elles marchèrent environ dix minutes encore ; la fatigue gagnait Nerea, qui portait presque sa compagne. À mesure qu'elles avançaient, le silence les entourait de nouveau.

– Je suis à bout ! murmura Mlle de Blamont qui perdait le souffle ; il me semble que je vais mourir.

Nerea lui montra du doigt un clair dans les brousses. Il y avait là un cheval qui broutait, attaché à un jeune bouleau. À cinquante pas de cette petite clairière, on voyait fuir et se terminer l'avenue. Honorine reconnut la grande silhouette du chêne creux.

– Ce cheval est à nous, dit Nerea ; nous l'avions sous la main tantôt, mais il vous fallait voir et entendre ce que vous avez vu, ce que vous avez entendu.

Elle détacha la bride du cheval, et l'amena jusqu'à une souche sur laquelle Honorine monta pour se mettre en selle. Malgré ce secours l'Italienne fut obligée de la prendre dans ses bras comme un enfant. Quand Honorine fut assise sur le cheval, qui était une bonne bête du Luxembourg, solide et capable de porter les quatre fils Aymon, Nerea monta sur la souche à son tour, et mit deux doigts dans sa bouche. Elle se tourna vers l'avenue et fit entendre un coup de sifflet aigu.

– Ho ! Bijou ! ho ! cria-t-elle de toute sa force ; tay ! vieux, tay ! loup, loup, loup !

Puis elle cassa une branche pour s'en servir comme d'une cravache, et sauta derrière Honorine, qui chancelait sur la selle.

– S'ils n'ont pas tué le vieux, dit-elle avec une expression de réelle sollicitude, nous allons l'entendre bientôt.

Elle toucha le cheval, qui partit au galop. Son bras gauche entourait la taille d'Honorine ; de la main droite, elle guidait le cheval. Celui-ci ne semblait point gêné de son double fardeau. Il galopait franchement, et Nerea le fit sauter sans peine par-dessus le talus qui bordait le bois. Une grande ombre bondit en même temps que lui. Le loup trottait à côté des deux jeunes filles.

– Bien, Bijou ! bien ! s'écria Nerea ; tu es un brave ami !… viens çà !

Elle tendait la main pour le caresser. Le loup se retourna, en effet, et allongea son museau. Nerea vit alors qu'il courait sur trois pattes. La quatrième pendait, brisée à l'articulation. La main de Nerea rencontra le museau, qui était gluant et chaud.

– Il y a du sang, dit-elle.

À ce moment le loup, faisant volte-face brusquement, s'élança à la queue du cheval, qui partit à fond de train. Les brousses du talus s'illuminèrent, et trois détonations retentirent.

– Tu les as donc laissés tous les trois vivants, vieux ? gronda l'Italienne.

En quelques minutes le cheval eut gagné la vallée. La sombre silhouette des forges de la Soye se découpa sur le ciel. Le danger était passé. On traversa le ruisseau de la Marche à gué. Le loup suivait désormais à longue distance, bien que Nerea l'appelât et le caressât de la voix.

À quatre ou cinq cents pas des forges, au beau milieu des bruyères, Honorine vit une lueur qui brillait. Il n'y avait point de maison. C'était un mamelon coupé à pic et qui semblait appartenir à une ancienne carrière. Comme on approchait, la lumière disparut. Le cheval s'arrêta de lui-même. Nerea dit tout bas :

– Gertrude !

À peine ce nom était prononcé, que des gonds grincèrent aigrement. Un carré lumineux se montra dans le flanc même du mamelon, taillé en falaise. C'était une porte qui s'ouvrait. Honorine put voir dans le trou une misérable table sur laquelle une chandelle était allumée, et un foyer où fumaient des copeaux de bois vert.

Gertrude était sur la porte. Honorine reconnut en elle, au premier coup d'œil, cette pauvre femme de Montmédy, la mère de petit Pierre, l'enfant qu'Hector avait sauvé sous le pont de la Chiers. On ne voyait qu'elle dans cette sorte de tanière qui était creusée dans le flanc du coteau…

Nerea descendit de cheval et demanda :

– Mathieu est là ?

– Il veille, répondit Gertrude.

– Et *lui ?...*

– Il dort.

VIII
La maison de Mathieu

Ce fut Gertrude qui aida Honorine à descendre. Elle lui baisa les deux mains en disant :

– Bonne demoiselle, notre pauvre maison est à vous.

Honorine entra, en s'appuyant sur ses deux compagnes, dans une chambre basse où l'air était épais et lourd. Les terres qui servaient de plafond étaient soutenues par plusieurs poteaux, mal équarris, dont quelques-uns n'étaient que des troncs de chêne qui avaient encore leur écorce.

La disposition de ces poteaux séparait la maison souterraine en deux pièces principales. La seconde pièce s'enfonçait en tournant dans la profondeur du mamelon. Il n'était point possible d'en voir le bout. Ce qu'on pouvait apercevoir de cette seconde chambre n'était qu'un sol nu et poudreux, où l'ombre des poteaux mettait de grandes raies noires. Dans la première chambre, il y avait trois ou quatre escabeaux, un grabat, un fusil à deux coups, une gibecière et quelques outils de forgeron.

– Où est petit Pierre ? demanda Nerea.

– À l'auberge du *Lion belge*, là-bas en France, répondit Gertrude ; son père l'a envoyé… Constant ne lui fera point de mal : il a peur de nous.

– Il a peur de tous ! gronda l'Italienne, et il fait du mal à tous !

Puis, revenant vers la porte, elle siffla, en disant :

– Tay, Bijou !… tay, vieux ! tay ! tay !

Le loup ne tarda pas à entrer. Il se coucha immobile en dedans de la porte, la langue pendante et les flancs frémissants. Son museau était littéralement plein de sang. Le regard de Gertrude interrogea Nerea.

– Le Bastien et les deux neveux ! prononça celle-ci entre ses dents. La nuit est mauvaise.

Gertrude fit le signe de sa croix.

– Qu'arrivera-t-il de tout ceci ? dit-elle ; le pauvre petit Pierre est encore bien faible pour n'avoir plus ni son père ni sa mère.

Elle apporta une jarre d'eau près du loup, qui but avidement. Comme l'avait dit Nerea, le loup s'était mis à l'eau plus d'une fois, mais il n'avait pas eu le temps de boire. Il lampa une douzaine de gorgées d'un air languissant, puis il mit sa tête contre terre. Gertrude lava sa patte dont l'os était fracassé par une balle. Elle pansa la plaie, et le loup reconnaissant lui lécha les mains.

Honorine était assise près du foyer. Ses bras tombaient ; ses yeux étaient fixes : elle semblait anéantie. Gertrude alla chercher Mathieu dans la seconde chambre. Il vint et baisa le loup comme si c'eût été un enfant. Ses yeux se tournèrent lentement vers Honorine. Son regard était doux et respectueux. Aussitôt que Mathieu eut quitté la pièce du fond, Nerea échangea deux paroles avec lui, une demande et une réponse, puis elle disparut derrière un des poteaux.

– Voilà une heure après minuit qui vient de sonner aux forges, dit Gertrude ; l'enfant tarde bien à revenir !

Mathieu ne répondit point.

– M'entends-tu, mon homme ?

– Celui et celle qui ont sauvé notre petit Pierre sont sous notre toit, répliqua Mathieu après un silence ; comment se fait-il que nous n'ayons point de joie ? Tant que le moine a vécu, j'étais en repos. Ce qu'il ordonnait, je le faisais : c'était toujours bien. À présent, je suis comme un aveugle et je marche au hasard : personne ne me commande plus.

Sa tête s'inclina sur sa poitrine. Tout à coup Honorine dit :

– Je veux voir Hector. Je suis venue pour cela.

Mathieu et sa femme échangèrent un regard.

163

– La Nerea est auprès de lui, répondirent-ils tous les deux en même temps, elle le veille.

Honorine se leva.

– Fermez la porte ! ordonna-t-elle ; ne savez-vous point qu'on le cherche pour le tuer ?

– Plût à Dieu, répondit Mathieu, qu'il ne courût nulle part ailleurs plus de danger que dans ce pauvre chez nous !

– S'ils venaient, demanda Honorine, dont l'accent et le geste avaient des naïvetés d'enfant, seriez-vous assez forts pour le défendre ?

– Autour des forges de la Soye, bonne demoiselle, répondit Gertrude, ce n'est plus le pays perdu. Il y a ici des hommes qui gagnent leur pain à travailler. Nous sommes aussi en sûreté ici que dans les villes de Sedan et de Montmédy.

– Alors, fit Mlle de Blamont, rassemblant ses idées avec fatigue, alors il ne faut pas le laisser sortir d'ici, jamais, jamais !

Ce fut Mathieu qui répliqua :

– Bonne demoiselle, que Dieu vous donne le pouvoir de l'y retenir ! Nous sommes ici pour lui obéir ; et quand il dit : « Je veux ! » personne ne lui résiste.

– Même s'il voulait mourir ? Mathieu répéta lentement :

– Même s'il voulait mourir !

Puis il ajouta en baissant la voix :

– Des pauvres gens comme nous ne peuvent rien contre ce qui est prédit.

– Honorine sentit qu'on lui touchait l'épaule. Elle se retourna. C'était Nerea qui était auprès d'elle.

– Venez, dit la fille de Giovan.

Mathieu objecta :

– Il a défendu qu'on l'éveille avant deux heures du matin sonnées.

– Je sais ce que je fais, répondit Nerea.

Puis s'adressant à Honorine, elle répéta :

– Venez !

Elle prit le flambeau qui était sur un billot, auprès du foyer, et précéda Honorine dans la deuxième chambre. Mathieu se jeta tout habillé sur le grabat. Gertrude s'assit sous le manteau de l'âtre et tira son chapelet.

La seconde chambre était beaucoup plus grande que la première et de forme très irrégulière. Elle pénétrait dans le sol selon le hasard des anciens travaux des mines. Il y avait çà et là des trous qui auraient pu former de vastes cabinets. Auprès des poteaux était une caisse de sapin qui contenait de la paille. Ce devait être la couchette de petit Pierre. Le reste de la pièce souterraine était complètement dénué de meubles, sauf la partie occupée par le maréchal-des-logis Hector. Son lit se trouvait tout au bout. Une toile usée, mais propre, tenue par un cerceau de barrique, lui faisait un rideau. Il y avait auprès du lit deux escabeaux, dont l'un supportait deux pistolets, l'autre un sabre, Hector était couché tout habillé. Son costume consistait en un pantalon de paysan et une blouse de toile écrue. Son cou restait à découvert. Sa tête, pâlie par suite de sa blessure, ressortait en blanc sur l'oreiller de cotonnade bise.

Il dormait, la tête appuyée sur son bras. La fièvre mettait un point rouge à ses pommettes. Parfois, ses lèvres s'agitaient tout à coup, comme s'il eût menacé dans son rêve un imaginaire ennemi ; et d'autres fois, un sourire naissait autour de sa bouche entrouverte.

Nerea conduisit Honorine jusqu'au chevet du lit d'Hector. Elle posa le flambeau rustique sur un billot servant de table de nuit. La demie après une heure de nuit sonna au beffroi de la Soye. Nerea retourna dans la chambre d'entrée et en apporta une escabelle.

– Asseyez-vous là, dit-elle ; moi, je vais me retirer.

– Restez ! voulut dire Honorine.

L'Italienne l'interrompit :

– Il n'y a place ici que pour vous, prononça-t-elle d'un ton ferme. Vous savez ce qui l'attend. Tâchez de le sauver. Vous avez dit vous-même que c'était votre devoir.

Elle déposa l'escabelle au chevet du lit, puis elle se retira auprès de Gertrude, pour dire le chapelet à deux. En priant, elles veillaient.

Honorine s'assit. La fatigue et la fièvre l'accablaient. On n'entendait à l'intérieur de la loge que le son des deux voix qui parlaient à Dieu sous l'intercession de la vierge Marie. Mais le vent se plaignait au dehors, et la chute d'eau de la forge enflait par intervalles son long et désolé murmure.

Honorine s'accouda sur ses genoux et mit son front entre ses deux mains. Sa pauvre tête était un chaos. Elle essayait en vain de mettre un peu d'ordre dans ses pensées. Son cerveau révolté s'obstinait dans ses ténèbres. Sa douleur la noyait. Il y avait autour d'elle et en elle une souffrance intolérable.

Il lui semblait à de certains moments que si la lumière se faisait dans cette terrible nuit morale, ce serait la mort. Du sein de ce trouble, une idée se dégageait pourtant ; un fantôme plutôt : son père ! son père, était toute sa famille. Depuis sa petite enfance, elle n'avait que son père à aimer. Elle se souvenait. Les années écoulées revivaient une à une dans sa mémoire. Cet homme si froid, cet homme de marbre ! combien de fois, à son réveil, ne l'avait-elle pas vu penché sur son berceau ?

Combien de fois n'avait-elle pas surpris des pleurs dans ces yeux que nul n'avait jamais vus humides !

Oh ! celui-là l'aimait, celui-là qui semblait n'avoir plus de cœur ! celui-là l'aimait chèrement, uniquement ! Elle ne réfléchissait pas, la pauvre Honorine, non ! C'était en elle un travail mental involontaire, plein d'épuisantes lassitudes, et dont çà et là sa conscience tirait des déductions qui l'effrayaient.

Bien souvent elle s'était dit cela : Mon père ne ressemble pas aux autres hommes. Bien souvent elle s'était étonnée de cette silencieuse immobilité, de cette vie qui ressemblait à une mort. Elle s'était demandé, aussitôt que la raison lui était venue : Pourquoi mon père est-il ainsi ? Quel évènement, quel coup, quelle chute peuvent produire sur un homme un résultat pareil ? Jamais la réponse n'avait pu se faire en elle.

Mais à présent, la réponse était là. Des voix éclatantes la criaient autour d'elle. En vain essayait-elle de se réfugier tout au fond de son trouble pour fuir cette terrible condamnation : son trouble était élucidé pour le cri : Meurtre ! meurtre ! Nerea avait parlé.

Pourquoi croire, cependant, cette pauvre fille dont le métier était de tromper les autres en se trompant peut-être elle-même ? Honorine ne réfléchissait pas, mais sa conscience l'opprimait.

Ce qui peut briser un homme, c'est le remords. Le remords élève une barrière autour du criminel, et dans cette prison, le criminel, vit comme on meurt. Le remords tend un voile de deuil en avant et en arrière de l'âme. Il fait qu'on n'ose plus regarder dans le passé ; il fait qu'on redoute l'avenir. Il empoisonne la mémoire et il tue l'espérance. Non ; la fille de M. de Blamont ne réfléchissait pas, mais elle était, au milieu de ces obsédantes idées comme le cerf aux abois que la meute presse de toutes parts. Son père ! son père ! cette tête courbée sous une mystérieuse fatalité !

Était-ce donc possible, cela, Seigneur ! Son père ? un assassin ! Il y a des choses qui frappent : ce sont les détails insignifiants en apparence, mais qui ont cette couleur de vérité qui font dire au vulgaire comme aux juges : On n'invente pas cela, Honorine était poursuivie par une vision. Elle voyait son père, courbé sous l'horrible fardeau, enveloppé de toile, et chaque fois qu'elle voulait repousser ce fantôme, une voix murmurait à son oreille, une voix creuse, essoufflée, haletante : « Mon Dieu, ayez pitié de moi ! Mon Dieu, ayez pitié de moi ! »

Les propres paroles du récit de Nerea. C'était vivant, c'était affreux !

On n'invente pas ces refrains qui s'échappent de la conscience bourrelée, cet idiotisme que donne la grande fatigue du crime ! Le remords l'écrasait déjà, cet homme, bien plus que la pesanteur de son faix : « Mon Dieu, ayez pitié de moi ! » Il avait dû dire cela sans savoir et sans se soucier du blasphème. C'était la prière imbécile de l'épouvante.

Mais pourquoi ce meurtre ? Blamont était riche avant la nuit du 12 novembre 1817. Depuis cette nuit, la richesse de Blamont n'avait pas augmenté. Pour tuer, il faut un motif. Blamont n'avait aucun sujet de haine contre M. de Soleuvre, et Mme de Soleuvre était la sœur de sa femme bien-aimée…

À cette objection, Nerea, implacable comme la vérité, avait encore répondu d'avance : Blamont était un avare d'espèce maniaque et folle. Il avait tué parce que le trésor qu'il venait contempler, remuer, adorer toutes les nuits appartenait à autrui. Il avait tué ceux à qui appartenait le trésor. Et notez qu'on était dans le pays où courait la fièvre d'or !

Étant donné surtout l'état d'affaissement physique et moral qui annihilait Honorine, de pareilles inductions acquirent rapidement la valeur de l'évidence même. Et cependant Honorine ne voulait pas croire. Elle employait tout ce qui lui restait de force à retenir le bandeau qui était sur ses yeux. Elle se répétait à elle-même, repoussant avec désespoir la conviction qui envahissait sa conscience, ce qu'elle avait dit à Nerea naguère :

– Mon père est un gentilhomme ! mon père est un chrétien !

Mais quand son regard se relevait sur ce jeune homme qui était là, étendu et dormant au bord du précipice, sur cet enfant que la haine et la trahison entouraient de toutes parts, son âme se déchirait.

C'était elle ! c'était encore elle ! La haine que des hommes puissants et pervers avaient vouée au dernier des Soleuvre venait d'elle. Tout ce qu'il avait souffert, cet enfant qui, dès ses premiers pas dans la vie, avait échangé l'opulence de ses pères contre la dure pauvreté, tout ce qu'il souffrait encore, tortures morales et plaies physiques, tout avait une cause commune, et cette cause s'appelait Blamont !

Et tout cela n'était rien. Qu'importe le danger passé ou la blessure cicatrisée ? Il y avait quelque chose de bien plus redoutable. Ce dernier Soleuvre était menacé de mort, et la cause, la cause vivante et fatale, c'était encore Blamont ! Honorine de Blamont !

Ce monde d'idées, qui allait en elle se mêlant et se heurtant, ne transpirait point au dehors. À l'extérieur, c'était une statue. Vous eussiez dit que le choc violent avait engourdi sa sensibilité, et qu'elle était devenue pierre. Elle ne bougea pas pendant tout le temps qui s'écoula de la demie à l'heure. L'heure ne la fit point tressaillir en songeant. Seulement quand elle entendit les sabots de Gertrude battre le sol, elle se retourna.

Gertrude avait encore son rosaire enroulé autour de son poignet. Elle vint jusqu'au lit où le maréchal des logis dormait. Elle le prit par le bras et dit :

– Il est temps.

Elle prononça ces paroles avec tristesse et comme on accomplit un cruel devoir. Hector se dressa en sursaut sur le coude. Gertrude se retira à quelques pas et dit encore :

– Vous m'avez ordonné de vous éveiller à deux heures.

167

Hector n'écoutait déjà plus ; il regardait Honorine et demeurait immobile, comme s'il eût craint de voir s'évanouir une vision. Mlle de Blamont fit sur elle-même un grand effort et parvint à sourire. Je ne sais comment exprimer cela : l'excès de sa détresse physique et morale la refaisait enfant. Elle avait oublié jusqu'au but de sa démarche et concevait à l'improviste une espérance enfantine, comme tout ce qui était d'elle en ce moment. Elle se disait :

– Si je pouvais lui faire oublier l'heure !

– Je suis venue, balbutia-t-elle, et pourtant je suis bien malade !

Hector se mit sur ses pieds, tout vêtu qu'il était.

– C'est vrai ! murmura-t-il, la frayeur déjà peinte sur le visage, vous êtes changée, bien changée.

Il s'interrompit parce que ses yeux rencontrèrent les pistolets et le sabre qui étaient au pied de son lit, et il s'écria :

– Mais ce mariage ne se fera pas ! J'ai de quoi l'empêcher, mademoiselle. Cet homme n'est plus mon supérieur et je vais le tuer.

Les pauvres espoirs d'Honorine ne tinrent pas devant la tournure que prenait l'entretien dès ce premier instant. La pensée du duel était venue ; on ne pouvait plus la chasser. La seule ressource était désormais la prière. Honorine essaya de se recueillir.

– Hector, reprit-elle, je ne sais pourquoi je ne vous ai pas dit la vérité tout de suite. Je suis venue pour vous supplier de ne pas vous battre.

Le jeune maréchal-des-logis eut presque un sourire et répondit :

– Soyez sans inquiétude…

– Et si je disais : Je veux ? poursuivit Honorine.

– Je vous désobéirais pour la première et la dernière fois de ma vie.

Ceci fut prononcé d'un ton ferme. Hector reprit :

– Il faut un coup de sabre pour trancher ce nœud. Je n'ai pas beaucoup vu le monde ; mais dans ce que j'ai lu par hasard en garnison et dans ce que j'ai ouï dire, il s'est trouvé des aventures qui ressemblent à celle-ci. On ne sort de certains embarras que par la force. Pourquoi ne voulez-vous pas que je sois votre chevalier ?

– Parce que je n'ai pas besoin de chevalier, répondit la jeune fille.

– Vous, si pure, murmura Hector, quelle mystérieuse puissance vous force à mentir ?

Un peu de sang revint aux joues de Mlle° de Blamont. Elle baissa, les yeux, offensée.

– Je vous en prie ! s'écria Hector, ne soyez point irritée contre moi ! j'ai bien pensé à tout cela, le jour, la nuit, dans mon sommeil, j'en rêve. Vous m'avez accepté pour fiancé… deux fois ! La seconde fois, l'espoir que vous m'avez rendu m'a sauvé la vie…

– Je ne vous comprends pas, voulut dire Honorine, qui, en effet, ignorait l'histoire de la *sauderie,* créée par l'homme et la femme Guern, sous les murs du Château de Sedan.

Mais Hector l'interrompit pour achever :

– Et vous allez être la femme d'Antoine Legagneur !

– Je vous ai expliqué tout cela, Hector, une terrible nécessité de famille !

…

– M'avez-vous expliqué ce que vous entendez par ces mots : terrible nécessité ?

– Ce sont des secrets qui ne m'appartiennent pas.

– Ils m'appartiennent, à moi, prononça Hector résolument. Dieu seul peut m'empêcher de faire le jour dans ces ténèbres. Votre bonheur est d'un côté, votre malheur de l'autre. Je ne sais pas encore quelle est la nature de cette oppression qui pèse sur vous et sur votre père, mais je la ferai cesser, je le jure !

– Vous ne ferez rien, Hector ! s'écria Mlle de Blamont avec un geste de profond désespoir. Au nom de Dieu ! vous m'écouterez !

Un instant, le jeune maréchal-des-logis la regarda en silence. On n'entendait dans la cabane que la respiration forte de Mathieu endormi, et les pétillements du bois vert que Gertrude venait de jeter dans l'âtre. Le quart après deux heures sonna à l'horloge de la Soye. Nerea s'était mise à genoux.

– Il ne fait pas attention à l'heure ! pensa-t-elle.

C'était vrai. Hector n'avait pas entendu l'horloge. Il poursuivit avec une fermeté calme :

– Je vous le dis encore une fois, Honorine ; ne soyez point irritée contre moi. Chacune de vos paroles rend ma résolution plus solide. Je sens qu'il y a là l'accomplissement d'un devoir. Quelle chaîne ces hommes doivent avoir rivée à votre âme pour que vous, si vaillante, vous courbiez ainsi la tête en tremblant !

– Mon père ! mon père ! murmura Honorine. Vous ne pouvez faire un pas, je vous l'affirme, je vous le jure, sans mettre en danger la vie de mon père ! Je suis sortie de mon lit, faible et accablée, vous le voyez, pour vous dire adieu à toujours !

– Nul danger ne menacera plus votre père, répondit Hector, quand j'aurai brisé la main qui tient l'épée suspendue au-dessus de sa tête.

La poitrine de Mlle de Blamont rendit un gémissement.

– Vous ne savez pas ! fit-elle en un sanglot déchirant. Oh ! vous ne savez pas ! Ayez pitié de moi !

Le visage d'Hector prit une expression inquiète, mais il répliqua :

– Non, je ne sais pas, je cherche. C'est le seul effort de ma pauvre cervelle depuis bien des jours ! Il y a des choses que je comprends : le dévouement d'une fille pour son père, le dévouement absolu, sans bornes. Vous le pratiquez, je vous admire. Mais il y a d'autres choses que je ne comprends plus. Vous savez que cet homme a tenté de m'assassiner…

– Et je vais devenir sa femme, n'est-ce pas ! s'écria Honorine avec une violence soudaine. Cela ne vous dit-il pas toute l'impossibilité de la lutte, et cela ne vous annonce-t-il pas aussi quelque porte secrète par où la condamnée espère fuir ?

La vie était revenue à ce visage si beau. L'œil brillait, fier et clair ; la tête se redressait hardie dans toute sa lumière. Hector en eut comme un choc.

– Il n'y a qu'une perte, murmura-t-il, la mort. Ai-je deviné ?

Mlle de Blamont lui tendit la main :

– Ami, dit-elle, ce qui nous sépare aujourd'hui nous avait réunis autrefois. Je fus attirée vers vous par le besoin de réparer autant qu'il était en moi une grande injustice. Je vous prie de ne me point juger mal. Non, vous n'avez pas deviné, si vous pensez que j'ai le dessein d'attenter à mes jours. Comment songerais-je à offenser Dieu, qui est mon unique refuge ? Mais je vous le dis, j'ai trop souffert ; mes heures sont comptées. Ce mariage ne se fera pas, je vous l'affirme… Et je m'en irai de ce monde en vous aimant, en vous bénissant, si vous ne vous êtes point mis entre moi et mon devoir.

– Maudissez-moi donc et détestez-moi ! répliqua impétueusement Hector ; j'ai mon devoir comme vous avez le vôtre. Dieu, qui nous a rapprochés comme vous venez de le dire, m'a donné la mission de vous protéger, même malgré vous. Je ne veux pas que vous soyez la femme de ce misérable, mais je veux que vous viviez, et si quelqu'un doit mourir, c'est lui… ou moi !

– Vous, Hector, vous ! prononça tout bas Honorine qui avait des larmes pleins les yeux, vous dont la vie peut être si brillante et si belle, vous qui saurez demain le nom de votre père ?

– J'ai ouï parler de cela, fit le jeune maréchal-des-logis avec une sorte de dédain ; ils ont bien tardé ! Si la destinée vous met d'un côté, de l'autre la noblesse et la fortune, mon choix est fait : je veux être obscur et pauvre !

– Demain… essaya de poursuivre Mlle de Blamont.

Mais Hector fit un pas vers ses armes. Honorine quitta sa place. Elle chancelait, et sa pauvre belle tête désolée pendait sur sa poitrine.

– Hector ! Hector ! dit-elle. Vous vous ruez contre cet homme parce que vous croyez qu'il est l'obstacle entre nous deux. Vous vous trompez.

Hector mit la main sur ses pistolets : Honorine lui saisit le bras.

– L'obstacle entre nous n'est pas là, reprit-elle d'une voix profondément altérée ; Hector, la mort sera pour moi moins cruelle que l'aveu qui va tomber de mes lèvres. Hector ! je vous demande pitié !

– Quel aveu ! murmura le jeune homme, dont la pâleur augmenta.

Dans l'autre chambre, Nerea retenait son souffle pour écouter mieux.

– Si je vous prouvais, reprit Honorine, que cet homme n'est pas entre nous et que l'abîme qui nous sépare est indépendant de lui ?

– Je ne vous croirais pas.

– Si je vous prouvais, poursuivit Mlle de Blamont que nos fiançailles sont un malheur sans nom, une impiété, un sacrilège…

– Ah ! s'écria Hector qui se prit le front à deux mains, comme s'il eût reçu un coup de massue ; vous êtes ma sœur !… Êtes-vous ma sœur ?

Honorine, mit la main sur son épaule, et ce poids le fit chanceler.

– Non, répondit-elle, et plût à Dieu que cela fût ainsi ! Je ne suis pas votre sœur, Hector, le sang n'est pas un lien de vous à moi ; entre vous et moi, le sang est une infranchissable barrière !

Hector respira et mit ses deux pistolets à sa ceinture.

– Faut-il donc m'expliquer plus clairement ? fit Honorine, dont la voix défaillait.

Nerea se demanda en retenant son souffle :

– Va-t-elle parler ?

Hector prit son sabre après ses pistolets. Honorine se laissa choir à genoux.

– Hector, dit-elle, votre père et votre mère sont morts assassinés !

La poitrine de Nerea rendit un grand soupir. Elle se mit à marcher vers le lit malgré elle. Hector, au contraire, recula de plusieurs pas.

– Assassinés par ces hommes ! s'écria-t-il : les Legagneur !

Mlle de Blamont cacha sa tête entre ses mains.

– Non, répondit-elle.

Puis, d'une voix mourante, elle ajouta :

– Ce fut dans la nuit du 12 novembre 1817, au château de Blamont…

– Est-il possible ! fit Hector, ébloui par un lugubre trait de lumière.

– Quand ces hommes veulent obtenir quelque chose de mon père, acheva Honorine qui râlait, ils lui disent : Si vous nous résistez, nous dévoilerons ce qui se passa au château de Blamont, la nuit du 12 novembre 1817 !

Hector poussa un cri déchirant, Honorine tomba à la renverse. Nerea était là pour la soutenir dans ses bras. Nerea lui dit :

– Vous êtes une sainte !

Hector demeura un instant anéanti. Honorine n'était pas évanouie. Des sanglots haletants soulevaient sa poitrine.

– Mon Dieu, pensa-t-elle, ai-je fait mon devoir ?…

Gertrude avait quitté l'âtre pour aller réveiller Mathieu, son mari. Il était trois heures moins le quart. Mathieu se tenait debout dans la chambre d'entrée avec son fusil sur l'épaule. Évidemment, il accomplissait un ordre reçu. Il attendait. On frappa doucement à la porte extérieure. Gertrude demanda par le trou de la serrure.

– Qui est là ?

– C'est moi, répondit la voix de petit Pierre.

– Es-tu seul ?

– Non, mais ouvrez toujours, ce sont des amis.

Gertrude consulta son mari du regard. Celui-ci se mit au-devant de la porte, le fusil à la main.

– Ouvre ! ordonna-t-il.

Gertrude tira la barre. En ce moment, Hector se rapprocha d'Honorine et lui dit :

– Vous n'avez pu mentir, mademoiselle de Blamont, mais le moyen n'était pas bon. Adieu !

Honorine étendit les bras, et ses yeux se fermèrent. Le visage de Nerea avait changé. Elle soutenait encore Honorine, mais toute son attention était concentrée sur ce qui se passait du côté de la porte, qui venait de s'ouvrir, donnant passage à petit Pierre. L'enfant se glissa dans la loge comme une anguille. Au dehors, six têtes se montrèrent.

C'étaient d'abord le grand bonhomme Guern et sa femme Julienne, tous deux appuyés sur leurs bâtons de voyage. C'étaient ensuite leurs fils, quatre hauts gaillards, bien plantés, portant le fusil à deux coups sur l'épaule. Derrière eux, venait Denis Monnin, le soldat de Paris.

Jean Guern entra. Il ôta son large chapeau, découvrant cette mâle tête de brave homme que couronnaient d'épais cheveux blancs.

– Hector de Soleuvre, dit-il en attirant sa femme par le bras, vous avez eu tort de fuir notre toit. Voici la nourrice de votre mère, voici les serviteurs de votre père !

Il se montrait lui-même à la tête des quatre Guern : bras et torses d'athlètes. Ayant ainsi parlé, il salua comme un gentilhomme qu'il était sous sa veste de paysan, et reprit :

– Hector de Soleuvre, nous ne venons point pour vous empêcher de vous battre : votre querelle est juste. Mais un duel sans témoins est un assassinat, nous serons vos témoins.

IX

L'homme et la femme Guern en voyage

Cette même nuit, ou plutôt le soir précédent, vers huit heures, au moment où Antoine Legagneur et Bastien Lethil concluaient leur marché de cent arpents en face de l'étrange escalier des sept lacs, étageant leurs nappes d'eau au-dessus de la vallée d'Orval, Jean Guern et sa femme cheminaient côte à côte dans un des chemins de traverse qui mènent de Stenay à la frontière belge.

Jean Guern et sa femme allaient, frappant le sol de leurs longs bâtons et affectant ce pas militaire qui était leur allure habituelle, mais ils étaient bien las, cela se voyait. La haute taille du bonhomme se courbait et Julienne disait parfois :

– La Victoire, nous n'avons plus nos jambes de quinze ans !

Il y avait déjà longtemps de cela. Jean Guern répondait avec sa grave goguenardise :

– Allons toujours, la femme, nous ne verserons pas.

Mais il avait quelque mérite, le vieil homme, à faire ainsi contre fortune bon cœur, et malgré le froid qu'il faisait, la sueur ruisselait sous ses cheveux blancs.

Leur étape durait depuis le matin. Ils avaient le ventre creux. Jean Guern, nous avons dû le dire déjà, possédait toutes les vertus, excepté la prudence économe. L'argent ne fatiguait jamais beaucoup sa poche. Il n'était pas de ceux qui peuvent dire avec orgueil : « Je ne m'embarque pas sans biscuit. » Pourvu que sa gourde ne tarît pas trop souvent, il avait la conscience tranquille.

À trois quarts de lieue de la frontière environ, le chemin déboucha d'un taillis pour entrer dans une lande rase où pas un buisson ne se montrait. À droite et à gauche, deux hauts talus de terre bordaient la route, qui, contre l'habitude, filait droit et se perdait au lointain. Julienne poussa un gros soupir à cette vue.

– Quel ruban, la Victoire ! murmura-t-elle. Jean Guern eut un rire contraint.

– Une nuit serait bientôt passée, là, dans la bruyère, dit-il.

– La Victoire, je m'y reposerai bien tout de même, si vous voulez.

Le bonhomme lui tendit l'appui de son bras et dit en se redressant :

– C'est cette nuit que l'enfant aura besoin de nous ou jamais, et les quatre garçons nous attendent.

Au moment où Julienne allait répondre, ils s'arrêtèrent tous deux d'un commun mouvement. Leurs regards s'étaient portés en même temps du côté droit de la route. Il y avait trois hommes debout sur le talus.

Celui du milieu portait un fusil à la main. On distinguait cela parfaitement, malgré l'obscurité, parce que, ainsi perché, le groupe se détachait sur le ciel.

– Il y en a trois, dit Julienne à voix basse.

– On en voit trois, répondit le vieux soldat.

– Les autres, reprit Julienne, sont peut-être derrière le talus. Dites-leur que nous n'avons rien, la Victoire, si vous voulez, nous passerons.

173

Ceci fut prononcé d'un ton très calme. Jean Guern serra amoureusement le manche de son bâton à gros bout.

– La femme, dit-il, voilà du temps que j'ai envie de voir de près des Errants de nuit. On en parle là-bas et personne ne les rencontre. Reste là un petit peu ; je vais causer avec eux.

– Ils sont armés, mon homme.

– Je le vois bien.

– Ils bougeraient, s'ils n'étaient pas là en embuscade.

– Ils bougeront. Attends-moi.

– Vous avez toujours la tête bien près du bonnet, la Victoire. Mais je ne serai pas fâchée, moi aussi, de leur parler, si vous voulez.

Et les voilà, l'homme et la femme, oubliant leurs vieux ans et leur fatigue, qui se dirigent sur les trois Errants de nuit, au pas de charge ! En arrivant au pied du fossé, Jean Guern demanda de sa plus grosse voix :

– Que faites-vous là, vous autres ?

Mais Julienne se tenait déjà les côtes et riait de tout son cœur. Elle ne riait pas souvent, la bonne femme !

– La Victoire ! s'écria-t-elle, ne vous fâchez pas, mon homme ! ceux-là ne feront de mal à personne. C'est une souche entre deux chardons.

Jean Guern mit son bâton sous son bras.

– Voyez le fusil, ma femme, dit-il d'un air de mauvaise humeur : on jurerait qu'il va tomber en joue.

– Pour cela, oui, mon homme, s'empressa de répondre Julienne qui se repentait déjà d'avoir ri ; on le jurerait tout de même !

– Allons ! fit Jean Guern, ça nous aurait reposés un petit peu de taper sur trois méchants coquins. En route !

Mais Julienne était assise sur la souche.

– La Victoire, dit-elle, c'est pour souffler un brin si vous voulez.

Le vieux soldat jeta un regard de paternelle affection sur cette simple et vaillante créature qui l'avait accompagné dans la vie comme une épouse dévouée et comme un hardi camarade.

– Reposez-vous, Julienne, dit-il ; reposez-vous, ma femme.

Il s'assit auprès d'elle et tira de la vaste poche de sa veste sa bouteille clissée. Julienne ne consentit à boire qu'après un long combat de politesse.

– Voilà donc ce que je voulais vous dire, la femme, reprit Jean Guern, quand il eut avalé une honnête lampée ; il y a quelque chose que nous ne savons pas.

– C'est certain. La Victoire.

Le vieux paysan mit son coude sur son genou et son menton dans le creux de sa large main.

– Les papiers de frère Arsène nous ont appris bien des affaires, poursuivit-il ; et ce j'avais ouï dire, ici et là, dans nos courses, me met à même de juger que les papiers du pauvre moine disent la vérité. D'ailleurs, c'était un saint prêtre, quoiqu'il n'ait jamais pu tenir en place, mais il y a une lacune dans tout cela.

– Pour sûr, la Victoire.

– À la fin du cahier où le moine raconte l'assassinat de Soleuvre et de sa femme Constance…

– Ah ! les scélérats ! interrompit ici Julienne en serrant convulsivement son bâton, ils ont tué *m'nafant* ils ne le porteront pas en paradis !

– Tout à la fin, il est parlé d'un écrit qui donne l'explication du plan d'Orval, et il est parlé aussi de cette feuille toute blanche où il y a un point noir entre les écussons de Bazeille et de Soleuvre. Cet écrit, nous ne l'avons point trouvé. Ce point noir devait marquer quelque chose.

Julienne ne l'écoutait plus. Elle répétait tout bas :

– Les scélérats ! les païens ! m'nafant.

– Le lendemain de la mort du moine, continuait toujours Jean Guern, je suis retourné dans sa maison. J'ai fouillé partout, même dans la paillasse du lit. Rien !

– Tuer une pauvre jeune femme pour de l'argent, grondait Julienne : un homme encore passe !

– Êtes-vous bien sûre, ma femme, interrogea tout à coup l'ancien dragon, de ce que vous m'avez rapporté ?

– Quoi donc, la Victoire ? fit Julienne.

– Ne m'avez-vous pas dit tenir de Mathieu que la fille du tireur de cartes Bataille avait vu Nicolas Souquet, le Cloqueur, entrer dans la maison du mort après notre départ ?

– Sûre comme j'existe. Le Cloqueur est entré dans la maison du mort. Nerea l'a vu.

Jean Guern se leva et prit son bâton.

– La femme, dit-il brusquement, nous nous reposerons mieux là-bas en faisant un bon souper.

Julienne était l'obéissance même. Elle se mit le plus lestement qu'elle put sur ses jambes roidies.

– Un bon souper, la Victoire ! répéta-t-elle, pourtant il faut de l'argent pour faire un bon souper.

– Les garçons nous rejoindront au cabaret du *Lion belge*, repartit Jean Guern ; entre quatre qu'ils sont, les garçons peuvent bien payer le souper de leur père et de leur mère.

Julienne n'était pas de cet avis.

– Les garçons payent toujours… commença-t-elle.

– Puisqu'ils hériteront de nous ! interrompit Jean Guern avec sa bonne humeur un peu cynique.

– Ah ! la Victoire, dit la vieille femme en soupirant gros, si vous aviez profité du talent que Dieu vous a donné et de votre esprit et de tout, vous n'auriez pas besoin de rire jaune en parlant de votre pauvreté. Mais c'est sauf votre respect, la Victoire. Je ne me plains pas, puisque vous avez fait comme vous avez voulu.

Le reste du voyage fut silencieux. Jean Guern avait bonne envie de dire à sa femme : « Julienne, tu vaux mieux que moi. » Mais la mauvaise honte le retenait.

Ils arrivèrent sur les dix heures au cabaret du *Lion belge*, tenu par Constant, tout près de la frontière.

Notre Hector était entré dans cette maison, lors de sa visite au chêne creux de Blamont, par la route de Montmédy, la nuit où il fut attaqué au gué de Saint-Ilde. Jean Guern et sa femme l'abordèrent en sens opposé. Le cabaret formait l'angle du grand chemin et de la traverse de Stenay. Il avait deux portes apparentes, plus une troisième qui donnait sur les champs. De la route de Montmédy, on ne voyait qu'un corps de bâtiment étroit et pauvre ; mais deux autres logis attenaient par derrière, et il n'était pas rare que le cabaretier Constant couchât trente ou quarante rôdeurs dans son taudis.

Ce soir, aussitôt que l'homme et la femme Guern eurent franchi le seuil, une bonne odeur de cuisine les saisit à la gorge. La belle figure du vieux soldat s'épanouit gaillardement à ces provocants parfums qui chatouillaient son grand appétit. Julienne elle-même eut un sourire de convoitise. Le bonhomme donna un coup de bâton sur la table de la pièce d'entrée.

– Holà ! Constant ! cria-t-il de sa voix mâle et retentissante.

Il était, paraîtrait-il, en pays de connaissance. Constant, pâle, maigre et froid comme le jour où nous l'avons présenté pour la première fois au lecteur, parut à une porte intérieure.

– On va fermer, dit-il, avant d'avoir vu les nouveaux arrivants. Ce n'est pas dans ces quartiers-ci qu'on peut tenir maison ouverte à dix heures du soir.

Une voix qui partait des profondeurs de la cuisine ajouta :

– C'est le cas de dire : si on n'a pas de repos ni jour ni nuit, la santé s'y perdra !

En ce premier moment, Jean Guern et sa femme ne prirent point garde à cette voix. Jean, Guern répondit :

– Tu ne me reconnais donc pas, Constant ?

Le cabaretier leva la lanterne qu'il tenait à la main. À l'aspect du digne couple qui visitait sa maison à cette heure avancée, il eut un mouvement de frayeur si visible, que le mari et la femme s'en aperçurent en même temps.

– Nous prends-tu pour des Errants de nuit, Constant, mon garçon ? demanda en riant le vieux soldat.

– Salut, salut, monsieur Guern, répliqua enfin le cabaretier, et madame et sa compagnie.

– Si vous ne venez pas, reprit la voix dans la pièce voisine, c'est le cas de dire : le rôti va brûler !

– La paix ! ordonna durement l'aubergiste en mettant la tête à la porte, derrière laquelle on n'entendit plus qu'un sourd grognement.

– À la bonne heure ! Constant, à la bonne heure, disait cependant Jean Guern ; je vois que la maison prospère, et tu as bien fait de quitter la sellerie, où tu n'aurais jamais produit rien qui vaille. Donne-nous à souper et à coucher, mon garçon, et va à tes affaires qui ne nous regardent point.

L'aubergiste répéta d'un air consterné :

– À souper, monsieur Guern ! pour vous ! et à coucher !

– Est-ce que tout est plein chez toi ?

– Il n'y a personne, monsieur Guern, je le jure bien devant Dieu. Mais…

– Tu attends quelqu'un ?

– Oui… non… c'est-à-dire… Oh ! bien sûr, monsieur Guern, j'attends quelqu'un !

Désormais, Julienne le considérait attentivement, Jean Guern, au contraire, semblait garder une parfaite insouciance.

– Une noce, peut-être ? dit-il avec un gros bon rire qui étonna sa femme.

– Oui, assurément ! s'écria Constant qui prit l'idée aux cheveux ; bien sûr que c'est une noce, monsieur Guern, nous attendons une noce. Et il n'y a pas de mal à cela, je pense ?

– Pas du tout de mal, mon garçon. Tu nous présenteras aux gens de la noce, et tu leur diras : Voilà mon ancien maître d'apprentissage, le papa Guern, sellier-carrossier au village de Bazeille, au-dessus de Sedan, faites-lui place à table.

– Bien sûr, bien sûr ! fit Constant ; rien n'empêche… Mais c'est que, vous savez, monsieur Guern, ce n'est pas possible.

– Ce ne sont donc pas de bons vivants, les gens de la noce ?

– Tout de même, si fait, monsieur Guern, seulement, non, vous savez, pas trop bons enfants.

Le vieux dragon lui mit sa large main sur l'épaule.

– Tu n'étais pas un bon sujet autrefois, Constant, lui dit-il en changeant de ton tout à coup ; sans la femme que voici, tu aurais eu plus d'une fois les os rompus dans ce temps-là. Quel métier fais-tu maintenant ? Je n'en sais rien, et je m'en lave les mains.

– Bien sûr, monsieur Guern, interrompit le cabaretier, je fais un métier honnête.

Jean Guern leva le doigt d'un air sévère.

– Nous avons causé ensemble, dit-il ; ta maison est à toi, je me contenterai du moindre coin où je puisse dormir, et quant à notre souper, il ne fera pas tort à ton repas de noce. Du pain, du fromage, deux chopines de blonde, voilà le menu : en avant marche !

Il poussa Constant, qui s'en alla du coup jusqu'à la porte de la cuisine. Puis, se tournant vers Julienne, il ajouta :

– Ça ne ruinera pas les garçons ce festin-là, pas vrai, ma femme ?

– Non, la Victoire répondit Julienne.

Jean Guern s'attendait à une plus chaude approbation, mais Julienne ajouta tout de suite :

– La Victoire, cet homme a quelque chose sur la conscience.

– Cela le regarde, ma femme. S'il nous vole un écu de cent sous, ce sera un habile larron !

Il frappa sur ses goussets vides. Pendant ce temps, on entendait parler tout bas à la cuisine. Ils semblaient être là-dedans deux ou trois à se concerter. Julienne était la seule à écouter. Quand le vieux dragon jugea qu'il avait suffisamment attendu, sa grosse voix prononça ce seul mot :

– Eh bien ?

Le cabaretier reparut tout tremblant. Il apportait le pain, le fromage et la bière.

– Sauf votre respect, monsieur Guern, dit-il, je ne peux pas vous laisser ici, c'est retenu.

– Pour la danse ?

– Bien sûr, pour la danse. Il n'y a de libre que l'écurie.

– Y a-t-il de la paille fraîche dans l'écurie ?

– Tant que vous en voudrez, monsieur Guern.

– Eh bien ! mets-nous dans l'écurie.

Pour la première fois depuis l'arrivée du vieux couple, Constant témoigna du contentement. Il ouvrit une porte basse, située à gauche de la principale entrée, et descendit lestement quatre ou cinq marches, conduisant dans une petite cour intérieure. L'écurie était dans cette cour. Il n'y avait point de chevaux.

Constant mit le pain, le fromage et la bière sur un banc, et approcha deux bottes de paille pour faire des sièges. Quatre ou cinq autres bottes de paille, prestement étendues, formèrent le lit où les Guern devaient coucher.

– Bien sûr, dit Constant, quand il eut fini sa besogne, vous allez être là comme il faut.

– Tu peux t'en aller, repartit sèchement le bonhomme.

Au moment où Constant profitait de la permission, Jean Guern le rappela pour lui dire :

– Tu m'enverras les garçons dès qu'ils seront venus.

– Quels garçons ? demanda l'aubergiste, qui s'arrêta court.

– Nicolas Guern, Pierre Guern, Jean-Baptiste Guern et Denis Guern, répondit le vieux dragon en appuyant sur chacun de ces quatre noms.

Constant faillit tomber à la renverse et demanda encore :

– Est-ce qu'ils ont rendez-vous ici cette nuit ?

– Oui, mon petit, répondit Jean Guern.

Et Julienne ajouta :

– Faut être poli et honnête avec eux, monsieur Constant, savez-vous ; car ils sont devenus mauvaises têtes depuis le temps, tout plein, et si ça ne marchait pas à leur idée, ils mettraient du branle-bas dans vot'noce.

Le cabaretier poussa la porte de l'écurie. Il traversa la cour en allant de-ci et de-là comme un homme ivre.

– Les Guern sont durs comme du fer ! pensait-il ; le vieux m'étranglerait ; les jeunes me mettraient en morceaux. Et si les neveux Legagneur savaient qu'ils sont dans la maison !… ajouta-t-il en frissonnant de la tête aux pieds.

Il rentra à la cuisine, où une manière de marmiton, qui n'avait pas figure humaine, surveillait assidûment une pièce de bœuf à la broche. C'était un homme entre deux âges, vêtu d'une blouse en haillons. Sa tête s'enveloppait d'un vieux mouchoir de soie. Ses yeux étaient éraillés et sanglants. On voyait à son front la naissance d'une large cicatrice.

– C'est le cas de le dire, s'écria-t-il aigrement en voyant rentrer le pauvre aubergiste, je crois que tu fais d'autres affaires que les nôtres, maître Constant. D'où viens-tu ?

– Des voyageurs que j'ai remis dans leur chemin, mon bon monsieur Larchal, répliqua Constant d'un air soumis. Faut de la charité.

– Je ne suis pas manchot, quoique j'aie la tête fendue, gronda Larchal, car c'était lui, en donnant un dernier tour de broche ; on ne m'en passe pas ! Marche droit…

– Tenez ! interrompit Constant, pendant que nous avons encore le temps, allons jeter le pain au petit soldat.

– Encore une sottise ! dit l'ancien geôlier ; ça nous jouera un méchant tour ! Pourquoi garder cet oiseau-là ?

– Si vous voulez le laisser mourir de faim une bonne fois, répliqua tranquillement Constant, vous savez, ça m'est égal.

Larchal se gratta l'oreille.

– Depuis que j'ai été si près de sauter le pas, dit-il d'un ton bourru, je tâche de faire de bonnes œuvres. Ah ! mais ! si tu savais comme toutes les pécadilles vous reviennent à la mémoire, dans ces moments-là ! Coupe un morceau de pain, Constant, je vais le jeter dans le trou.

L'aubergiste tailla une bonne tranche de pain dans le *chanteau* et le donna à Larchal, qui dit avec triomphe :

– Ça me sera compté à ma dernière heure, c'est le cas de le dire !

Il était là depuis trois jours, ce bon Larchal. À La suite des révélations qu'il avait dû faire, le séjour de Sedan lui avait semblé dangereux. Il était là pour prendre sa part du gâteau promis à toutes les âmes damnées des Legagneur. Sa tranche de pain à la main, il passa la salle qui donnait sur la route de Montmédy, – cette même salle où Hector s'était arrêté, la nuit de l'embuscade au gué de Saint-Ilde.

Il entra dans une sorte de cabinet noir qui terminait la maison du côté de l'est, et, tâtant le carreau avec ses mains, il trouva l'anneau d'une trappe qu'il souleva. Une plainte se fit aussitôt entendre à dix ou douze pieds au-dessous du sol.

– Bien ! bien ! fit Larchal qui jeta son morceau de pain à la volée ; tu serais bien ingrat si tu ne priais pas le bon Dieu pour moi, conscrit ? Je suis ton père nourricier.

– Coquin ! scélérat ! assassin ! cria aussitôt la voix souterraine qui sembla ranimée par la colère.

Larchal laissa retomber la lourde trappe.

– Faites donc le bien ! grommela-t-il ! c'est le cas de le dire : Voilà comme on vous récompensera !

X
Les gens de la noce

Ils avaient grand appétit et bonne conscience, Jean Guern et sa femme Julienne. Le pain, le fromage et la bière disparurent comme par enchantement.

– La femme, dit le vieux soldat, qui trouvait toujours moyen de placer quelque sentence, on est riche, quand on peut souper si bien à deux pour douze sous.

– Certes, la Victoire, répliqua Julienne, mais il faudrait avoir les douze sous.

Jean Guern ne répondit pas à cet argument, présenté avec la douceur tranquille qui caractérisait sa moitié. Il fit mine d'arranger la paille du lit, Julienne reprit :

– La Victoire, j'ai le pressentiment qu'il va se passer ici quelque chose cette nuit.

– Dormons un somme avant l'heure de notre besogne, la femme, repartit Jean Guern ; quand les garçons vont arriver, nous serons frais, et on verra.

Les deux bâtons furent déposés dans un coin, à portée du lit de paille. Jean Guern et Julienne s'agenouillèrent l'un auprès de l'autre. Jean Guern dit la prière ; Julienne la répondit. La prière fut courte et bonne.

– Dors bien, ma femme.

– Dormez bien, la Victoire ; nos cœurs à Dieu, si vous voulez.

– Ainsi soit-il.

Vous n'eussiez pas attendu plus d'une minute l'unisson vigoureux de leurs ronflements.

Jean Guern n'aurait pas su dire combien de temps il avait dormi, quand il fut éveillé en sursaut par un grand bruit qui se faisait dans le cabaret. L'écurie n'avait qu'une fenêtre grillée. Au premier moment du réveil, Jean Guern se demanda où il était, tant la nuit noire noyait profondément les objets qui l'entouraient.

La mémoire lui revint vite, parce qu'il tâta la paille autour de lui. Ce n'était point son lit ordinaire. Julienne continuait à ronfler vaillamment à ses côtés. Il se frotta les yeux et se prit à écouter. Le vacarme continuait. Cela ressemblait au tapage que font des convives en belle humeur.

– Ah ! ça ! se dit Jean Guern, il paraît que Constant m'a pas menti, ce sera la première fois de sa vie. Il y a noce ici près, bien sûr.

Il essaya de se rendormir, mais les voix montaient tumultueuses et criardes, le sommeil ne voulut point revenir. Jean Guern se tournait et se retournait sur sa paille. La patience n'était point son fort. Le sang lui vint bientôt à la tête, et il se leva, cherchant son gourdin à tâtons.

– Je vais aller les prier de se taire ! pensait-il.

Le gourdin n'était pas inutile pour cela. Il faut parler poliment aux gens de noces. Jean Guern pensait encore :

– La femme a le sommeil chevillé, cette nuit !

Il trouva son gourdin. Il s'orienta et marcha vers la porte. Au bout de quelques pas, son bâton rencontra les planches qui le séparaient de la cour. Il n'y avait qu'un loquet à soulever pour sortir. Il se souvenait bien en effet que Constant n'avait fait jouer aucune serrure, ni tiré aucun verrou en dehors. Et cependant, quand il voulut ouvrir, la porte se trouva fermée.

– Oh ! oh ! fit Jean Guern, dont la haute taille se redressa aussitôt dans la nuit.

Le premier soupçon venait. On avait fermé la porte en dehors pendant qu'il dormait. Pourquoi cette précaution ?

Là-bas, sur la route, la vue de ces chardons qu'il avait pris dans l'ombre pour des malfaiteurs en embuscade lui avait fait oublier tout à coup sa lassitude. Nul d'entre nous n'est sans défaut. Le bon Jean Guern était, nous l'avouons, une nature amie des batailles, et Julienne, plus pacifique, ne détestait pas l'occasion de se montrer.

181

Si elle ne portait plus les dragons à bout de bras dans le feu, c'est que les dragons ne plaisantaient plus avec elle. Un instant, Jean Guern se fit scrupule de laisser sa femme endormie. C'était lui enlever sa part d'une bonne aventure. Mais elle ronflait si bien ! et puis les choses pouvaient mal tourner. Jean Guern éprouva de l'épaule la force de la clôture. Il n'y mit pas toute sa vigueur, et pourtant les battants crièrent.

– C'est bon pour arrêter des Belges ! dit-il.

Une seconde poussée, calme, mais solide, sépara les deux battants presque sans bruit. Jean Guern sortit dans la petite cour. Ici, les voix se mêlaient déjà plus éclatantes, cependant, le vieux dragon ne distinguait pas encore le sens des paroles prononcées. Si noire que soit une nuit, on voit toujours à se guider en plein air. Jean Guern reconnut la forme de la maison, dont aucune fenêtre n'était éclairée sur la cour. La salle où se tenaient les convives ne donnait pas de ce côté.

Jean Guern se dirigea d'abord vers la porte par où le cabaretier l'avait fait sortir pour le mener à l'écurie. Cette porte était fermée en dedans. Nous savons que Jean Guern avait des moyens à lui pour rendre inutiles serrures et verrous, mais il préféra chercher une autre issue. Il y en avait deux à choisir : Une porte basse, située à l'autre extrémité du bâtiment, et une petite fenêtre ouverte tout près de la porte basse ; par cette fenêtre, des lueurs vagues passaient ainsi qu'un turbulent concert de paroles.

Jean Guern enjamba l'appui de la fenêtre. Il se trouva dans un réduit humide et sombre où l'on marchait sur la terre battue. Sous la porte qui faisait face, une raie lumineuse se montrait. La noce était là.

Au moment où Guern entrait, un silence subit venait de se faire. On n'entendait même point ce bruit des couteaux et des assiettes qui, dans tout repas, emplit les entractes de l'entretien. C'était un silence presque complet, comme il s'en produit autour du tapis vert, quand une assemblée diplomatique cesse de discourir pour pointer une carte ou examiner un plan.

Jean Guern avait compté sur le brouhaha pour s'approcher. Cette absence de bruit lui donna de l'hésitation. Il s'arrêta au milieu de la chambre, attendant pour avancer que le bavardage recommençât.

Mais le silence s'obstinait. Et parmi ce silence d'autres sons qui ne partaient point de la salle commune arrivèrent tout à coup à l'oreille de Jean Guern. Cela ressemblait à une voix enrouée, harassée à force de crier. Cela partait d'en bas, de très bas, juste sous les pieds de Jean Guern.

Il arriva un instant où l'illusion, si c'était une illusion, fut si forte, que le vieux soldat pencha sa tête pour écouter mieux. Il entendit en effet plus distinctement. Alors il se mit à genoux, son genou heurta contre un objet dur et de forme arrondie. Il y porta la main. C'était un anneau semblable à ceux qui servent à soulever les trappes.

Dans la chambre voisine un cri s'éleva : évidemment on avait montré quelque chose aux gens de la noce, et ils en étaient très contents car ils disaient :

– Bravo ! Bravo ! pendant qu'ils attendent le bel Hector à la Croix-Renaud, là-bas, nous allons travailler de notre côté, cette nuit !

– Mes bons amis, dit une voix suppliante, que Jean Guern reconnut tout de suite pour être celle de Constant, si les neveux savent que cela s'est fait chez moi, je suis un homme mort !

Dans le pays, ce mot ; « les neveux, » désignait toujours les deux jeunes Legagneur de Belgique. Il y eut des rires. Les convives se moquaient de Constant, qui reprit :

– M. François m'a déjà menacé ce soir de me casser la tête d'un coup de pistolet, à cause de ce damné Parisien du régiment de Vauguyon, qui vit encore.

– Ah ! fit-on, il vit encore !

Une autre voix se fit entendre, que Jean Guern chercha en vain à reconnaître.

– C'est le cas de le dire, prononça cette voix ; s'il vit, celui-là, c'est qu'il a la vie dure. Les deux neveux lui ont tiré plus d'une douzaine de coups de fusil dans sa citerne.

– Dans sa citerne ? répéta-t-on.

– Eh ! oui, répondit Larchal ; ils tiraient à tâtons, mais la citerne n'est pas large, et je ne sais pas comment le pauvre diable a fait pour se garer, c'est le soldat qu'ils avaient blessé l'autre fois dans le parc de Blamont, un ami du Bel Hector...

– Et qui l'a mis dans la citerne ?

– N'est-ce pas vrai, on est humain ou on ne l'est pas. Mon cousin Constant est fait comme moi : il a bon cœur. La citerne est desséchée, depuis qu'on a foré le puits dans la cour. Au lieu de le tuer d'un coup de couteau, le cousin laissa la trappe ouverte, le jour où le soldat fut apporté ici et le coucha au bord. C'était la nuit, l'autre voulut se sauver, comme de juste, il rencontra la trappe, et tomba dans le trou. Il y avait de quoi se casser les deux bras, les deux jambes et la tête. Mais, ça vient de Paris : c'est pire que les chats. Le lendemain au matin, on l'entendit qui demandait à manger, et depuis ce temps-là, on lui jette un morceau de pain, une fois le temps...

Jean Guern saisit à deux mains l'anneau de fer et souleva la trappe. La voix qui vint par l'ouverture était épuisée et témoignait d'une rage folle.

– Brigands ! coquins ! scélérats ! disait-elle.

Le sang monta au visage du vieux soldat. S'il n'eût pensé que sa chute écraserait le malheureux être qui était là-dedans, il aurait sauté à pieds joints dans le trou. Il se coucha sur le ventre et mit sa tête au niveau de l'ouverture.

– Patience, Monnin, patience, enfant ! prononça-t-il tout bas ; vous ayez un ami ici, tenez-vous en repos.

– Ah ! chacal ! fit le jeune soldat, tu rôdes autour de mon agonie !

Une pierre lancée adroitement siffla aux oreilles de Jean Guern.

– Allons ! pensa-t-il en se relevant, il a encore de bons bras, ce garçon-là.

Il se hâta de refermer la trappe pour que les cris du prisonnier n'attirassent point l'attention de ses dangereux voisins.

Dans la salle commune on venait de prononcer pour la seconde fois le nom d'Hector. Jean Guern était désormais tout oreilles.

– Son affaire est réglée, à celui-là, disait Constant, mais c'est lui qui s'est jeté dans la gueule du loup. Il a provoqué le major en duel.

– En duel ! répéta-t-on dans un éclat de rire, qui a dit ça ?

– Les neveux, reprit Constant, sont venus ce soir avec Bastien pour l'affaire de Nicolas Souquet… Encore un imbécile qui s'est vanté trop tôt.

– Nous l'avons chassé deux heures durant, dit une voix inconnue, le vieux père Bataille a manqué d'y passer, mais il est allé tourner la baguette avec les Errants du côté de la Ronde-Couture, et le Cloqueur est descendu tout seul vers le château. Le grand Louis l'a abattu d'une balle dans la nuque.

On félicita le grand Louis, Jean Guern avait les tempes baignées de sueur. Il attendait avec une fiévreuse impatience qu'on revînt à Hector.

– N'empêche, dit Constant, que vous faites bien de jouer de votre reste. Les neveux disaient ce soir qu'on allait envoyer ici des gendarmes de Bruxelles. Dans huit jours, il y aura des soldats plein le pays !

– Bah ! fit-on, dans huit jours la farce sera jouée et nous roulerons carrosse. Les gendarmes mettront la main au chapeau quand ils nous verront passer !

– Il y a donc, poursuivit Constant, que le bel Hector a écrit à M. Antoine. M. Antoine aurait payé cette lettre-là un bon prix ! Il a arrangé une comédie avec les neveux et Bastien. On fera semblant de se battre… Est-ce que je sais, moi ? Le maréchal-des-logis sera placé de manière à trébucher au premier mouvement qu'il fera. On a creusé des trous, masqués avec du gazon.

– Des bêtises, dit Larchal ; le plus clair, c'est que les neveux seront dans le fourré avec leurs carabines !

Jean Guern appuya la main contre son cœur.

– C'est cette nuit, murmurait-il sans savoir qu'il parlait ; c'est cette nuit, le grand danger annoncé par les prophéties ! L'enfant aura vingt ans demain : Riche ou mort !

Le cabaretier continuait :

– Une fois le bel Hector expédié, puisqu'on dit que c'est un Soleuvre, la bonne demoiselle Honorine devient l'unique héritière des trésors, ou tout au moins du trésor qui appartenait en propre aux Soleuvre. Comme ça,

M. Antoine, en épousant Mlle Honorine, lui gagne tout d'un coup une belle dot.

Des protestations se croisèrent avec des éclats de rire.

– C'est à nous la dot ! s'écriait-on : c'est à nous tout.

Et le tumulte recommença. Quand il fut un peu calmé, Jean Guern entendit ceci :

– C'est le cas de le dire, ce que je ne comprends pas, moi, c'est l'affaire du Cloqueur. Tirer à un bon garçon, comme ça, une balle derrière l'oreille, pour un chiffon de papier, c'est dur !

– Puisqu'il ne voulait pas le donner ! répliqua-t-on.

– Mais, que dit-il, ce chiffon de papier ?

Jean Guern se prit à écouter. Il s'avança tout doucement vers la porte et mit son œil à la serrure. Ce fut alors qu'il reconnut l'ancien geôlier Larchal et bon nombre de ses compagnons, tous méchants vagabonds et déserteurs de fabriques.

Il y avait un papier étendu sur la table. La ressemblance de ce papier, pour la forme, la couleur et l'écriture, avec ceux que Jean Guern avait trouvés dans le coffre, après la mort du vieux moine, lui sauta aux yeux. Il n'y avait plus de doute. Le renseignement donné par la fille de Giovan Bataille était exact. Le Cloqueur devait s'être introduit dans la chambre mortuaire et il avait volé ce papier.

Un fraudeur émérite, qui s'asseyait à côté de Constant, mit ses lunettes à cheval sur son nez et commença la lecture à haute voix. Le papier, comme tous ceux qui étaient renfermés dans le coffre, était à l'adresse de Jean Guern, en sa qualité d'ami et de serviteur de la famille de Bazeille. Il contenait ceci en substance :

> Jean Guern devra lire cet écrit avec soin, se bien pénétrer de son contenu et le détruire immédiatement après : c'est la clef du trésor. Cette clef ne doit exister que dans la mémoire de Jean Guern.
> Si Jean Guern n'avait pas été absent, on lui aurait expliqué de vive-voix ce qu'on est obligé de confier au papier, malgré la défense expresse de ceux qui avaient le droit de dire : Faites ou ne faites pas.
> Par la volonté de Dieu, cet écrit arrivera entre ses mains : qu'il ne l'égare pas !
> Jean Guern aura trouvé dans le coffre deux pièces ci-jointes, savoir : un plan de l'abbaye d'Orval et un papier blanc portant à gauche un écusson d'Orval, à droite l'écu de Soleuvre. Au flanc du crucifix qui est dans les armoiries de Soleuvre, il y a un point rouge, et le papier porte cette mention :
> *Ne vendez point ce Christ pour trente deniers !*
> Il faut que Jean Guern pose le second papier sur le plan, de façon à ce que l'écusson d'Orval couvre la dernière tour de l'enceinte du sud, et l'écusson de Soleuvre la chapelle Sainte-Thècle. Dans cette position, les deux feuilles de papier seront piquées d'une épingle à l'endroit marqué par le point rouge.

La pointe de l'épingle désignera sur le plan le lieu précis où se trouve le trésor.

– Tiens ! tiens ! fit Larchal émerveillé ; je crois bien qu'il ne faut pas vendre ce Christ-là pour trente deniers ! C'est le cas de le dire : voilà une idée de moine !

Le vieux Guern, lui, laissait échapper un bruyant soupir. Sa main tâtait involontairement la poche de sa veste où il avait mis les papiers.

– Le plan et la feuille blanche sont là ! dit-il.

Et il ajouta pour bien graver ces détails dans sa mémoire :

– Les deux feuilles l'une sur l'autre ; l'écusson d'Orval couvrant la dernière tourelle du sud ; les armoiries de Soleuvre masquant la chapelle de Sainte-Thècle, et une pointe d'épingle traversant les deux papiers à la place du point rouge...

– Il y a encore autre chose ! dit le lecteur, qui continua :

En faisant glisser la feuille blanche sur l'autre, de façon à ce que les armoiries d'Orval coïncident avec la seconde tourelle du sud et la couronne de l'écu de Soleuvre avec la dernière porte de l'enceinte, du côté sud, l'épingle, piquée dans le point rouge, rencontrera l'issue par où il faut passer pour arriver au trésor.

L'assemblée eut un frémissement. Jean Guern travaillait à caser ces détails dans sa mémoire. Larchal s'écria :

– Le Cloqueur n'a eu que ce qu'il méritait. C'était un égoïste ! Et les deux feuilles sont-elles entre les mains du vieux Guern ?

On répondit affirmativement. Il y eut un silence, puis :

– C'est loin, Bazeille ! dirent quelques voix, qui va se charger de Jean Guern ?

Le fraudeur qui avait déchiffré l'écrit de frère Arsène répondit :

– J'ai vu de mes yeux Jean Guern et sa femme Julienne à Stenay, ce soir, vers cinq heures. Ils sont partis tous deux à pied en se dirigeant vers la frontière de la Belgique. Nous savons où ils vont. Il faudra se mettre beaucoup pour les avoir en route.

Constant ne prononçait pas une parole. Le vieux dragon le guettait entre tous. Il était facile de voir que Constant avait bien envie de parler. La terreur seule combattait son désir.

– Où vont-ils ? demandaient dix voix à la fois ; où vont les Guern ?

– Ils vont, répondit le fraudeur, au lieu de Sèmepuis, de ce côté-ci de la Marche, sous les forges de la Soye. Le pauvre Nicolas Souquet comptait bien les attendre à la sortie du bois. Il savait que le maréchal-des-logis se cache depuis trois jours dans la loge du père Mathieu, qui travaille maintenant à la forge.

– Mathieu Sudre ?

– L'homme au loup, un faux-frère. Sa bête et lui passeront un mauvais quart d'heure cette nuit.

Jean Guern se demandait :

– Qui donc a pu les instruire si bien que cela !

– Allons, les enfants ! s'écria Larchal en resserrant son bandeau sur sa tête fêlée ; c'est le cas de le dire : Jean Guern est un vieux routier. Pendant que nous bavardons, il a peut-être déjà passé la frontière.

– Pas de danger ! répliqua le fraudeur ; il y a du monde partout, cette nuit, et le petit de Mathieu fait le guet pour nous sur la route de Stenay. Voilà un enfant bien mignon, qui étranglerait son père et sa mère pour un écu de trois livres !

Comme il achevait, un coup de feu se fit entendre au loin, dans la direction des futaies de Blamont.

Tout le monde se leva. On fit silence.

Un second, puis un troisième coup de feu retentirent à une distance encore plus grande. C'étaient Lethil et les deux neveux aux prises avec le grand loup de Mathieu Sudre.

– Est-ce que l'affaire du maréchal-des-logis serait déjà faite ? grommela le fraudeur.

Jean Guern avait aux tempes une sueur glacée. Les gens rassemblés dans le cabaret de Constant sautèrent sur leurs armes.

Quatre hommes sur la route de Stenay ! dit Larchal, qui semblait être le chef ; quatre sur la route de Montmédy, le reste dans les sentes. Le mot d'ordre est de laisser approcher l'homme et la femme Guern. La nuit on n'est sûr de son coup qu'à bout portant !

L'instant d'après la salle basse du *Lion belge* était vide. Il n'y avait plus que Constant qui rangeait les pots et les verres. Il était tout défait. Il s'arrêtait parfois comme si une pensée obsédante lui eût travaillé la cervelle.

Le sang bouillait dans les veines de Jean Guern qui ouvrit la porte brusquement et marcha droit au cabaretier, déjà paralysé par l'épouvante.

– Il était là ! balbutia ce dernier ; il a tout entendu !

Puis il ajouta :

– Vous avez bien vu que je n'ai pas ouvert la bouche de vous, monsieur Guern ! Ayez pitié de moi ?

Le vieux breton le prit au collet. Constant tomba sur ses genoux.

– À quelle heure ce duel, ou plutôt cet assassinat ? demanda Jean Guern.

– À trois heures cette nuit. Je ne suis pour rien là-dedans, monsieur Guern !

Celui-ci jeta les yeux sur le coucou pendu au mur. Le coucou marquait deux heures moins le quart.

– Faut-il plus d'un quart d'heure pour aller d'ici au lieu de Sèmepuis, derrière la forge de la Soye ? demanda-t-il encore.

– À peine un quart d'heure, mon bon monsieur Guern. Je suis innocent : ne me faites point de mal !

Jean Guern se consulta.

– Prends ton échelle, dit-il, et descends dans le trou. Tu ramèneras celui qui est là-dedans !

– Dans la citerne ! s'écria Constant, tremblant de tous ses membres ; vous n'y songez pas, monsieur Guern ! le soldat est enragé, il va m'étrangler.

– Fais vite ! ordonna le bonhomme.

Constant hésitait, mais la main de Jean Guern pesait sur lui.

– Que Dieu m'assiste ! murmura-t-il d'un ton larmoyant, je ferai tout ce que vous voudrez, monsieur Guern !

– Ne me trompe pas, reprit le bonhomme : à qui appartiens-tu, parmi ces coquins qui s'entre-combattent et qui se trompent les uns les autres ?

– Hélas ! monsieur Guern, fit le pauvre diable, je tâche de me garer de tout le monde. Je ne suis ni aux Legagneur ni aux Errants de nuit. Il est bien difficile de garder sa tête sur ses épaules, dans ce maudit pays !

– Les Errants sont-ils en campagne !

– Il en est passé plus de trois cents, ce soir, avec le vieux Giovan Bataille. Ils chantaient et disaient que c'était la dernière nuit.

– À l'échelle ! fit le vieux Breton, qui le releva de force.

Constant se dirigea, l'oreille basse, vers la porte du jardin. Il prit l'échelle qui était posée en dehors, contre le mur. La trappe fut soulevée. Jean Guern dit à haute voix :

– Jeune homme, laissez-vous faire. Je suis le sellier-carrossier du village de Bazeille, tout le monde me connaît et a confiance en moi.

Ce titre de sellier-carrossier fut exhibé avec une certaine emphase. Le bonhomme avait cassé une paire de bras, un dimanche au fond de Givonne, parce que les forgerons l'avaient appelé bourrelier. Constant descendit. Quand il fut à moitié de l'échelle, il prit une petite voix douce pour dire :

– Ah ! mon pauvre ami, qu'il y a longtemps que je serais venu vous chercher, sans la crainte de ces scélérats !

– Censé, répondit Denis Monnin, descends toujours. Nous allons causer quand je serai là-haut.

Il y avait tant de rancune là-dedans que Constant s'arrêta. Le cœur lui manquait.

– Dépêche ! commanda Jean Guern.

En même temps, il sortit par la porte de la petite cour et s'en alla éveiller sa femme Julienne, qui faisait son somme dans l'écurie. Comme il traversait la cour, il entendit qu'on parlait de l'autre côté du mur. De l'autre côté du mur, c'était la campagne. Une voix d'enfant disait :

– Allons ! grimpez, on n'entre pas par les portes, cette nuit.

Jean Guern alla se coller au mur et serra son gourdin à deux mains. Il pensait en lui-même :

– Pourvu qu'ils n'arrivent pas tous ensemble, nous allons rire !

Il n'en arriva qu'un. Un grand gaillard bien planté, qui avait un fusil en bandoulière. Jean Guern allait frapper, lorsque, du haut du mur, une mâle voix demanda :

– Peut-on sauter, Nicolas ?

– Eh ! fit le vieux breton en riant, c'est l's *afants* !

– Le père ! s'écria Nicolas Guern.

– Chut ! qui vous a conduits ?

– Le fils à Mathieu, le petit Pierre, un démon ! Pas possible que vous soyez tout seul, père !

Jean Guern entra dans l'écurie et secoua Julienne de main de maître. Celle-ci dormait encore qu'elle était sur ses pieds, le bâton en arrêt.

– Oui, la Victoire, dit-elle en achevant son rêve, si vous voulez.

Les quatre garçons embrassèrent leur mère. En entrant dans la pièce du rez-de-chaussée où était l'ancienne citerne, ils trouvèrent Denis Monnin occupé à gourmer sérieusement le cabaretier qui venait de le délivrer.

– Censé, dit-il, en portant son regard limpide sur les Guern, c'est un à compte pour tout le mauvais sang que j'ai aigri là-dedans. Oh ! les coquins ! si je retrouve l'ancien geôlier ou les neveux Legagneur, je promets, comme l'on dit, de les mettre en chair à pâté !

Il s'interrompit et ajouta en riant :

– Ça m'a rassoupli de lui fournir une volée !

Puis, tout à coup, d'un air sérieux et inquiet, il s'adressa à Jean Guern :

– L'ancien, demanda-t-il à voix basse, le maréchal-des-logis Hector a-t-il été passé par les armes ?

– Le maréchal-des-logis, répliqua Jean Guern, a besoin de tous ses amis cette nuit.

– J'en suis ! s'écria joyeusement le jeune soldat ; quoiqu'il soit mon supérieur, je lui ai voué censément une tendre amitié qui ne finira qu'avec la mort !

– Constant, ordonna Jean Guern, apporte ton fusil à ce jeune homme-là !

Le cabaretier ne se fit point prier. Il mit entre les mains de Monnin une arme massive et rouillée, qui semblait contemporaine de l'invention de la poudre. Le parisien l'examina d'un air défiant, puis il la jeta sur son épaule en disant :

– Quand on ne s'en servirait censé que pour assommer un pataud ou deux avec la crosse : on ferait toujours ses frais !

– Maintenant, reprit Jean Guern, à notre besogne… petit Pierre ?

L'enfant s'approcha aussitôt.

– Petit Pierre, reprit le vieux Breton sans se cacher de l'aubergiste, peux-tu nous conduire en droite ligne à la Croix-Renaud ?

– Oui, monsieur Guern.

– Sans mauvaises rencontres ?

– Oh ! monsieur Guern ! ce serait tant pis pour ceux qui vous rencontreraient. Mais on peut éviter les embuscades, en guettant dur.

– En route donc, et sois notre guide !

Il sortit le premier avec sa femme. Ils n'avaient pour armes que leurs bâtons. Mais petit Pierre avait raison. Ce devait être tant pis pour ceux qui eussent essayé de leur fermer le passage. Derrière eux venaient les quatre, fils Guern et le Parisien. Tous cinq avaient des fusils en bandoulière.

Petit Pierre prit la tête de la caravane. Il traversa la route de Montmédy en droite ligne et s'enfonça tout de suite dans les terres. Nicolas, l'aîné des *afants*, dit :

– Notre père, pourquoi avez-vous dit où nous allons devant ce coquin de Constant ?

– Écoutez ! fit le bonhomme au lieu de répondre.

On put entendre un cheval qui galopait sur la route de Montmédy à la frontière.

– C'est peut-être lui ! dirent les fils Guern.

– C'est lui, prononça le vieux Breton, sûr de son fait ; je savais bien ce que je faisais.

Il ajouta en se remettant en marche :

– Il faut tout prévoir, pas vrai, Julienne ?

– Oui, la Victoire, mais je ne sais pas ce que vous avez prévu.

– Constant part pour les avertir. Il va leur dire : les six Guern sont en campagne. Comprenez-vous cela ? Et à supposer même que nous n'arrivions pas à temps, la Croix-Renaud sera un lieu aussi sûr et aussi tranquille, dans vingt minutes d'ici, que la grand-place de Sedan à midi !

– C'est pourtant vrai, dirent les garçons.

– Quant à ça, appuya Monnin, censé, vous deviez être un rude lapin au temps jadis, l'ancien !

Petit Pierre ordonna le silence. On côtoyait un fourré où Larchal et quatre bandits veillaient. En tournant la pointe du taillis, on put ouïr sous la feuillée l'expression favorite de l'ancien geôlier, fils de l'Auvergne et du Brabant :

– C'est le cas de dire.

Au bout de dix minutes, on entendit le ruisseau de la Marche couler en murmurant sur ses cailloux. Les forges de la Soye dessinaient leur silhouette entre la montagne française et la montagne belge. Un pas encore et les six Guern étaient à la porte de cette demeure souterraine où le maréchal-des-logis Hector avait trouvé un asile : la loge de Mathieu, l'homme au loup.

XI
Mystérieuse aventure

Revenons au commencement de cette nuit et rentrons au château de Blamont. Il nous reste à savoir où se rendaient l'ex-major Legagneur, le baron Michel et M. de Blamont, et pourquoi ils quittaient, comme nous l'avons vu, leur couche à l'insu les uns des autres.

Antoine Legagneur, que nous suivrons le premier, précéda, comme nous l'avons dit, Honorine de Blamont, et sortit par la grand-porte, dont il avait la clef. Après qu'il eut franchi la grille, il choisit le chemin ouvert à droite de l'avenue, chemin qu'il avait déjà parcouru en sens contraire, ce soir, lors de sa promenade avec Bastien Lethil, en revenant d'Orval.

Antoine Legagneur retournait précisément au lieu où nous l'avons trouvé vers le coucher du soleil, dans cette vaste prairie arrosée par la Marche, à la frontière franco-belge. Seulement, au lieu de s'arrêter à la hauteur du tertre d'où il avait contemplé ce prodigieux escalier d'étangs que l'ombre voilait maintenant, il poursuivit sa course et s'engagea tout seul dans la vallée d'Orval. Tous les bruits qui venaient là naguère se taisaient. Le vent n'apportait plus le pouls de la forge endormie. Depuis longtemps, les rares troupeaux qui paissaient l'herbe de ces prés avaient regagné l'étable ; on n'entendait plus que l'eau, babillant sourdement dans son lit, masqué par les buissons de saules.

L'ex-major des chasseurs Vauguyon traversa le tertre où avait eu lieu sa conférence avec Bastien et prit la rive belge du ruisseau de la Marche.

– Ces bourgeois de Sedan ! pensait-il, essayant de se donner le change à lui-même et de railler ce qui l'irritait profondément, ces lourdauds ! ces marchands ! ils peuvent bien nous insulter maintenant : ne nous ont-ils pas assez adorés autrefois ? Et ces officiers ! il y a quinze jours, ils se seraient agenouillés en rond autour de mon Cheval ! Aujourd'hui, les voilà qui voudraient me courre comme un gibier. Ah ! que je me sens libre et fier depuis que je n'ai plus ces graines d'épinards sur l'épaule ! l'état militaire ne valait pas mieux pour moi que le commerce. Il n'y a qu'un bon métier celui de Crésus !

191

Il se frotta les mains en pressant le pas et reprit :

– C'est Paris qu'il me faut ! Je suis encore jeune ; j'ai une santé de fer. Je veux arriver là comme un météore. Michel est baron, je serai comte. Comte Legagneur de Blamont ! cela sonne ou je ne m'y connais pas ! S'il n'y a pas un hôtel assez beau, je jetterai deux millions à la tête d'un architecte et je lui dirai : Faites-moi un palais ! Honorine sera une belle comtesse. Si fantaisie me prend d'être ministre, je demanderai combien coûtent les portefeuilles au marché…

– Mais voyons ! mais voyons ! ne refaisons pas la fable de la laitière et du pot au lait. Jouons-nous véritablement à coup sûr ? Cet héritier de Soleuvre ! Bah ! dans deux heures, il n'y aura plus d'héritier de Soleuvre ! J'épouse la fille de Blamont, aujourd'hui même : Est-ce certain, cela ? Y a-t-il un être au monde qui soit capable de m'en empêcher ? Une fois marié, j'ai droit ; je tiens Blamont, ce pâle trembleur. Et s'il est vrai, comme j'en suis sûr, que ce sol renferme les incalculables richesses amassées par ces coquins de moines, je ne changerais pas ma légitime contre le patrimoine du roi !

Vrai, s'il avait eu sur la tête le pot au lait de la fable, il l'aurait cassé du coup, car il fit un saut de joie.

– Une fois riche, continua-t-il, s'animant jusqu'à côtoyer les frontières de la folie, je rachète l'honneur ; cela se rachète. Oh ! la miraculeuse plaisanterie ! Je mets à tous ces aboyeurs de Sedan un bâillon d'or. Je me sépare de mes frères, des neveux, de tout ce peuple Legagneur qui gênerait mes allures. Je fais le voyage de Bruxelles. J'appelle la sollicitude du nouveau roi Léopold sur l'état d'anarchie et de désordre qui pèse sur ces tristes campagnes. Je prends la loi au collet pour l'amener jusqu'ici. Est-ce beau, cela ? Antoine Legagneur patronnant la loi ! Je deviens une manière d'apôtre de la civilisation, et, parmi nos Errants de nuit, tous ceux qui ne sont pas pendus se font gendarmes, douaniers ou ermites ! Cela ne doit pas coûter bien cher de faire graver son nom sur une colonne… Mais, par le diable ! voici quelque chose de vraiment étonnant !

Ceci fut prononcé sur un tout autre ton. Il ne s'agissait plus de pot au lait. L'accent d'Antoine Legagneur dénotait une sérieuse et profonde surprise. Tout en bâtissant ses châteaux en Espagne, il avait fait du chemin. Il était à présent à la hauteur du second étang d'Orval, l'étang de l'Abbé.

Les ruines, dépassées, s'étendaient au-dessous de lui vers l'ouest. La forêt recommençait dans la direction opposée, couvrant la rampe qui montait au troisième étage.

Tout était noir. Pas un rayon ne tombait du ciel. Et certes, Antoine Legagneur avait raison de s'étonner. Au milieu de cette obscurité profonde, une lueur fantastique se dressait juste au centre de l'étang, dont les eaux calmes reflétaient à peine le gris sombre des nuages.

Il y avait une brume légère. La lueur montait dans la brume, comme si le foyer lumineux eût été sous l'eau. Il en résultait une sorte de spectre de forme ronde et allongée qui ressemblait de loin à une épaisse colonne de fumée. Seulement c'était régulier et immobile.

– Voilà donc ce fameux feu Saint-Bernard ! murmura Antoine quand sa première surprise fut passée. La Chape ! En bonne physique, on a beau entasser des millions, cela n'éclaire pas comme un flambeau. Et pourtant quelque chose me dit : c'est ici la lueur du trésor inépuisable !

Sa main toucha son front par hasard, il la retira baignée de sueur.

– Oui, oui ! s'écria-t-il, tout mon être se trouble et travaille. J'ai la fièvre, je sens là les monceaux d'or !

Il s'approcha le plus près possible de l'étang, dont les bords, en l'absence de tout entretien, étaient devenus un marécage. Ses pieds s'enfoncèrent dans la boue. Le fantôme rayait toujours la nuit et ne bougeait pas. Antoine tira sa montre. Il faisait si noir qu'il ne put distinguer le blanc du cadran. Il poussa le ressort de la répétition ; la montre donna minuit et demi. Antoine entendait les battements de son propre cœur. Il sortit du marécage et revint en terre ferme.

– Minuit et demi ! pensa-t-il tout haut ; c'est l'heure où les Errants font leur folle besogne. On devrait ouïr d'ici le son de leurs pelles et de leurs pics.

Il pencha l'oreille contre terre pour saisir mieux les bruits lointains. Le silence était complet.

– Giovan Bataille, grommela Antoine, leur aurait-il donné congé pour suivre, cette nuit, la même piste que moi ?

Il croisa ses mains appuyées sur le canon de son fusil, dont la crosse était dans l'herbe.

– Nous sommes tous là, reprit-il lentement, autour de ces richesses enfouies ; aucun ne veut partager. Chacun veut tout pour soi. Nous nous trompons les uns les autres, non seulement d'étranger à étranger, mais de frère à frère, car je suis bien sûr que le vieux Michel n'est pas dans son lit à cette heure !… Ma foi ! je ne leur en veux pas ! Mais je joue mon jeu comme les autres, et tant pis pour ceux qui n'auront pas d'atout !

Il prêta l'oreille encore attentivement et longuement. Son regard restait attaché sur la lueur. La lueur l'attirait et le magnétisait.

– J'ai bien chaud, dit-il tout à coup, exprimant enfin la pensée qui était en lui depuis plusieurs minutes, et cette eau doit être glaciale : c'est risquer sa vie que d'y entrer.

Il déposa son fusil dans les joncs. Il ôta sa casquette de chasseur. Il se dépouilla de son habit. Le vent nocturne fraîchit la sueur qui mouillait sa chemise. Il grelotta.

– Allons ! s'écria-t-il en lui-même ! Les fluxions de poitrine ne prennent pas ceux qui se jettent à l'eau sans réfléchir. J'ai la peau dure, et l'enjeu vaut bien la peine qu'on se donne !

En parlant il se déshabillait. Il suspendit ses vêtements aux branches d'un aune, afin de les retrouver secs après le bain hasardeux qu'il allait prendre, puis il s'élança sans réfléchir davantage, traversa en courant la marge marécageuse, et se plongea dans l'eau tout d'un coup.

L'eau était froide, mais personne n'ignore combien la réaction se fait vite dans le bain, quand elle est aidée par l'effort de la natation. Antoine Legagneur était un nageur excellent. Après une douzaine de brasses, il se débarrassa de la vase qui gênait ses mouvements et se trouva dispos. Au bout d'une minute il sonda. L'étang avait déjà trois hauteurs d'homme de profondeur.

Antoine nagea en droite ligne vers la colonne blanchâtre qui lui servait de phare. C'était, à son estime, un voyage de six à sept minutes. Mais à peine était-il éloigné d'une trentaine de pas du rivage qu'un bruit de nature suspecte le contraignit à se retourner. Les aunes et les saussaies qui bordaient le marécage s'agitaient comme si une bête fauve eût foncé à travers leur feuillage.

Antoine se souleva le plus possible au-dessus de l'eau afin de voir, mais son regard ne put percer l'obscurité. Il fit alors la planche et demeura immobile sur le dos. Dans cette position, l'oreille, favorablement placée au niveau de l'eau, saisit les bruits les plus éloignés. Antoine entendit en effet très distinctement l'animal qui s'approchait de l'eau. Ce devait être un gibier de grande taille. Il vint si près que ses pieds clapotèrent dans l'étang. Le son de ses aspirations répétées vint jusqu'à Antoine. L'animal flairait au vent avec force.

Antoine se demandait s'il allait être obligé de livrer un combat au milieu de l'eau, mais l'animal, quel qu'il fût, tourna brusquement et se rejeta dans les broussailles. L'instant d'après Antoine ne l'entendait plus.

Si le lecteur se souvient que, vers cette même heure, Nerea lança en quête le grand loup noir de Mathieu, il aura l'explication de cette alerte qui donna la chair de poule à l'ancien major Legagneur.

Du reste, à peine Antoine avait-il cessé d'ouïr la course impétueuse du quadrupède à travers les saussaies, qu'un autre bruit vint frapper ses oreilles. C'était un murmure sourd et lointain que la terre vibrante semblait communiquer à l'eau. Pour un étranger, l'origine de ce second bruit aurait été assurément bien plus difficile à deviner que celle du premier, mais il paraît qu'Antoine Legagneur avait d'avance le mot de l'énigme, car il se dit tout de suite en souriant avec mépris :

– Les voilà, les misérables fous ! un vrai troupeau de moutons !

Sans plus attendre, il se remit à nager vers le feu Saint-Bernard, qui n'avait pas cessé de luire. La route était beaucoup plus longue qu'il ne l'avait cru d'abord. Il y avait, en effet, entre la rive et l'endroit où se montrait la colonne de vapeurs éclairées, une grande quantité de bas-fonds boueux sur lesquels des forêts de plantes aquatiques avaient poussé. Il était impossible de traverser à la nage ces forêts de verdure, et Antoine fut obligé d'en faire le tour. Du moins n'y avait-il point risque de s'égarer en opérant tous ces circuits. Le feu était là : on l'apercevait de partout.

L'ex-major se voyait enfin débarrassé des îles : l'archipel de roseaux était désormais entre lui et la plage, lorsque le fracas dont nous avons parlé augmenta subitement. Antoine ne s'était point trompé. C'était une troupe en marche : les Errants de nuit ! On voyait briller leurs torches sur l'autre bord, à travers le grêle feuillage des roseaux. Ils couraient, selon leur habitude, turbulents et moutonniers. Ils chantaient. Giovan Bataille ne leur avait-il pas dit que la baguette de coudrier s'élancerait cette nuit vers le métal enfoui ?

Ils longeaient la rive où naguère avait passé Antoine. Celui-ci calcula, non sans inquiétude, que la ligne suivie par eux les conduisait directement à l'endroit où il avait abrité ses habits.

– C'est le seul trésor que les coquins trouveront ! se dit-il ; mais que vont-ils penser en reconnaissant ma défroque ?

La question devait avoir sa réponse presque immédiate. Quelques secondes après, en effet, le troupeau des Errants de nuit fourrageait dans les saussaies. Antoine vit que la cohue s'arrêtait tout à coup. Évidemment ceux qui étaient en tête avaient trouvé ses vêtements suspendus aux branches de l'aune. Il y eut un silence, puis un murmure formé de cent voix, puis un bruyant éclat de rire.

– Les drôles se moquent-ils de moi ? fit l'ex-major en colère.

– Ohé ! banqueroutier ! cria une voix retentissante, il faudrait plus d'un bain pour te blanchir !

Antoine ne connaissait pas cette voix-là. D'autres injures arrivèrent moins distinctes, puis deux coups de feu éclatèrent : probablement les deux coups de son propre fusil. Les balles, dirigées au jugé, mais avec évidente intention de mal faire, frappèrent l'eau à trente ou quarante pas d'Antoine. Il plongea, craignant une décharge générale : beaucoup, parmi les Errants, avaient des armes. Quand il revint au-dessus de l'eau pour respirer, les Errants avaient déjà repris leur galop. Sans doute Giovan Bataille, qui arrivait le dernier sur son âne avec la baguette magique, les avait entraînés.

L'ex-major, inquiet sur le sort de ses vêtements, poursuivit néanmoins son aventure. Il était las. Le froid de l'eau commençait à raidir ses muscles, mais il n'en voulait point avoir le démenti. Désormais il n'était séparé du feu que par une cinquantaine de pas. Nous devons dire que le phénomène

195

changeait d'aspect à mesure qu'on approchait. La colonne semblait moins blanche, moins tranchée surtout. On n'aurait point su marquer la limite qui séparait la nuit et la lueur épandue parmi le brouillard. C'était véritablement l'éloignement qui donnait une physionomie, une forme au phénomène. De près, ce n'était rien qu'une lueur très vague.

Mais plus Antoine avançait vers le foyer probable de la lueur, plus il était évident pour lui que ce foyer était sous l'eau. À trente pas, l'eau commençait à devenir légèrement translucide. On voyait, comme un clair-obscur sous le lac, un objet de forme indécise qui brillait. Dix pas plus loin les ondes, déterminées par la marche même de l'ex-major, se prirent à briller vaguement dans leurs plis.

Sous les latitudes tropicales, dans ces belles nuits qui tiennent, suspendues à la voûte du ciel les étoiles de la Croix du Sud, ainsi font les vagues éventrées par la proue des vaisseaux. Mais les navigateurs connaissent le pourquoi de cette merveilleuse effervescence. Des milliards d'animalcules, flottant à fleur d'eau, étendent au-dessus de l'eau une mince croûte de phosphore. Ici, ce n'était point cela. Quelques brasses encore, et le foyer devint décidément visible.

Il fallait, certes, qu'il y eût un espoir au fond de la fantaisie de l'ex-major. Et cependant il crut rêver en apercevant au travers du lac une place carrée, une vitre, dirions-nous, s'il était possible de supposer qu'une plaque de verre pût supporter le poids d'une pareille masse d'eau, une vitre trouble et dépolie derrière laquelle une lumière brillait.

– Blamont est là ! dit-il, tandis que son cœur sautait dans sa poitrine, le trésor aussi !

Tout son corps aidant sa passion, il prit un vigoureux élan qui le porta juste au-dessus de ce que nous appelons *la vitre.*

Il eut, pendant une seconde, la vision, confuse d'un homme courbé sur une table et écrivant. Une ombre, bien plutôt qu'un homme.

Puis l'ombre leva la tête tout à coup, la lueur s'éteignit, et Antoine, dépassant par son élan la place naguère illuminée, se trouva au milieu de l'étang, noir comme une flaque d'encre.

XII
Voyage sous terre

En sortant du château, au début de cette nuit, M. de Blamont s'était engagé, comme nous l'avons dit, dans l'escalier tournant qui conduisait au jardin. Il portait à la main une lanterne sourde. On ne peut pas dire qu'il fût plus pâle qu'à l'ordinaire, mais toute l'attitude de son corps dénotait une préoccupation triste et profonde.

L'escalier se terminait par un petit vestibule rond qui ouvrait sur le jardin par une porte-fenêtre. Il y avait deux autres portes apparentes, communiquant avec le rez-de-chaussée de l'aile en retour. M. de Blamont ne prit aucune de ces trois issues. Il tira de son sein une clef qu'il introduisit dans la serrure d'une quatrième porte, placée dans la cage même de l'escalier. Quand il l'eut ouverte, il ôta la clef de la serrure, puis il la regarda un instant d'un air pensif. Puis encore il la laissa choir à ses pieds en disant :

– Elle est inutile désormais !

La porte donnait passage pour prendre un second escalier tournant qui descendait aux caves. M. de Blamont suivit cette route et ne ferma point la porte derrière lui. Il allait lentement. Il jetait au-devant de lui les rayons de sa lanterne, qui éclairait un couloir assez large, voûté en pierres non taillées, au travers desquelles l'humidité suintait.

Nous n'avons pas oublié que le baron Michel Legagneur était sorti de sa chambre au moment où M. de Blamont arrivait au bout du corridor. Sans la rencontre qu'il avait faite d'Honorine, le baron Michel aurait pu rejoindre M. de Blamont dès le premier escalier. Les quelques paroles échangées avec la bonne demoiselle le retardèrent, et il atteignit le petit vestibule au moment où M. de Blamont avait déjà pris l'escalier du souterrain.

On ne le voyait plus, mais la lueur de sa lanterne sourde passait encore par la porte ouverte. Le baron Michel n'avait jamais remarqué cette porte. Une expression de triomphe se répandit sur son visage.

– Enfin ! murmura-t-il, j'aurai son secret !

Ce n'était pas, semblerait-il, la première fois que le baron Michel se permettait de suivre son hôte. Il se mit à marcher sur la pointe du pied. Il avait, en vérité, le pas très leste, et cette apparence sénile qu'il affectait sans cesse devant ses frères et ses neveux pouvait bien n'être qu'un masque. Dès qu'il eut atteint le sol de la galerie souterraine, il aperçut de loin la silhouette de M. de Blamont. Celui-ci avait gagné du terrain. Il avait une soixantaine de pas d'avance.

Le baron se mit à cheminer, courbé en deux, et se faisant tout petit, le long de la muraille mouillée. Malgré le soin qu'il prenait d'assourdir son pas, un bruit vint à l'oreille de M. de Blamont, car il s'arrêta court, se retourna et projeta la lueur de sa lanterne sur l'espace qu'il venait de parcourir. Michel se colla tout tremblant au mur. Il songeait :

– Blamont doit être armé.

Il ne se trompait pas. M. de Blamont avait une paire de pistolets à sa ceinture. Mais le baron Michel ne pouvait pas distinguer cela, pas plus que M. de Blamont ne pouvait apercevoir le baron Michel, immobile et aplati en quelque sorte contre le mur, M. de Blamont crut avoir fait erreur.

– J'y suis toujours pris, se dit-il ; sous ces voûtes l'écho de mes pas ressemble au bruit d'un homme qui marche.

Il poursuivit sa route en ajoutant :

– Jadis je pouvais avoir peur. Aujourd'hui, que m'importe !

Aussitôt qu'il se fut remis en mouvement, le baron Michel quitta sa cachette et le suivit, essayant de modeler son pas sur le sien, afin que le son fît double emploi. C'est, appliqué à l'acoustique, le système du sauvage qui chemine en mettant son pied, à chaque enjambée, dans les vieilles empreintes de ses ennemis. La galerie souterraine était longue. Le baron dut se demander plus d'une fois en chemin quel avait été le motif possible d'un si gigantesque travail.

Rien n'arrêtait la marche de M. de Blamont. Il poursuivait sa route en homme qui connaît chaque pouce du terrain parcouru. Mais il n'en était pas de même du baron Michel qui suait sang et eau. Il glissait dans les flaques de boue et se heurtait contre chaque obstacle du chemin. Quand la lanterne de M. de Blamont disparaissait à quelque brusque détour, Michel se croyait perdu sans ressources.

Il se hâtait alors, fermant les yeux et tendant les mains en avant ; il allait, soutenu par le courage du désespoir. Car il était aussi dangereux désormais de reculer que d'avancer. La distance parcourue depuis le point de départ, était considérable, et le pauvre baron avait pu remarquer en chemin une foule de ramifications. Privé de cette lanterne qui était son guide, il s'exposait à prendre une route pour l'autre, – et qui ne connaît au moins une ou deux de ces terribles histoires où l'on voit mourir de faim, de soif et de rage les voyageurs imprudents, perdus dans les villes souterraines ?

Bien que baron Michel ne fût pas un poète, son imagination, lui montrait à ce moment des tableaux épouvantables. Il se voyait épuisé de cris et de larmes, tomber sur ce sol froid, pour ne plus se relever, et dévorer, comme il arrive toujours dans les aventures de ce genre, sa propre chair, avant de rendre le dernier soupir ! Et il courait pour rattraper la lueur fugitive. Il la rattrapait, ou du moins il recommençait à la voir de loin. Alors, tout son courage lui revenait. Il ne regrettait plus d'avoir entamé cette périlleuse et téméraire entreprise. Il se disait.

– Moi seul j'aurai le trésor. Je ne partagerai avec personne. Tout à moi, à moi seul !

Oh ! il y allait de grand cœur ! Il riait de ses meurtrissures. Il était fort. Il eût franchi des abîmes d'un bond, et traversé des torrents à la nage.

– Antoine n'aura rien ! se disait-il encore ; Jean n'aura rien, les neveux n'auront rien, personne n'aura rien. Moi, j'aurai tout, tout !

Tout ! ces tas de vaisselle plate rehaussée de fines pierres, ces ornements d'église en vermeil et en or, ces ciboires et ces calices ! ces coffres ventrus bourrés de ducats, ces grands sacs et ces nids creusés dans la terre où l'on avait jeté à même les écus de France, les thalers de Prusse, les florins du Luxembourg ! Quelle splendide et chère vision !

Mais un coude de la galerie éclipsait la lanterne. La nuit se faisait tout à coup. Vous eussiez vu soudain le petit vieillard se ramasser et se replier sur lui-même. Toutes ses terreurs renaissaient, à la fois ; il était entouré de nouveau de toutes ses épouvantes. Des bruits étranges venaient à lui de tous côtés : en avant, en arrière, à gauche et à droite. S'il s'arrêtait, privé de souffle, les pas de M. de Blamont se transformaient pour lui en fracas lointain. Les échos roulaient des tonnerres, et il lui semblait que de grands cours d'eau mugissaient au-devant de lui…

Il y avait deux minutes au moins que le baron Michel cheminait sans voir la lanterne. Son cœur était pris dans un étau. Une main de fer étreignait ses tempes ; il regrettait presque de n'avoir pas là un compagnon, au risque de partager un peu avec lui ! Tout à coup un vent froid et plus sec vint le frapper au visage. En même temps la nature des bruits environnants changea. Ce n'étaient plus ces murmures étouffés ou ces retentissements qui tombent des voûtes. De deux choses l'une : ou le baron Michel rêvait décidément tout éveillé, ou il entendait le bruissement du vent dans les branches dépouillées des arbres.

Il avança : il se sentait devenir ivre. Au bout d'une cinquantaine de pas, il vit le ciel sombre au-dessus de sa tête. Il était à l'ouverture d'une grotte, masquée par des broussailles et de grandes herbes. Cette issue, selon toute apparence, devait avoir été produite par un éboulement. C'était la croupe de la montagne qui descendait vers la vallée d'Orval. L'éboulement se fût fait sur le pauvre crâne du baron Michel, qu'il n'eût pas été plus atterré.

Le grand air ! la campagne ! Il était sorti des grottes sans s'en douter. Il avait perdu la trace de M. de Blamont depuis plusieurs minutes ! M. de Blamont était loin, et comment le retrouver ? Cette peine terrible d'un si étrange voyage avait été subie en pure perte !

Toutes les visions étaient évanouies, tous les espoirs trompés ! Adieu le cher trésor ! Les entrailles de la terre se refermaient sur ces éblouissantes richesses. Le baron avait, je vous le dis, des larmes dans les yeux. Il disait tout haut :

– C'était pour ma pauvre femme ! c'était pour mes deux filles bien-aimées que je voulais conquérir une aisance !

Oh ! l'excellent mari et le meilleur des pères !

Cependant il s'orientait. La croupe de la montagne s'élevait à droite, couverte d'un taillis de hêtres et de chênes ; à sa gauche, c'était une prairie marécageuse, bordée par une vaste étendue d'eau. Le baron reconnut l'un des étangs d'Orval, probablement le premier, celui qui recevait les eaux des six autres et qui occupait le creux de la vallée. Le souterrain avait dû s'enfoncer autrefois dans la montagne, comme le sens et la forme de la déchirure l'indiquaient. Peut-être y avait-il une entrée quelque part, puisqu'il y avait bien une sortie ; une entrée pour prendre la suite des galeries, au-delà de l'éboulement.

Comme le baron explorait le terrain, son souffle s'arrêta tout à coup dans sa poitrine et un grand cri de joie le prit à la gorge. Il venait d'apercevoir la lanterne, – la lanterne de Blamont ! le guide ! l'étoile !

Mais à quelle distance ! M. de Blamont avait toujours continué de marcher. Il avait une avance considérable. D'un autre côté, sa lanterne se montrait seulement à de rares intervalles, quand le vent soulevait le pan de son vêtement, car, depuis qu'il marchait à ciel découvert, M. de Blamont cachait de son mieux l'âme de la lanterne.

Ce n'était rien que cela. Le baron Michel emplit sa poitrine d'air et releva la tête. Il s'élança, rapide comme un cheval de course. Il coupa le taillis en droite ligne, laissant aux branches des lambeaux de ses habits. Il avait ses jambes et son haleine de vingt ans. En cinq minutes, il regagna vaillamment tout le terrain perdu. Quand il sortit du taillis, il vit M. de Blamont entrer dans les roseaux qui bordent l'étang du côté du nord.

Quelques jours auparavant, à Sedan, le baron Michel Legagneur avait besoin de l'appui d'un bras pour passer de son salon dans sa chambre à coucher. Aujourd'hui, le baron Michel eût gravi le mont Blanc sans bâton. Il se glissa en trottinant dans l'herbe. Il arriva juste à point pour voir M. de Blamont disparaître sous une voûte environnée de broussailles et de décombres qui était évidemment la fin de l'éboulement et la reprise de la galerie.

Le passage souterrain avait dû côtoyer toute cette partie de la montagne. Le temps avait détruit les poutres dans la portion la moins couverte, située trop à fleur de sol. La voûte reprenait de la solidité au point précis où elle s'enfonçait de nouveau sous la colline rocheuse.

Dès que le baron Michel eut pénétré sous l'arceau dégradé qui servait d'arête à l'orifice, il vit M. de Blamont à cinquante pas de lui. La route était droite, mais très inclinée. Le sol était taillé en marches. M. de Blamont semblait gravir la pente avec peine. La fatigue le courbait. Au haut de cette sorte d'escalier, il s'arrêta pour reprendre haleine.

Pour la seconde fois, depuis qu'il s'était engagé dans les souterrains, il tourna l'âme de sa lanterne et sembla explorer les degrés. Michel Legagneur n'eut que le temps de se coucher à plat ventre le long d'une marche. Il entendit parfaitement M. de Blamont qui murmurait en se parlant à lui-même :

– Quand même on me suivrait, que m'importe désormais ?

C'était la fin de cette odyssée. L'endroit où M. de Blamont venait de s'arrêter présentait l'aspect d'une rotonde semi-circulaire. Le sol en était plat, mais humide. Au fond, pour parler comme on fait au théâtre, il y avait une section coupée à pic : un lit de rochers qui faisait l'effet d'un grand mur. Aucune issue ne se montrait au-delà.

M. de Blamont marcha droit au mur. Il releva une longue échelle couchée à terre. Il la dressa contre ce pan vertical et commença à monter.

Michel Legagneur le regardait la bouche béante. Certes, il ne s'attendait pas à cela. Cependant il était loin de perdre courage et se disait à part lui :

– Puisqu'il monte, nous monterons !

Il regardait. À mesure que M. de Blamont grimpait, les objets supérieurs s'éclairaient confusément à la lueur de sa lanterne. Le baron Michel n'avait point soupçonné une pareille hauteur de voûte. À quarante pieds du sol, le mur ou le plan perpendiculaire cessait. Il y avait là une ouverture qui ressemblait à la gueule d'un four, mais dans des proportions énormes. Arrivé à ce plan, M. de Blamont prit l'échelle à deux mains et la tira à lui d'un vigoureux effort.

Les bras du baron Michel tombèrent. Il resta au pied du mur, comme ces pauvres chevaliers des romans de la Table ronde, quand le nain malicieux relève le pont-levis au moment où ils vont suivre la princesse dans son castel enchanté. Pour rejoindre M. de Blamont, désormais, il aurait fallu avoir des ailes.

XIII
Les quatre tombes

Au sommet de la section ou du mur que le père d'Honorine venait de franchir, c'était une sorte de salle formant hémicycle. D'en bas, le baron Michel vit bientôt la voûte s'éclairer. M. de Blamont avait allumé une lampe. M. de Blamont, la lampe et tous les objets qui se trouvaient sur le plan supérieur, restaient invisibles pour le baron Michel.

Il put distinguer seulement à la voûte, précisément au-dessus de l'endroit où M. de Blamont devait s'être arrêté, une plaque de forme carrée qui ressortait en blanc sur le fond noir. Cela brillait et répercutait les rayons de la lampe. Si l'on n'eût point été sous terre, on aurait pris cet objet pour un de ces carreaux qui éclairent parfois les pauvres logis situés dans les combles des maisons de nos villes.

Mais, à vrai dire, cela n'occupait pas beaucoup Michel Legagneur. Tout ce qu'il y avait en lui de facultés s'absorbait dans un seul travail : il inventait le trésor qu'il ne pouvait apercevoir ; il créait la forme et l'aspect de ce prodigieux amas de richesses, entassé là-haut derrière cette rampe jalouse.

Car tous les Legagneur connaissaient le fameux pied-terrier de l'abbaye d'Orval, et ce féerique inventaire hantait l'insomnie de leurs nuits.

Michel regardait. Sa fièvre arrivait au délire. Ce que son transport lui montrait était splendide et insensé. De l'or, de l'or, des flots d'or, des montagnes d'or ! Deux ou trois fois ses doigts crispés mordirent le mur comme s'il eût voulu tenter cette extravagante ascension.

Il entendait l'or chanter ; l'or qu'on remue à la pelle. Il eût donné les deux tiers du pauvre sang qui restait dans ses veines pour être là-haut, pour baigner ses jambes tremblantes dans cet or, pour en boire la vue et le son comme une ivresse...

Là-haut, il n'y avait point d'or.

C'était un sol sec et poudreux. Au centre, une tombe béante s'ouvrait. À droite de cette première tombe, on en voyait trois autres et une croix de marbre blanc, sur laquelle était cette inscription en langue latine :

Terre consacrée par Jacques Scholtus, prêtre, anciennement frère convers de l'ordre de Cîteaux (en religion frère Arsène).

Sur le marbre relevé de la première tombe, il n'y avait rien d'écrit. La seconde portait le nom de Mathilde de Bazeille, dame de Blamont. La troisième, le nom de Constance de Bazeille, dame de Soleuvre. La quatrième, le nom d'Hector IV, baron de Soleuvre.

Une lampe brûlait sur la seconde tombe, celle de Mathilde. Autour de la lampe, des papiers étaient épars.

M. de Blamont, assis déjà comme un homme d'affaires à son bureau, mettait en ordre ces divers écrits.

Au-dessus de sa tête brillait cet objet de forme carrée que Michel Legagneur avait remarqué d'en bas. Vous eussiez dit la clef d'une voûte. Mais Michel Legagneur ne s'était point trompé en comparant cela à une vitre. C'était un carreau de cristal très épais, qui renvoyait en ce moment la lumière de la lampe avec la netteté d'un miroir.

Au-delà c'était la nuit ; mais parfois l'œil fixé sur ce point découvrait, au travers du cristal, de vagues et bien étranges mouvements. Des formes longues et blanchâtres passaient dans le noir tout à coup ; vous eussiez dit les ventres argentés de quelques grands poissons...

M. de Blamont, calme et froid comme toujours, poursuivait paisiblement son travail. Il y avait sur son pâle visage des traces de fatigue. À ce moment, plus que jamais, il avait cette apparence de statue qui rendait son abord si glacial. Droit et raide, assis sur un quartier de pierre devant cette table qui était un tombeau, il semblait que cet autre sépulcre ouvert fût déjà sa demeure, qu'il venait d'en sortir et qu'il y allait rentrer.

Ses deux pistolets reposaient auprès de lui parmi ses papiers. Il prit une feuille blanche et trempa sa plume dans l'écritoire. Il écrivit d'une main ferme :

Aujourd'hui 7 mars 1832, une heure du matin, je soussigné, Auguste-André de Blamont, possédant, j'espère le prouver par ces lignes, le plein exercice de ma raison.

Déclare :

Mettre fin volontairement à mon existence, devenue trop lourde et nuisible au seul être qui me soit cher en ce monde. Le motif déterminant de cet acte, contraire à l'honnêteté de ma vie et qui dément mes convictions religieuses, mais qui est devenu indispensable, est l'obsession exercée sur moi par les trois frères Legagneur.

Je sais que le suicide est un crime sans pardon, et pourtant j'implore mon pardon, car elle est infinie la miséricorde du Dieu qui me voit si misérable.

En mourant, j'épargne à Honorine, ma fille bien-aimée, l'horrible nécessité d'épouser un des Legagneur. Peut-être aurais-je pu lutter au lieu de me réfugier dans la mort, car la tyrannie exercée sur moi par ces hommes n'a d'autre fondement que le mensonge. Mais je me juge coupable dans ma conscience, et les deux punitions que Dieu m'a infligées m'ont ôté mon courage.

Ma femme est morte.

J'ai été accusé du meurtre de mon beau-frère et de ma belle-sœur.

J'ai versé des larmes de sang sur la perte de ma femme, qui était tout mon cœur. Par le nom de Dieu, qui va me juger sévèrement, je suis innocent du meurtre des derniers Soleuvre. Les assassins sont Michel, Jean et Antoine Legagneur.

Mais, dès la première nuit, j'ai courbé la tête sous la menace, parce que je profitais du meurtre. Avant même d'avoir entendu la menace, j'avais peur. Au lieu de laisser les deux morts dans leur lit et d'appeler la vengeance de la loi, je les ai pris sur mes épaules, je les ai apportés ici. J'ai fraudé la loi vengeresse ; j'ai été complice après coup. Les Legagneur n'ont eu qu'à me regarder en face pour voir que ma lâcheté leur appartenait. J'ai été brave autrefois, je suis devenu lâche parce qu'une passion vile est entrée en moi et s'est emparée de moi.

Ces Legagneur m'ont laissé l'objet de ma passion malade et insensée : j'ai gardé le silence. C'était un marché. J'ai consenti à trembler devant ceux que mon regard seul aurait dû terrifier, et quand l'un d'eux est venu me dire : « Je veux être le mari de ta fille, » j'ai pleuré misérablement, mais je n'ai pas résisté. J'ai connu l'or trop jeune. L'or est un démon terrible qui séduit jusqu'aux enfants.

... J'étais tout enfant quand mon père me conduisit, pour la première fois, en ce lieu où je vais mourir. Il avait eu la garde des trésors des abbés avant la catastrophe de 1793. Depuis que l'abbaye d'Orval n'était plus qu'un monceau de ruines, mon père, exécuteur testamentaire du dernier abbé, restait le dépositaire et le maître de ces incalculables richesses.

J'étais tout enfant. Je me souviens que mon cœur s'arrêta à la vue de ce qu'il me montra. Le vertige me prit ; je crus mourir. Mon père, poussant d'un pied dédaigneux ces tas d'or, me dit : – André, voilà le poison qui tue les âmes : cela s'appelle le mal.

Mon père était un noble esprit et un grand cœur. Moi, j'étais né bon. Cette chose dont on me disait : c'est le mal, me fit peur et envie. Mon père mourut, l'or fut à

ma garde. Jamais je n'ai rien soustrait, mais j'ai aimé l'or plus que ma femme et
plus que ma fille. J'ai vécu de l'amour de l'or...

Il cessa d'écrire et mit sa tête livide entre ses mains.

Le baron Michel rôdait au bas du mur comme un loup autour de la bergerie. Il cherchait, il tâtait, il éprouvait du pied ou de la main chaque aspérité de la roche. Il n'avait qu'une idée : l'escalade.

Ses oreilles affolées entendaient distinctement l'or qu'on remuait ; il devinait le frémissement des mains de Blamont qui s'y baignaient. De temps en temps ses doigts se crispaient, saisissant quelque saillie. Il faisait un effort et retombait vaincu. L'idée lui vint de se procurer de la poudre pour faire sauter ce mur. Il délirait.

– J'ai vécu d'or ! répétait Blamont dans son désespoir froid et sombre : j'en meurs.

Il consulta sa montre, qui marquait une heure après minuit.

– Déjà ! murmura-t-il.

À ce moment, une scintillation faible se fit à la voûte. C'était comme des ondes lumineuses qui tombaient de cette vitre dont nous avons parlé déjà. M. de Blamont leva la tête et regarda.

– La surface de l'eau est agitée, murmura-t-il ; quelqu'un nage !...

Il souffla la lampe. Le souterrain fut tout à coup plongé dans l'obscurité. Nous savons que quelqu'un nageait en effet dans les eaux tranquilles de l'étang de l'Abbé. Antoine Legagneur venait d'essuyer les deux coups de feu des Errants de nuit dont l'écho ne s'était point fait entendre à cette profondeur. Il était là, juste au-dessus des quatre tombes, courant après ce mystérieux feu Saint-Bernard, qui s'éteignit pour lui comme par enchantement.

Le baron Michel, lui aussi, vit l'éclipse soudaine. Il resta frappé de terreur, et n'osa plus bouger. M. de Blamont resta ainsi dans les ténèbres pendant un quart d'heure, puis il dit :

– Quand même ils me verraient !

Il ralluma sa lampe. Le baron Michel reprit espoir. M. de Blamont avait encore sa montre à la main. Il prit sa clef pour la monter, mais, par réflexion, il s'abstint et poursuivit avec un amer sourire :

– À quoi bon ?

Puis il trempa de nouveau sa plume dans l'encre, et, secouant sa torpeur, il écrivit :

... Je voudrais donner une dernière caresse à ma fille, image bénie de sa mère,
plaider ma cause auprès de son cœur, car j'ai résisté longtemps... longtemps ! Mon
père, qui était un juste, n'aurait pas fait ce que je fais. Mais je suis las horriblement,
et il n'y a point de remède à cette lassitude. L'idée de combattre ces hommes

m'épouvante. Je n'ai plus de courage que pour commettre une dernière lâcheté...
Est-ce une lâcheté ? En mourant, je sauve ma fille.
... Les idées sont en moi confuses. Je sens que je répète les choses dites et que
je n'aborde point les révélations utiles. Je m'y suis pris trop tard. Ce qui me fait
penser que Dieu aura pitié de moi, c'est ma faiblesse même. J'ai peur...

Il s'arrêta encore. Ses tempes étaient baignées de sueur. La montre, consultée, marquait une heure et demie. En bas, il n'y avait plus personne. Le baron Michel avait entrepris de retrouver à tâtons la bouche des grottes. Il s'était dit :

– Je suis bien assez fort pour apporter une échelle !

M. de Blamont repoussa le papier sur lequel il écrivait. Des frissons lui parcouraient tout le corps. Il prit un cahier parmi ceux qui étaient là épars sur le marbre. Il se mit à le feuilleter au hasard. En tête de la première page était gravé le grand sceau des abbés mitrés d'Orval, avec le cachet particulier du dernier abbé, Dom Lucas de Trêves.

Dans cet écrit, Lucas de Trêves parlait des devoirs que lui imposait la connaissance qu'il avait des prophéties d'Orval. L'abbaye était dépositaire de la fortune de Soleuvre. La prophétie disait que le dernier héritier de Soleuvre ne devait entrer en possession du dépôt confié qu'après sa vingtième année accomplie. Quant au trésor des abbés, *le grand trésor*, il fallait le laisser intact jusqu'à la venue de celui qui devait relever les murailles du monastère. M. de Blamont parcourait ces lignes avec distraction et fatigue.

– Celui-là croyait à la prophétie, murmura-t-il ; celui-là a dû mourir dans la paix de sa conscience. Pourquoi ai-je obéi à la prophétie, moi, qui ne croyais pas ? Pourquoi n'ai-je pas dit à Soleuvre, mon ami, mon beau-frère : « Vous êtes riche ! Voici votre or. » Pourquoi n'ai-je pas cherché son fils unique, mon neveu ? Pourquoi ?...

Il s'interrompit en un gémissement et ajouta :

– Sombre folie ! maladie sans nom ! J'aimais cet or ! Cet or était mon cœur, et il semble que c'est pour ma dernière heure une consolation impie que d'emporter avec moi dans la tombe la meilleure part de mon secret !

Il reprit un à un chacun des papiers déposés sur le marbre. Il les relut avec attention et les classa. Puis il repoussa la plume et l'écritoire. Sa montre marquait deux heures. Il eut un frisson et ses cheveux se hérissèrent sur sa tête.

– Est-ce que je reculerais ? pensa-t-il tout haut.

Puis, sans répondre à cette question, il ajouta :

– Voyons ! Tout est-il fait ? n'ai-je plus aucun devoir à accomplir ?

Il essuya son front et reprit :

– Tout est dit ! Je n'ai plus rien à faire ! Je cherche en vain un prétexte d'attendre. Ce que je viens d'écrire était inutile. Ma confession était déjà complète sur le papier. Demain, à son réveil, ma fille l'aura entre les mains. Demain ma fille sera libre ; elle pourra dire à Antoine Legagneur : « Mon père a payé au prix de sa vie le droit que j'ai de vous chasser de ma maison. »

– La vie ! répétait-il en joignant ses mains froides et tremblantes ; ma fille aimera ma mémoire car je lui aurai donné mille fois plus que ma vie ! Je la sauve au prix de mon salut éternel !

On aurait pu lire dans ses yeux égarés le combat terrible qui se livrait au fond de son âme. Il dit encore, réglant avec lui-même le compte de ses derniers devoirs accomplis :

– L'héritage de Soleuvre est en sûreté, ainsi que les preuves de la naissance de l'enfant. J'ai rempli mon vœu tout entier, Sainte Vierge, abaissez sur moi un regard favorable. Ayez pitié de ma fille et intercédez pour que je sois pardonné !

Il se leva. Vous eussiez dit un somnambule qui marche. Il baisa le nom de Mathilde de Bazeille, écrit sur le marbre. Il baisa plus passionnément encore le portrait d'enfant qu'il portait suspendu à son cou. C'était Honorine à l'âge de six ans.

Il prit ses deux pistolets d'une main, sa lampe de l'autre. Le tout fut déposé par lui près de la tombe ouverte, et il entra dans la tombe même.

Au fond de cette tombe était un trou de forme ronde, servant de cage à un escalier tournant. M. de Blamont descendit les marches de l'escalier, et, cette fois, si le baron Michel eût été là pour écouter, il aurait bien véritablement entendu le son de l'or qu'on agitait. M. de Blamont resta absent quelques minutes. Il remonta l'œil égaré, les cheveux épars.

Il avait dit son dernier adieu à cette idole brillante et stupide à laquelle les hommes sacrifient leur âme. Une dernière fois ses mains avaient caressé le démon d'or.

Une pierre ayant la forme du trou fut replacée par lui et boucha l'orifice. Il jeta dessus quelques pelletées de terre, de façon à former un sol. Il foula, puis, ayant pris ses deux pistolets, il se coucha tout de son long sur cette terre au fond de la tombe. Il ne tremblait plus, et la sueur de son front s'était séchée.

– Personne, après moi, ne verra l'or que j'aimais ! murmura-t-il.

Ce fut la dernière parole de ce lugubre fou. Les deux canons froids touchèrent ses tempes qui tressaillirent. Une double détonation éclata, puis roula d'échos en échos dans les profondeurs du souterrain.

Et le grand silence se fit.

L'étang du bas

Constant, ce pauvre diable d'aubergiste du *Lion belge*, trois quarts de coquin et quart de poltron, nageant toujours entre deux eaux, flattant la chèvre, caressant le chou, vivant très mal et dans des transes atroces parmi les vagabonds de tout genre qui fréquentaient son cabaret, Constant avait pris sa course aussitôt après le départ de Jean Guern.

Le vieux dragon avait deviné juste. Constant courait ainsi pour prévenir les Legagneur. De tous les gens qui faisaient trembler Constant, Antoine Legagneur était le plus redouté. Il s'était dit :

– Si le major apprend jamais que les Guern ont passé par chez moi, je suis un homme mort !

Voilà pourquoi il jouait des jambes…

À l'heure fixée pour le duel, la clairière de la Croix-Renaud était déserte. Du moment que Jean Guern était en campagne, Antoine, les deux neveux et Bastien Lethil avaient perdu toute confiance en leurs pièges et en leurs trappes. C'était désormais une attaque manquée, et il fallait changer de batteries. Nous dirons en passant que l'ex-major Legagneur avait rejoint ses hommes une heure après son excursion navale au travers de l'étang de l'Abbé. Il était revenu de là costumé Dieu sait comme, car les Errants de nuit avaient saccagé ses habits, mais ceci était peu de chose en comparaison de la conquête qu'il avait faite. Antoine Legagneur restait en effet convaincu que le trésor était caché au lieu même où le feu Saint-Bernard se montrait.

Il ne se trompait pas. Le feu Saint-Bernard, c'était la lampe de M. de Blamont. Et Antoine n'en était pas à apprendre que M. de Blamont était le gardien des trésors d'Orval.

Il était environ trois heures après minuit quand il rejoignit ses compagnons, vêtu d'un pantalon de toile et d'une blouse, avec un chapeau de paysan pour coiffure. Il ne leur dit rien, sinon qu'il n'avait pas perdu son temps et que le restant de la besogne allait être rude.

Vers ce même instant, les quatre fils Guern, le père la mère, le petit soldat Monnin, Mathieu Sudre et Nerea étaient rassemblés dans la loge de Gertrude et de Mathieu sous les forges de la Soye, autour d'une planche qu'on avait dressée sur deux billots, et qui faisait l'office de table. Sur cette table on avait étendu les deux papiers trouvés chez le moine mort : le plan et la feuille blanche. Honorine était couchée sur le pauvre grabat de Gertrude, qui la veillait. Elle avait la fièvre et délirait tout bas. Hector n'avait pas prononcé une parole depuis qu'on était revenu de la Croix-Renaud où il n'avait point trouvé son ennemi.

Petit Pierre faisait le guet au dehors. Le loup noir se plaignait, accroupi devant le foyer.

Les Guern et Mathieu, penchés sur la table, pointaient laborieusement le plan que le vieux dragon avait exhibé en fournissant la méthode à employer pour s'en servir, surprise par lui au cabaret du *Lion belge*.

Tout à coup, la fille de Giovan Bataille qui semblait en proie à une agitation extraordinaire s'écria :

– C'est moi qu'il faudrait écouter ! pendant que vous cherchez, d'autres vont trouver. Mon père ne peut rien par lui-même, mais il m'a volé ma baguette et il la porte avec lui cette nuit ; rien ne lui résistera !

– Silence, la fille ! interrompit Jean Guern avec autorité ; Giovan Bataille est un imposteur, et toi, tant mieux pour toi si tu n'es que folle. Garde tes momeries pour les innocents.

Nerea le couvrit de son regard étincelant, Soit que son œil plus subtil eût comparé déjà les deux feuilles de papier étendues sur la planche, soit qu'il y eût véritablement en elle une faculté divinatoire, elle s'écria :

– À qui est promis le royaume des cieux, sinon aux innocents ? Avant que le soleil soit levé, Jean Guern, tu te repentiras de ton orgueil. Moi, je serai morte, car il faut ma mort pour la vie de Soleuvre : c'est écrit.

Hector n'entendait pas. Il regardait, plongé dans un abattement profond, la souffrance d'Honorine qui ressemblait à une agonie.

– Silence, folle ! voulut dire encore le vieux dragon.

Mathieu lui toucha le bras.

– Tout ce qui est arrivé, murmura-t-il, la Nerea l'avait dit d'avance, et jamais elle ne s'est trompée.

Nerea était seule, debout, à trois ou quatre pas de la table. Elle croisait ses bras sur sa poitrine. Sa belle figure pâle avait quelque chose d'inspiré.

– Jean Guern, reprit-elle en étendant la main vers la table, le trésor est sous l'étang de l'Abbé, au milieu.

Il y eut un mouvement autour de la table.

– Dans l'eau ? demanda-t-on.

– Non, dans la terre… Et l'entrée de la route qui mène au trésor, sous l'eau, à travers la terre, est dans les roseaux, au nord de l'étang du bas. Piquez l'épingle, et vous verrez.

Ce n'était pas sans terreur que la bonne femme Julienne la regardait à la dérobée. Monnin, le soldat, prit l'épingle des mains de Mathieu et piqua le point noir. Les deux papiers étaient placés l'un sur l'autre, selon l'indication du moine défunt. L'épingle, traversant la première feuille blanche, troua le plan au centre même de l'Étang de l'Abbé.

– Elle l'avait dit ! murmura Julienne.

– Elle l'avait dit ! répéta Mathieu.

Jean Guern se pencha pour regarder mieux ; puis, faisant glisser les deux feuilles l'une sur l'autre, il obtint la seconde position, indiquée par frère Arsène dans l'écrit que le Cloqueur avait volé. L'épingle, piquée de nouveau, sortit sur la rive nord de l'étang du bas, tout au bord de l'eau.

– Elle l'avait bien dit ! firent les quatre grands fils de Guern, qui s'éloignèrent de Nerea craintivement.

Monnin applaudit comme au spectacle.

– Censé, dit-il quoique n'étant pas superstitieux, je crois aux sorcières, en ayant vu de fortes à la fête de Saint-Cloud. Voyons, la belle, le temps est-il bon pour se mettre en campagne ?

– Bon pour les uns, mauvais pour les autres, répliqua l'Italienne ; il y a bien du monde dans les ruines, cette nuit, et bien du fer, et bien de la poudre. Ceux qui ne sont pas braves n'ont qu'à rester.

– Mathieu, dit Jean Guern, conduis-nous à l'étang du bas.

Mathieu était prêt. Jean Guern poursuivit :

– Qu'avez-vous dans vos canons, les enfants ?

– Une balle de calibre, bourrée avec du chanvre, répondit Nicolas pour lui et ses frères.

– Mettez une charge de grenaille par-dessus, reprit Jean Guern, et en route !

Il joignit l'exemple au précepte, et se dirigea le premier vers la porte. Julienne marcha comme d'habitude sur le même rang que lui. Tous deux avaient leur bâton et n'avaient que cela. Comme Nerea s'ébranlait pour les suivre, Jean Guern lui dit rudement :

– Toi, la fille, ne prends pas le même chemin que nous ; je te le défends. Nous sommes des chrétiens.

Nerea ne répondit point. On put voir seulement autour de ses lèvres un sourire triste et fier. Elle fit le signe de la croix. Au moment même où Jean Guern et sa femme allaient passer le seuil, Hector se dressa de son haut.

– Où allez-vous ? demanda-t-il.

Et sans attendre la réponse, car il avait l'air ivre ou insensé, il ajouta :

– Qu'on me donne une arme ! c'est à moi de venger mon père et ma mère !

Honorine s'agita dans sa souffrance et gémit faiblement. Hector retomba sur les deux genoux ; il se mit à sangloter comme un enfant. Jean Guern s'était arrêté court.

– Vous avez raison, monsieur de Soleuvre, dit-il, ceci vous regarde : ce sont vos affaires. Il ne convient pas que vous restiez ici.

Puis, se tournant vers ses fils, il ajouta :

– Qu'on lui donne une arme ! S'il rencontre les Legagneur, j'ai promis que je serais son témoin.

Pour la seconde fois, Hector se leva. Il mit un baiser sur la main brûlante d'Honorine, qui n'avait point conscience de ce qui se passait autour d'elle.

– Adieu ! murmura-t-il, adieu pour toujours !

Quand Hector se fut arraché du chevet d'Honorine, Nerea s'en approcha furtivement, et baisa la malade au front. Hector était auprès de Jean Guern et le regardait en face.

– Vous avez connu mon père ! lui dit-il.

– Je l'ai connu, répondit le vieillard ; je l'ai aimé, je l'ai servi.

– Et moi, ajouta Julienne, qui faisait tous ses efforts pour ne point pleurer, j'ai nourri votre mère de mon lait.

Hector quitta le vieux Jean pour se jeter dans les bras de sa femme. Mathieu dit :

– Si nous voulons avoir assez de nuit, il est temps de partir !

Petit Pierre fut rappelé. Il devait marcher en éclaireur, accompagné du loup noir qui était fait à cette besogne. On réveilla le loup. La vaillante bête se leva, mais ce fut en poussant un long gémissement. Elle retomba ensuite, couché sur le ventre, et mit sa tête entre ses pattes.

– Celui qui a blessé Bijou ne vivra pas longtemps ! dit Mathieu.

Puis, se rapprochant de sa femme :

– Gertrude, prononça-t-il doucement, c'est la bonne demoiselle qui eut pitié de l'enfant la première, là-bas, sous le pont, à Montmédy, quand il allait mourir. Il faut donner tout son sang avant qu'on ne touche un cheveu de la bonne demoiselle.

Gertrude lui serra la main en silence. Le loup fit encore un effort pour le suivre, mais ses yeux tournaient sous les poils collés de sa paupière. L'instant d'après, il n'y avait plus dans la loge que Gertrude et Honorine de Blamont. Gertrude barricada la porte en dedans et se remit auprès du lit à réciter son rosaire.

Au-dehors, la nuit était toujours aussi noire. Le vent d'hiver chassait les fines gouttes de pluie, et criait dans les taillis dépouillés. Notre caravane avait pris à travers bois. Petit Pierre ouvrait la marche, à cent pas environ du gros de la troupe. Il allait trottinant et jetant son œil de lynx au fond chaque buisson. Le bois était silencieux et semblait désert.

Après petit Pierre venaient Mathieu Sudre et Monnin, le soldat parisien. Monnin aurait bien voulu lier un peu conversation (censé pour tuer le temps), mais Mathieu était muet. Il portait le fusil en arrêt. Son doigt était sur la gâchette. Les yeux de l'homme au loup, accoutumés aux ténèbres, interrogeaient la profondeur du fourré comme en plein jour.

L'arrière-garde était composée de la famille Guern, au centre de laquelle marchait Hector. Derrière encore, à cent pas de distance, et malgré la défense du vieux Guern, Nerea se glissait sans bruit, l'œil rêveur et la tête inclinée.

On avait coupé directement pour gagner le Val. En arrivant au bord du ruisseau frontière qui alimente les forges, la caravane put apercevoir une grande lueur, brillant de l'autre Côté des ruines. C'était, selon l'estime de Mathieu, à l'endroit connu sous le nom de la Ronde-Couture. On distingua bientôt le feu autour duquel d'étranges silhouettes semblaient s'agiter.

– Bien sûr que les Legagneur ont fait distribuer de l'eau-de-vie ! murmura un des fils Guern ; ils dansent là-haut, au lieu de faire leur métier de taupes.

Jean Guern siffla tout doucement pour imposer silence. Il marchait un peu en avant de sa femme.

– Je suis sûr, prononça-t-il très bas, qu'il y a un troupeau de coquins dans le taillis. Je le sens. Serre ton bâton, Julienne, et n'essaye pas de me garer si on attaque ; les enfants sont là pour nous ; nous deux, nous sommes pour Soleuvre.

Julienne serra son bâton et se redressa. Malgré elle, son pas devint plus viril. Cette femme était un soldat.

Il est à croire que Jean Guern ne se trompait pas.

Plus d'une fois on aurait pu entendre sous bois le bruit des feuilles sèches remuées. Et quand la caravane fut dans la prairie, Nerea, venant après tous les autres, vit distinctement des ombres qui se mouvaient sur la lisière de la forêt. Elle ne donna point l'alarme. Elle ne pressa point le pas.

Quels que fussent, du reste, ces rôdeurs mystérieux qui suivaient de loin la marche de la caravane, il n'y eut aucune tentative violente. Contre toute attente, les Guern arrivèrent sans encombre aux abords de l'étang du bas, dont les eaux tranquilles reflétaient vaguement la lueur faible que le lever tardif de la lune, achevant son dernier quartier, mettait à l'horizon, du côté de l'orient.

L'étang du bas était situé au milieu d'une prairie. Ses bords, aplatis de trois côtés ne se relevaient que dans la partie nord. Là se trouvaient de grands roseaux rejoignant une berge à pic qui n'était autre que la croupe même de la colline au sommet de laquelle se creusait l'étang de l'Abbé. Petit Pierre se replia sur le gros de la troupe. Mathieu entra tout seul dans les roseaux.

Chacun de ceux qui se trouvaient là se souvenait bien d'avoir ouï conter, aux veillées, qu'après la mort de dom Bernard de Montgaillard, l'étang de l'Abbé s'était desséché tout à coup, tandis que l'étang du bas regorgeait. Il y avait, de l'un à l'autre, une communication souterraine, c'était connu, à part le grand aqueduc, bâti lors de la fondation des sept étangs, mais personne ne savait où se trouvait précisément la bouche des grottes. Mathieu la chercha en se guidant exactement d'après les indications du frère Arsène et de son plan. Il ne tarda pas à la trouver. C'était une ouverture en forme de voûte, très basse et complètement cachée par une avance du roc d'où pendait une chevelure de plantes entrelacées : nous l'avons vue et décrite une fois déjà.

Il est certain qu'à supposer même que les gens du pays fussent entrés dans les roseaux, ils auraient pu passer cent fois devant cette issue, admirablement masquée, sans en soupçonner l'existence. Toute notre caravane entra sans hésiter, comme avaient fait, quelques heures auparavant, M. de Blamont et le baron Michel. On commença à monter. À cent pas de l'entrée, Mathieu battit le briquet et alluma une torche dont il s'était muni. Jean Guern demanda :

– Y a-t-il une issue par là-haut ?

– Ne vous inquiétez point de cela, répondit Nerea qui les rejoignait.

Jean Guern fronça le sourcil et murmura :

– Que faites-vous ici ?

– Tous ceux qui sont ici font leur devoir, répliqua l'Italienne, et vont à leur destinée.

Jean Guern se détourna d'elle et reprit :

– Nous sommes suivis, j'en suis sûr.

– Vous pouvez en être sûr, dit encore Nerea ; nous sommes suivis de très près.

– Par qui ?

– Par Antoine Legagneur, les deux neveux et plus de vingt Errants.

– Ce n'est pas assez pour nous faire peur ! s'écria Nicolas Guern.

– Dans une heure, ils seront deux cents, prononça l'Italienne ; mais ne vous inquiétez point, ce que Dieu veut arrivera.

Jean Guern tira à part sa femme et l'aîné de ses fils.

– S'ils bouchaient l'issue ? dit-il à voix basse, nous serions pris.

Un bruit vague et lointain se fit du côté de l'ouverture. Nerea dit :

– Hâtez-vous !

Puis, comme on hésitait, elle ajouta :

– Venez ! je sais la route.

Elle prit la tête de la troupe. Guern la suivit comme à contrecœur, et tout le monde s'ébranla.

Jean Guern et ses compagnons ne craignaient pas qu'on fût entré déjà derrière eux dans les grottes. Le bruit entendu n'indiquait point cela. Mais ceux qui faisaient tapage devaient être engagés dans les roseaux ; ou suivait une piste, on cherchait. Il n'y avait aucune raison pour que la bouche des grottes échappât longtemps aux recherches, du moment qu'il y avait recherche et qu'elle n'était plus dirigée au hasard. Hector, qui n'avait pas encore parlé, dit :

– Pourquoi n'attendons-nous pas nos ennemis ?

Il avait l'œil hagard et la figure décomposée. Il ajouta en baissant la voix :

– Je ne connais pas ce Blamont ; vous me le montrerez.

Parmi ceux qui étaient là, Nerea seule pouvait comprendre le sens navrant de ces paroles qui tombaient péniblement de la bouche d'Hector et lui déchiraient le cœur.

On s'était remis en marche. En quelques minutes on eut atteint la rampe pierreuse et tranchée à pic, le mur qui séparait en deux ; cette partie des grottes. Nous rappelons la comparaison que nous avons faite entre le plateau surmontant cette rampe et la scène d'un théâtre, parce qu'elle nous dispense de toute nouvelle description. Seulement, comme nous l'avons dit déjà, la scène était ici à quarante pieds au-dessus du spectateur.

On se rappelle que M. de Blamont s'était servi d'une échelle pour en atteindre le faîte, qu'il avait tiré l'échelle après lui, et que le baron Legagneur était resté en bas, cherchant inutilement les moyens détourner cet obstacle infranchissable.

Quand nos hommes arrivèrent au pied de la rampe, il y avait une échelle, dressée. Ce ne pouvait être celle de M. de Blamont qui n'était point redescendu. Le baron Michel avait parlé d'en aller chercher une ; il ne devait pas être loin.

Mais tout le monde, dans la caravane, ignorait ce qui s'était passé en ce lieu cette nuit.

Sauf quelques fissures naturelles du roc et diverses anfractuosités provenant d'éboulements anciens, cette sorte de salle, qui précédait la rampe, était fermée de tous côtés et n'avait d'autre issue que le boyau conduisant à l'étang, ou la rampe elle-même. Jean Guern montra l'échelle à son fils Nicolas, qui grimpa sans hésiter. Il tenait à la main une torche. À mesure qu'il montait, la plate-forme s'éclairait, et les Guern purent remarquer cette plaque brillante encastrée dans la voûte, et qui renvoyait les rayons lumineux comme un miroir.

Un des fils Guern avait suivi Nicolas, puis un autre. L'instant d'après, toute la troupe était réunie autour des quatre tombes. Le silence de la stupeur régnait, parce que Jean Guern et ses enfants venaient de trouver le corps de M. de Blamont, qui avait la tête fracassée. Il était couché dans la quatrième tombe ouverte. Ses mains se crispaient encore autour de la crosse de ses pistolets.

Nerea se tenait à l'écart. Seule elle ne paraissait point surprise.

Hector était assis par hasard sur le quartier de roche qui avait servi naguère de siège à M. de Blamont, pendant qu'il mettait en ordre ses papiers. Il s'accoudait au marbre même de la tombe. Machinalement, son regard parcourait les lignes tracées sur le papier qui était devant lui. Mais son esprit absent ne le servait point. Il ne savait pas ce qu'il lisait. Son esprit était là-bas, dans la pauvre loge où il avait laissé Honorine étendue sur son lit de douleur.

Peut-être n'avait-il pas compris que le cadavre étendu là près de lui était la dépouille mortelle du père d'Honorine. Sa pensée se noyait dans son rêve…

En bas de la rampe, un homme venait de se glisser jusqu'au pied de l'échelle. Il était sorti d'une de ces fissures que la terre éboulée avait produites dans la salle souterraine. Aux lueurs vagues qui tombaient de la plate-forme supérieure, vous eussiez reconnu le baron Michel Legagneur.

C'était lui qui avait apporté l'échelle, et il l'avait apportée de loin, car il n'y avait point de ferme à plus d'un quart de lieue à la ronde. Naguère, au moment même où il la dressait contre la rampe, harassé de fatigue, mais jouissant par avance du fruit de sa peine, il avait entendu tout à coup le bruit d'une troupe d'hommes pénétrant dans les grottes. Sa première idée avait été pour les Errants de nuit, puis il avait songé au major son frère et aux deux neveux, tous gens qui allaient exiger leur part de l'aubaine et qu'il comblait de malédictions. Il s'était caché à tout hasard, espérant que peut-être on n'apercevrait point l'échelle. Mais la vue seule des nouveaux arrivants l'avait détrompé. Il connaissait Jean Guern. Ses inquiétudes changèrent brusquement d'objet. Il eût voulu avoir maintenant près de lui son frère, ses neveux et tous les Errants pour défendre le trésor contre ces chevaliers du bon droit.

Ce qui est à craindre surtout, c'est le bon droit ! Le bon droit ne transige pas.

Michel Legagneur, malade de rage, éperdu, désespéré, n'osa pourtant grimper à l'échelle que les Guern n'avaient point retirée. Il se tordait les mains. C'était son bien qu'on lui volait !

Il prit tout à coup sa course vers l'étang du bas, résolu à livrer le secret des grottes à quiconque voudrait combattre les Guern et l'en débarrasser.

– Quand même ce serait Antoine ! murmura-t-il en courant dans les ténèbres ; quand même ce serait Antoine !

Il ne détestait rien tant que son frère.

Tout en allant, il combinait son plan. Se confier à Antoine Legagneur, son frère, ou à l'un des deux neveux, c'était pour lui le dernier des pis-aller. Il comptait bien encore n'avoir pas besoin d'eux. Les Errants de nuit, voilà ses hommes ! Giovan Bataille, voilà le lieutenant qu'il lui fallait.

Or, il savait où trouver Giovan Bataille et les Errants de nuit.

Quand il arriva à l'issue qui donnait dans les roseaux, il s'arrêta pour écouter. On parlait bas non loin de là, et les tiges agitées bruissaient.

– Tout le monde est dehors ! grommela-t-il. Ah ! quelle nuit ! j'aurai fait au moins trois lieues de mon pied !

Il ne rencontra personne jusqu'à l'angle nord-est de l'étang du bas. Une fois là, il put voir le feu allumé à la Ronde-Couture et prit sa course en pensant :

– Qui sait ? je vais toujours les amener… Ils prendront tout, peut-être, mais au moins Antoine et les neveux n'auront rien !

XV
Le carreau de cristal

Antoine Legagneur et ses compagnons étaient en ce moment dans les roseaux, cherchant de tous côtés l'ouverture et ne la pouvant pas trouver. Ils entendirent qu'un homme marchait dans les hautes herbes. Le neveu François, Antoine et Larchal, l'ancien geôlier du château de Sedan, s'élancèrent à la fois pour donner la chasse à l'inconnu, séparé d'eux par le talus, et qui était le baron Michel.

Larchal et François se rencontrèrent au bas du talus. Dans la nuit profonde, ils ne se reconnurent point, François s'élança sur le geôlier et voulut le prendre à la gorge, Larchal recula ; son pied manqua. Il tomba lourdement à la renverse. Michel put continuer sa route.

Cela se passait sous une roche dont la saillie, recouverte d'herbages emmêlés comme une chevelure, avançait et cachait le pied du talus. Au lieu de rencontrer la terre ferme en tombant, Larchal disparut dans une sorte de trou.

– C'est le cas de le dire, s'écria-t-il tout joyeux : nous y voilà ! C'est moi qui ai trouvé la route !

Une main se colla violemment sur sa bouche. L'ex-major Antoine, qui venait de s'élancer sous la saillie comme un limier qui évente la piste, lui dit à l'oreille :

– Silence, malheureux !… Veux-tu que nous y restions tous ! Ils sont là !

L'ancien geôlier se releva sans bruit. Il avait compris à demi-mot. Les Guern n'étaient que huit, c'est vrai, on avait pu les compter pendant qu'ils cheminaient sur le plat. Mais huit hommes résolus et avertis peuvent arrêter une armée dans ces défilés souterrains.

La troupe des Legagneur se composait d'une vingtaine d'hommes, y compris ceux que nous avons vus au cabaret du *Lion belge*. C'étaient tous gens de la frontière, deux ou trois déserteurs, quatre ou cinq échappés des prisons de Montmédy et de Sedan, le reste fraudeurs ou voleurs de bois. Tout à l'heure ils étaient désunis ; tout à l'heure ils se disposaient à secouer énergique ment le joug d'Antoine, et chacun d'eux prétendait voler de ses propres ailes à la conquête de la toison d'or. Ce papier dont le meurtre de Souquet, le cloqueur, les avait rendus maîtres affolait la plupart d'entre eux. Il leur semblait que le trésor était à eux, puisqu'il n'y avait plus entre eux et le trésor que deux vieillards voyageant nuitamment et sans armes : l'homme et la femme Guern.

Mais, à présent, les choses changeaient brusquement d'aspect. Autour des deux vieillards se groupaient six hommes résolus, dont l'un, le maréchal-des-logis Hector, passait pour un diable dans le pays. Les quatre fils Guern aussi étaient de terribles champions, et enfin, les deux vieillards eux-mêmes, on s'en souvenait bien, avaient la réputation de valoir mieux avec leurs bâtons que quatre hommes avec des fusils. Il s'agissait de livrer bataille rangée.

L'appui du major Legagneur avait son prix en de semblables circonstances ; aussi nul ne refusait plus de lui obéir. Les deux neveux étaient naturellement ses lieutenants.

Le premier ordre que donna Antoine Legagneur rassembla ses compagnons à quelques pas de l'orifice, en dehors. Ils tinrent conseil dans les roseaux, comprimant à grand-peine la fièvre de leurs désirs et de leurs espoirs. Le trésor était là. Personne n'en doutait désormais. Ce rêve qu'on avait fait aux heures d'exaltation, et que si souvent la réflexion froide avait taxé de folie, ce rêve allait se réaliser.

Ce ne pouvait être au hasard que les Guern étaient entrés là. Ils avaient le plan, et quelque hasard leur avait sans doute révélé le secret que le pauvre cloqueur n'avait pas su garder : la manière de s'en servir.

À cette heure déjà les Guern devaient être en train de remuer l'or à la pelle ! Il s'agissait de s'introduire sans bruit, de surprendre les sentinelles, s'il y en avait, et de parvenir jusqu'au centre des grottes avant d'avoir donné l'éveil. Parmi ceux qui étaient là, personne n'avait connaissance du souterrain. Mais tous les souterrains sont faits de même. Dans les détours de ces sombres labyrinthes, celui qui attend, le couteau à la main, peut frapper à coup sûr…

La délibération ne fut pas longue. On n'y prononça que deux mots : obéissance et prudence, puis la troupe regagna l'ouverture et s'y engagea avec des précautions infinies. Le neveu François marchait le premier. Antoine resta le dernier pour assurer la retraite.

Or, quelque chose d'étrange arriva. Antoine n'eut pas l'idée de compter ses compagnons au premier abord. À vrai dire, il s'attendait de seconde en seconde à entendre dans le boyau quelque cri de détresse. Il n'aurait pas donné dix louis de la vie du neveu François, marchant en éclaireur. Cependant au bout d'une longue minute, pendant laquelle le défilé n'avait point discontinué, Antoine se demanda :

– Étions-nous donc si nombreux que cela ?

Il regarda les gens qui passaient de la sorte silencieusement. Il ne connaissait point leurs visages. Il se retourna. Il vit une foule dans les ténèbres, une grande foule qui allait.

Or, tous ceux sur qui Antoine pouvait à peu près compter étaient passés. Les neveux n'étaient pas là ; Bastien Lethil n'était plus là ; Larchal, l'ancien geôlier, n'était plus là. D'instinct, Antoine saisit à deux mains son fusil.

– Basta ! prononça une douce voix à son oreille, ne faites pas de bruit, monsou le mazor. C'est le baron Micel qu'il est venu nous cercer de votre part. Nous sommes ici trois cents Errants de nuit. Moi, ze n'ai que ma pauvre baguette, mais les autres sont armés comme des anzes.

– Et que veulent-ils ? demanda Antoine stupéfait.

– Partazer, mon cer maître, partazer, partazer.

Antoine étouffait une malédiction, lorsqu'il sentit deux bras tremblotants qui entouraient son cou.

– Mon frère, mon bon frère ! dit une voix cassée, unissons-nous et nous serons vainqueurs !

Antoine prit ce dernier arrivant au collet.

– Vieux coquin ! lui dit-il tout bas, pourquoi nous as-tu amené toute cette séquelle ?

– Pour protéger ta vie, mon frère bien-aimé. Ne me serre pas si fort. Nous saurons bien nous débarrasser de tous ces gens-là ! Une bonne petite banqueroute… tu conçois ?

C'était le baron Michel, qui ajoutait une scène à sa comédie. Antoine le lâcha et vint se mettre au-devant de la porte. Son parti était pris.

– Mes garçons, prononça-t-il à voix basse, mais distinctement, il y a ici de quoi nous enrichir tous, j'aurais pu vous laisser fouiller la terre inutilement là-haut, mais je veux être votre bienfaiteur. J'ai envoyé vers vous mon respectable frère. Pas un mot, pas un souffle ! Je veille, et celui dont l'imprudence nous trahirait aurait les deux balles de mon fusil dans la tête !

Cette harangue fit grand effet. Il y avait quelques instants après trois cents Errants de nuit dans le souterrain, et cependant on y aurait entendu la souris courir. Quelque grossière et stupide qu'on puisse supposer cette tourbe de vagabonds dont l'avide crédulité était depuis si longtemps exploitée par Giovan Bataille et autres imposteurs, il est certain que toutes les patiences étaient à bout. Ce dénouement arrivait comme le *deus ex machina* des tragédies antiques. Il était temps. Les espoirs les plus tenaces se lassaient.

En outre, le bruit se répandait partout que le gouvernement belge, mieux assis, était résolu à rétablir l'ordre dans ces contrées. Chacun sentait bien que le va-tout de cette ténébreuse partie était présentement sur le tapis et qu'on en jouait ici la dernière manche. Nul ne songea à résister. Antoine Legagneur avait là une armée obéissante et résolue.

Comment il comptait lui payer sa solde, Dieu le sait mais les évènements devaient le décharger de ce soin.

La cohue, silencieuse et retenant son souffle, arriva en quelques minutes à cette sorte d'hémicycle qui précédait la rampe. Les premiers venus attendirent Antoine Legagneur. D'en bas on voyait parfaitement la plate-forme éclairée, mais l'avance de la rampe empêchait d'apercevoir les acteurs qui occupaient la scène de ce mystérieux théâtre.

Antoine arriva enfin. Il expliqua à voix basse aux neveux d'où venait le renfort qui encombrait la galerie. Les neveux ouvrirent l'opinion de donner l'assaut tout de suite. Michel prit Antoine par la main et le conduisit jusqu'à l'échelle. Antoine examina les lieux scrupuleusement. Son plan fut tracé aussitôt.

Çà et là, les parois de la salle présentaient, nous l'avons dit, des inégalités assez notables. La rampe seule était à pic. Partout où l'on pouvait grimper pour gagner d'autant en hauteur, Antoine plaça ses meilleurs tireurs, avec ordre de faire feu dès qu'un mouvement les Guern les mettrait à découvert. Il n'avait aucun ménagement à garder. Outre que le pays était *bon*, comme Antoine nous l'a dit lui-même, et que les populations environnantes ne s'inquiétaient guère d'un coup de feu tiré la nuit, rien de ce qui se passait dans ces cavernes ne pouvait transpirer au dehors. La terre est sourde. Les Errants auraient pu tirer le canon au fond de ces grottes.

Les tirailleurs une fois postés, Antoine prit avec lui quatre gaillards robustes et s'avança jusqu'au pied de la rampe. Ils parvinrent à décoller sans bruit l'échelle qui avait servi aux Guern pour monter, et la dressèrent à l'extrémité opposée de ce grand mur que les hommes n'avaient point bâti. Il y avait là, un peu au-dessous du faîte de la rampe, une sorte de niche, formée par la chute d'une roche. C'était le seul endroit par où l'on pût espérer d'aborder la plate-forme sans être aperçu. Le baron Michel disait tout bas en se frottant les mains :

– Mes enfants, servez-vous de l'échelle. L'échelle est à moi. C'est moi qui l'ai apportée. Je vous la prête : je suis votre bienfaiteur, comme toujours !

Antoine appela près de lui Étienne Legagneur, Bastien Lethil et huit autres mécréants bien armés. Il leur montra l'échelle, et leur dit :

– Dès que vous serez en haut, dix autres monteront.

Avant de monter, Étienne et ses compagnons d'aventures prêtèrent l'oreille. On entendait des voix sur la plate-forme. C'était comme le bruit d'un grave entretien ou mieux d'une lecture solennelle, mais nul son métallique ne venait frapper ces oreilles avidement ouvertes, qui s'étonnaient de n'entendre point chanter l'or.

En haut voici ce qui se passait :

Les Guern étaient d'abord restés stupéfaits en face du cadavre de M. de Blamont. La première idée qui leur était venue, c'est que M. de Blamont avait été victime d'un assassinat. Il n'y avait pas trace de trésor, ce qui leur parut être une conséquence toute naturelle du meurtre ; les assassins avaient pillé le trésor, sans doute.

Mais l'erreur ne pouvait être de longue durée. Un pillage laisse des vestiges ; ici, la terre battue ne gardait pas d'empreintes. Il n'y avait rien, absolument rien autour des quatre tombes.

Julienne découvrit la première un papier placé sur la poitrine de M. de Blamont. En le prenant, elle sentit que le corps était encore chaud. Le papier contenait les dernières lignes écrites par le suicidé. Elles étaient adressées à sa fille, qu'il adjurait de lire avec le plus grand soin tout ce qu'elle trouverait sur la tombe de Mathilde, sa mère. On voyait dans cette sorte de testament que M. de Blamont avait pris toutes ses précautions, la veille au soir, avant de quitter le château pour toujours. Honorine devait trouver, ce matin, à son chevet, une lettre de son père, indiquant la route à suivre pour pénétrer dans les souterrains et y amener le prêtre que le malheureux homme demandait pour fermer sa tombe.

L'écriture, tracée d'une main bien tremblante, disait encore l'adieu pour la dixième fois ; M. de Blamont avait eu de la peine à mourir.

Ce que les assiégeants entendaient au pied de la rampe, c'était Nicolas Guern faisant lecture de cet écrit à haute voix.

– Méfiez-vous, la Victoire, dit Julienne, qui prêtait toujours l'oreille aux bruits montant du souterrain.

– Nous sommes gardés, répondit Jean Guern.

En effet, il y avait deux sentinelles, Petit Pierre avait reçu mission de s'étendre tout de son long au bord même de la plate-forme, de façon à ce que son oreille pendît en dehors, et Mathieu Sudre veillait à l'échelle. L'échelle était le seul moyen que pussent prendre les assaillants pour pénétrer jusqu'à la plate-forme.

Un détail qu'il est indispensable de noter, c'est que l'échelle, un peu trop courte, ne montrait point ses montants au-dessus du bord. Son extrémité s'appuyait contre la rampe, à un pouce ou deux au-dessous du niveau. De l'endroit où il était, Mathieu ne pouvait donc voir l'échelle. Il surveillait seulement avec soin et en conscience l'endroit où l'échelle se trouvait, au moment où on l'avait mis en faction.

Pendant la lecture, Mathieu, pour mieux écouter, s'était rapproché involontairement du groupe principal. Cela ne gênait pas sa consigne : son œil était toujours fixé sur le point qu'il devait surveiller. Il se fiait d'ailleurs sur Petit Pierre, dont l'oreille pendait en dehors. Les sens de Petit Pierre étaient subtils comme ceux d'un sauvage.

Malheureusement ce n'était qu'un enfant. Depuis deux nuits il ne dormait guère, nous savons pourquoi, et il lui fallait travailler le jour à la forge. Quand il fut couché bien commodément sur la terre sablonneuse, Petit Pierre s'étira. Au bout de dix minutes, il dormait un bon somme, rêvant qu'il faisait vigilante garde. C'était à peu près l'instant où la troupe des Legagneur, mêlée aux Errants de nuit, s'introduisait en rampant dans les grottes, et nous savons ce qui était advenu de l'échelle.

– Cet homme-là, dit Jean Guern en montrant M. de Blamont, n'était ni un Bazeille, ni un Soleuvre. Il s'est tué comme on s'enfuit. Mais il n'avait point de méchanceté dans l'âme : nous lui devons la prière qu'il faut donner à tous les chrétiens, car il a peut-être eu le temps de se repentir.

Il se découvrit et récita le *De profundis*, que les autres répondirent debout et découverts. Il semblait qu'Hector fût étranger à tout cela. Ses yeux restaient mornes et fixes. Il ne voyait rien. Il n'entendait rien. Nerea aurait voulu lui parler, mais elle n'osait. Son regard avait parcouru rapidement les papiers rangés sur le marbre de la tombe. Il semblait qu'elle eût appris là quelque chose d'heureux pour Hector, de douloureux pour elle-même.

Elle s'était accroupie, le dos appuyé contre la maçonnerie funèbre. Sa figure se cachait entre ses mains. Si quelqu'un eût fait attention à elle en ce moment, on aurait vu de grosses larmes filtrer lentement entre ses doigts.

Elle venait de lire la confession de M. de Blamont. Elle s'était trompée, elle la devineresse ! Mais ce n'était pas son orgueil qui souffrait. M. de Blamont n'était pas le meurtrier ! Elle avait trompé Hector en trompant Honorine ! Et si Hector était là, brisé sous le poids d'une écrasante détresse, c'était son ouvrage à elle… Elle pleurait amèrement, car elle avait l'âme bonne.

Quand la prière des morts fut achevée, Jean Guern s'approcha de la tombe où reposaient les restes de Mathilde de Bazeille, dame de Blamont. Il prit les papiers et ordonna à son fils aîné d'en faire la lecture.

– C'est là, dit-il, que nous trouverons l'héritage de Soleuvre… nous avons droit de savoir.

Pendant cela, Julienne, pâle et tremblant sur ses vieilles jambes tout à l'heure si vaillantes, prenait Hector par la main. Elle le conduisit entre les deux pierres tombales qui séparaient la dernière demeure de M. de Blamont de celle de sa femme.

– *M'nafant*, dit Julienne avec sa grande simplicité, voici votre père et voici votre mère !

La poitrine d'Hector rendit un gémissement, mais pas une larme ne vint à ses yeux. Et comme s'il se fût reproché à lui-même cette apparente insensibilité, il balbutia :

– Est-ce que je n'ai pas de cœur !…

– Mettez-vous à genoux ! ordonna Julienne.

Hector obéit. Il voulut prier. Il ne trouva point les mots de l'oraison.

– Censé, disait cependant le petit soldat Monnin aux fils Guern qui l'écoutaient, immobiles et raides comme des colonnes ; en fait de trésor, ça me fait l'effet d'un cimetière, ici… C'est un drôle d'endroit tout de même, quoique ne suant pas la gaieté.

Jean Guern venait de mettre les papiers entre les mains de Nicolas, qui commença incontinent à lire tout haut. Pendant qu'il lisait, des bruits vagues arrivaient jusqu'aux oreilles de ses auditeurs. C'était comme un murmure sourd et continu. Deux ou trois fois, Jean Guern regarda si Petit Pierre était à son poste. Nous savons que Petit Pierre n'avait garde de bouger.

Quant à essayer de percer l'obscurité qui emplissait la partie inférieure de la caverne, c'était chose impossible.

Nicolas n'était pas un clerc habile. Il lisait lentement et avec difficulté. Il fut du temps à déchiffrer plusieurs pièces inutiles, contenant comme un reflet des dernières angoisses de M. de Blamont. Mais enfin, il mit la main sur un écrit qui disait en substance :

Que M. de Blamont avait employé bien des nuits à transporter en lieu de sûreté le trésor d'Orval qui, *précédemment, était en cet endroit* ; Qu'il avait fait cela pour exécuter la volonté suprême de dom Lucas de Trèves, dernier abbé mitré : celui-ci ayant ordonné aux deux dépositaires du grand secret de l'emporter avec eux dans la tombe, au cas où les temps annoncés par la prophétie ne seraient pas encore accomplis lors de leur décès ; Que le trésor était maintenant à la garde de Dieu, pour servir en temps et lieu à la réédification de la sainte abbaye d'Orval. Prière était faite par le mourant à sa fille ou à ceux qui trouveraient avant elle le présent écrit de ne point chercher à découvrir le trésor d'Orval…

Le vieux Jean Guern interrompit son fils au milieu de la lecture et lui demanda :

– N'est-il point question dans tout ceci de l'héritage de Soleuvre ?

Nicolas sauta quelques lignes et lut :

Le dépôt, fait entre les mains du dernier abbé par Hector de Soleuvre est placé intégralement en l'étude de maître D. M***, notaire à Sedan. Le reçu en due forme se trouve dans le premier tiroir de mon secrétaire, au château.
En l'étude dudit maître D. M***, notaire à Sedan, j'ai déposé l'acte de mariage de M. de Soleuvre et de Constance de Bazeille, mon beau-frère et ma belle-sœur, ainsi que l'acte de naissance de leur fils unique, héritier du dépôt, Hector, présentement maréchal-des-logis aux chasseurs de la Vauguyon.
Le dépôt se monte à un million huit cent mille francs, que j'ai versés au dit notaire en bank-notes anglaises et en billets de la banque de France…

– Entendez-vous cela, Hector de Soleuvre ! s'écria Jean Guern. Vous êtes riche de dix-huit cent mille francs.

Le jeune homme ne répondit point. Nicolas Guern cependant continuait sa lecture. La pièce qu'il venait de lire se terminait, comme la plupart de celles que M. de Blamont avait laissées, par une sorte de serment repoussant l'accusation qui était la torture de sa dernière heure. On voyait que cette pensée l'avait poursuivi jusqu'au suprême instant. Chaque fois qu'il avait pris la plume pour faire ses dispositions, en vue de sa fin prochaine et volontaire, il avait protesté de son innocence et rejeté l'accusation sur le compte des véritables assassins : les trois frères Legagneur, Michel, Jean et Antoine.

Ici, sa protestation était éloquente comme un cri du cœur. Sa conscience même parlait.

Nerea, depuis quelques minutes, prêtait l'oreille aux bruits qui venaient de la caverne inférieure. Elle seule peut-être avait la perception complète du danger. Nerea sentait là une foule au-dessous d'elle. Elle la comptait presque. Tout à coup Hector la vit debout à côté de lui.

– Éveillez-vous, Soleuvre, lui dit-elle ; écoutez ces dernières paroles du mort ! On a trompé Honorine de Blamont, son père était innocent !

– Et qui l'a trompée ? murmura Hector.

– Moi, répondit la jeune fille.

La tête d'Hector retomba sur sa poitrine et il dit :

– Vous, je ne vous crois plus !

Nerea lui serra le bras avec force.

– Écoutez ? ! vous dis-je, écoutez ! ordonna-t-elle.

Son accent était tellement impérieux qu'Hector obéit malgré lui : il écouta. Nicolas Guern achevait de lire la justification du malheureux châtelain de Blamont. Hector passa tour à tour ses deux mains sur son front, comme un homme qui cherche à ressaisir sa raison.

– Est-ce vrai, cela ? demanda-t-il sans savoir qu'il parlait.

– C'est vrai, répondit Nerea.

– Son père à elle, poursuivit le jeune homme en balbutiant, n'a pas tué mon père et ma mère ?

– Non, répliqua encore Nerea.

Puis elle ajouta :

– Pardonnez-moi.

Hector ne l'écoutait plus. Il s'était lancé au milieu des Guern.

– Est-ce vrai, cela ? répéta-t-il d'une voix éclatante ; ce n'est pas M. de Blamont qui a tué mon père et ma mère !

Il y eut un mouvement en bas de la rampe à ce cri.

– Veille, Mathieu ! attention, petit Pierre ! dit tout bas Jean Guern avant de répondre à Hector.

Puis il repartit :

– Les assassins sont les Legagneur.

– Mais alors… fit Hector éperdu, pourquoi a-t-elle accusé son père ?… Oh ! cette femme lui avait menti !

Il bondit du côté de l'échelle, car il n'avait qu'une pensée : courir à la loge de Mathieu Sudre où Honorine souffrait le martyre. Rapide comme l'éclair, Nerea lui barra le passage, et ils se trouvèrent ainsi tous les deux en vue de ceux d'en bas.

– Plus tard ! plus tard ! murmura-t-elle ; ceux qui ont les mains pleines de sang sont entre elle et nous !

Hector l'écarta violemment. Il parvint au bord de la plate-forme. Nerea poussa un cri de détresse. Elle avait vu briller quelque chose dans l'ombre, au fond des grottes.

– Un fusil ! dit-elle.

Et d'un dernier effort elle se jeta au-devant d'Hector. Une traînée de feu s'alluma ; une détonation éclata dans les ténèbres. Nerea tomba et mit ses deux mains sur son cœur.

– Vous me pardonnerez, murmura-t-elle ; elle sera heureuse par moi qui vous ai sauvé en vous donnant ma vie !

Hector l'entendit-il ? La vit-il tomber à la renverse ? Il cherchait l'échelle. Mathieu s'écria en ce moment :

– Ils ont enlevé l'échelle !

Petit Pierre, éveillé en sursaut par la détonation, se frottait les yeux. Il aperçut le premier le sang qui s'échappait de la blessure de Nerea.

– À genoux, tout le monde ! commanda le vieux Guern d'une voix tonnante.

À peine avait-il prononcé ces mots que la nuit de l'étage inférieur s'éclaira. Les tirailleurs postés par Antoine découvraient Hector, l'enfant petit Pierre et Mathieu. Il y eut une décharge générale. Les fils de Guern, Monnin et Mathieu avaient obéi au commandement du vieux dragon, mais Julienne restait debout. Elle marcha droit à Hector en disant :

– Attendez voir, la Victoire, si vous voulez !

Elle se présenta, droite et haute comme un homme, devant l'ennemi invisible. Elle saisit Hector dans ses bras, le souleva et l'emporta jusqu'au-delà des tombes. Il y eut encore deux ou trois coups de fusil tirés, mais aucun ne l'atteignit. En bas, une voix cria comme on fait un commandement militaire :

– Chargez, là-haut ! En avant ! marche !

Vingt hommes armés se précipitèrent en même temps, poussant un hurlement sauvage. Ils sortaient de ce coin en niche contre lequel Antoine avait posé l'échelle. C'était la troupe d'Étienne Legagneur.

Julienne dit à ses deux plus jeunes fils en leur montrant Hector :

– Pour celui-là, on se fait tuer, *l's afants* ! Allez !

Les deux jeunes gens s'emparèrent d'Hector qui, électrisé par le bruit de la fusillade et l'odeur de la poudre, essayait de leur échapper.

– Tenez-le bien ! ordonna encore Julienne ; ils n'en veulent qu'à lui !

– Mais, objecta le plus jeune des deux fils en montrant d'un regard envieux et ardent la mêlée déjà engagée, si on a besoin de nous, la mère ?

Julienne haussa les épaules, et répondit :

– La Victoire va les contenter assez !

La Victoire était en train de *contenter* son troisième adversaire. Étienne Legagneur gisait devant lui, la tête fracassée par un coup de bâton. Étienne n'avait pas même eu le temps de décharger ses pistolets, et Jean Guern dédaigna de les lui prendre.

C'était un bonhomme épique ! Vous l'eussiez bien étonné lui-même si vous lui aviez montré dans un miroir, en ce moment, ses regards joyeusement allumés et le gai sourire qui se jouait dans les rides de son visage austère. Sa haute taille semblait encore grandie. On voyait ses cheveux blancs flotter, secoués par chacun de ses coups. Chacun de ses coups était une tête brisée.

Il restait, jusqu'à présent, en avant de tous, faisant le moulinet avec son bâton, lourd comme une massue. Ses deux fils aînés se battaient à coup de crosse après avoir déchargé leurs fusils. On marchait dans le sang. En bas, la voix du major Legagneur cria :

– Hardi ! les garçons ! nous sommes à vous ! Nous montons !

– Arrivez ! arrivez ! répliqua Jean Guern ; il y en a ici pour tout le monde !

Il ajouta, en fêlant le crâne d'un fraudeur qui l'ajustait avec son pistolet tromblon.

– Toi, ta fortune est faite !

Le fraudeur tomba en travers sur le corps d'Étienne.

– À un autre ! dit le vieux Jean, il en reste !

Cependant les assaillants, supérieurs en nombre et certains d'être soutenus, ne perdaient point courage. La plate-forme, faiblement éclairée, ne leur découvrait pas tous les recoins, de sorte qu'ils devinaient l'or partout où leurs regards ne pouvaient point pénétrer. La fièvre leur montrait toujours cet immense trésor à conquérir ; et ils chargeaient à tête baissée, armés qu'ils étaient de haches, de pioches et de fusils.

La mêlée était réellement terrible. Hector avait réussi à s'échapper. Il avait saisi la hache d'un bûcheron étendu aux pieds de Nicolas Guern, et il combattait comme un lion, il cherchait les Legagneur. Il appelait Antoine à haute voix.

Denis Monnin, le petit Parisien, était aux prises avec Larchal. Larchal avait un sabre et deux pistolets ; le fusil de Monnin était déchargé, et Monnin, il faut bien le dire, avait les articulations un peu raides par le long séjour qu'il avait fait dans la citerne. Il évita pourtant le coup de pointe que lui portait Larchal et parvint à saisir le bras qui tenait le pistolet.

– Oh ! oh ! dit-il, l'homme à la corde sans nœuds, je connais ton histoire et je vas censé te guérir de la crainte d'être pendu !

Il le prit des deux mains à la gorge. Larchal jeta son sabre et parvint à retirer son second pistolet de sa ceinture.

– C'est le cas de le dire ! murmura-t-il ; je t'ai réchauffé dans mon sein, méchante couleuvre, en te jetant du pain au fond de ton trou !

Le gamin de Paris, insensible à ce reproche d'ingratitude, lui passa la jambe lestement et l'étendit sur le sable.

– Demandes-tu grâce ? fit-il sans lâcher prise.

– Puisqu'il le faut… commença l'ancien geôlier.

Mais Monnin sentit le froid du pistolet dont le canon s'appuyait sur sa nuque. Il donna de la tête violemment contre la poitrine de Larchal, dont le pistolet partit en l'air, puis, le relevant à force de bras, il lui fracassa le crâne contre l'angle d'une tombe.

– Censé, fit-il pour l'acquit de sa conscience, il avait triché ! ça ne se doit pas.

En ce moment, les assaillants réussirent à éteindre la dernière torche. La nuit se fit.

– Veillez à l'échelle, enfants ! s'écria Jean Guern de sa voix qui tonnait ; quelqu'un à l'échelle !

– On y est, la Victoire, répondit Julienne avec calme.

Elle venait, la digne femme, d'assommer Bastien Lethil d'un coup de bâton et s'occupait à décoller l'échelle, chargée d'assiégeants, pour les précipiter au bas de la rampe. C'était lourd, mais elle vous avait des bras ! et elle y allait de si bon courage ! Une grande clameur de détresse annonça qu'elle avait réussi. L'échelle craqua en écrasant dix ou douze gredins qui hurlaient.

À dater de cet instant, on n'entendit plus rien dans la partie inférieure de la caverne. L'échelle ne fut point relevée.

En haut, la bataille dura encore quelques minutes. Au bout de ce temps, Jean Guern s'appuya sur son redoutable bâton, humide et rouge. Il promena ses regards tout autour de lui. Pas un seul assaillant ne restait debout. La plupart avaient été poussés hors de la plate-forme.

Les quatre fils Guern avaient été blessés, Mathieu accroupi et mourant, demandait de l'eau d'une voix faible. Le vieux dragon lui tendit sa gourde. Il n'y avait de sain et sauf que le petit soldat Monnin, Hector, Julienne et Jean Guern.

Celui-ci demanda tout à coup :

– D'où vient donc cette lueur qui nous éclaire, puisque les torches sont éteintes ?

Nul n'avait songé à se rendre compte de cela : un crépuscule terne et faux emplissait la caverne supérieure, jetant de vagues lueurs aux saillies lointaines du souterrain qui rejoignait l'étang du bas. Tout le monde leva les yeux à la fois.

– C'est le jour dit Jean Guern avec étonnement.

– C'est l'étang ! murmurèrent les garçons, qui restèrent bouche béante à contempler le carreau de cristal formant clef de voûte.

C'était le jour en effet, et c'était l'étang. L'eau limpide laissait passer les rayons du jour naissant. De temps en temps des ombres glissaient : on distinguait la forme des carpes aux larges flancs, et des brochets gigantesques.

– J'avais ouï parler de cela ! pensa tout haut Jean Guern. Il ne faut jamais dire de rien : c'est impossible.

Le carreau de cristal était situé en avant de la tombe sur laquelle M. de Blamont avait écrit cette nuit. Une goutte d'eau tombant librement de son centre aurait effleuré le rebord de la plate-forme, sans y toucher, et serait allée mouiller le plan inférieur.

Il nous faut revenir à ce plan inférieur. Tout en bas de la rampe, depuis quelques instants, on entendait un mouvement sourd et continu. Petit Pierre avait essayé de voir, mais les ténèbres étaient encore trop épaisses. Les yeux perçants de petit Pierre n'avaient distingué qu'un va-et-vient confus. Il lui semblait voir des gens qui portaient des fardeaux et qui les déposaient en tas au bas de ce que nous avons appelé « le mur. »

– Les enfants, ordonna Jean Guern, rechargez les fusils ; dans dix minutes, on va nous voir comme en plein soleil. La femme et Nicolas, veillez à l'échelle.

– Oui, la Victoire, répondit Julienne ; mais ils n'ont pas besoin de balles de plomb pour faire notre fin. S'ils restent en bas, qui nous donnera à manger ?

Il n'y avait là personne pour manquer de bravoure, et pourtant toutes les veines eurent froid.

– Essayons de descendre, dit Hector, et passons sur le corps de ces misérables !

Jean Guern secoua la tête lentement.

– Baissez-vous, monsieur de Soleuvre, répliqua-t-il, votre front dépasse le bord ; il n'y a point de courage à braver inutilement le danger.

De minute en minute, le jour devenait plus clair. Trois des fils Guern et Monnin visitaient les parois pour chercher une issue.

Dans la caverne inférieure, les mouvements se faisaient plus bruyants. On n'avait pas tiré un seul coup de fusil depuis le dernier assaut. Personne n'avait essayé de relever l'échelle. Au moment même où les trois garçons revenaient, annonçant qu'ils n'avaient rien découvert, petit Pierre cria :

– Monsieur Guern, ils allument un feu, un grand feu comme le feu de joie de la fête du roi !

Chacun se prit à ramper vers le bord pour voir. L'homme et la femme Guern restèrent seuls debout. Ils n'avaient pas besoin de voir.

– La Victoire, dit Julienne en tendant la main à son mari, *les frapouilles va n's afumer* (les coquins vont nous enfumer !)

– À la grâce de Dieu, ma femme, répondit gravement le bonhomme.

Julienne Guern était très pâle, et ses narines gonflées cherchaient déjà l'odeur de cette mort qui allait monter perfidement jusqu'à elle.

– La Victoire, reprit-elle, si je n'ai pas toujours fait comme vous vouliez, pardonnez-moi à l'heure de mourir, si vous voulez.

Le vieillard ouvrit ses deux bras, et la serra contre sa poitrine.

– Créature du bon Dieu ! murmura-t-il avec une émotion profonde, tu n'as jamais fait que le bien. Je ne suis pas triste, car notre mort est comme notre vie, nous partons ensemble.

– Dites une prière, la Victoire, prononça tout bas Julienne ; je ne suis pas triste pour moi. Si nous pouvons seulement sauver le fils de Soleuvre et de Bazeille !

Un nuage de vapeur noire roula entre eux deux, et monta jusqu'à la voûte. Pendant un instant, il fut facile de voir ce qui se passait au bas du « mur, » car Antoine et ses compagnons étaient éclairés vivement par la flamme qui s'échappait d'un énorme amas de bois vert. Les fils voulurent décharger leurs armes. Jean Guern le leur défendit et ajouta :

– On n'a permission de tuer que pour se défendre.

À chaque moment, les Errants de nuit apportaient de nouvelles brassées de broussailles et de roseaux, qu'ils jetaient dans le brasier déjà ardent. Le nuage s'épaissit bientôt et forma un brouillard opaque qui inonda la plate-forme.

Les garçons étaient silencieux. Monnin, assis sur ses talons, semblait prendre son parti assez philosophiquement, Hector s'était agenouillé entre les deux tombes où son père et sa mère reposaient. La fumée, arrivant jusqu'à Mathieu qui était à l'agonie, lui arracha un rauque gémissement. Jean Guern s'approcha de lui.

– Toi qui connais les souterrains, lui dit-il, n'y a-t-il aucun moyen de sauver le jeune monsieur ?

Mathieu fit effort pour répondre, mais le sang l'étouffait. Il ne put que secouer la tête en signe de négation.

– Tu es sûr qu'il n'existe point d'issue ? demanda encore Jean Guern.

Mathieu porta ses deux mains à sa poitrine.

– Gertrude va être toute seule, murmura-t-il d'une voix à peine intelligible ; elle sera forcée de demander son pain le long des routes. Petit Pierre ne m'inquiète pas, il va mourir comme les autres ; mais qui aura soin du vieux loup ?

Jean Guern le secoua rudement.

– Réponds ! ordonna-t-il, n'y a-t-il aucun passage ?

L'homme au loup montra du doigt Nerea, étendue non loin de lui.

– Si celle-là n'était pas morte… commença-t-il.

Le râle le prit à la gorge. Il s'affaissa sur lui-même avant d'avoir pu achever. Il n'était plus.

Depuis que la balle destinée à Hector l'avait frappée en pleine poitrine, Nerea n'avait pas bougé. Elle restait couchée au rebord même de la plate-forme. Personne ne s'était occupé d'elle ; on la croyait morte. Mais Jean Guern, ayant suivi du regard le geste de Mathieu, vit que l'Italienne s'était soulevée sur le coude. Elle haletait, suffoquée par la vapeur, de plus en plus épaisse.

Comme Jean Guern s'élançait de son côté, elle le prévint d'un geste.

– Lui ! dit-elle ; qu'il vienne, je veux lui parler.

Elle désignait Hector. Hector vint.

On eût dit que toute la fumée se condensait dans l'enfoncement formé par la grotte supérieure. La vue des malheureux qui étaient assemblés en ce lieu s'aveuglait déjà. On respirait à grand effort un air âcre et délétère.

Une toux convulsive soulevait toutes les poitrines et les yeux enflammés pleuraient.

En bas, les Errants dansaient autour du foyer. Le chant de leur farandole ivre montait comme une suprême raillerie.

Nerea mit sa main froide dans la main d'Hector et l'attira, car sa voix était bien faible pour dominer le tumulte croissant. Elle dit :

– Je savais l'heure de ma mort. Mon péché est d'avoir désobéi au commandement de Dieu en sondant l'avenir. Je m'en repens et Dieu est la bonté même. J'ai fait de mon mieux pour vous, mais j'ai détesté la fille de Blamont… Pourquoi ?… J'emporte mon secret et je n'ai plus de haine. Vos épreuves sont finies, soyez heureux tous deux.

Hector répéta amèrement :

– Heureux !…

Il pressait à deux mains sa poitrine où le souffle manquait déjà. Nerea vit cela et reprit :

– Penchez-vous au-dessus du bord et demandez à haute voix si Giovan Battaglia est là. Demandez-le par trois fois.

Hector obéit pour exaucer, mourant lui-même, la prière d'une mourante. Par trois fois il demanda :

– Y a-t-il ici un homme du nom de Giovan Battaglia.

Soit que l'Italien fût absent en effet, soit qu'il ne jugeât pas à propos de constater sa présence, Hector n'eut pour réponse que des huées et des éclats de rire.

– Il n'est pas là, fit Nerea, comme si on eût enlevé un grand poids chargeant sa poitrine ; rien ne m'empêche d'accomplir le sort.

Elle appela Nicolas Guern, et lui prit des mains son fusil à deux coups. Puis elle retrouva une grande voix pour dire :

– Éloignez-vous tous vers, le fond de la plate-forme, derrière les tombes ? Tous !

Il est certain que les gens du pays avaient pour elle un superstitieux respect. Tout le monde s'éloigna, sauf Monnin, qui était un sceptique en sa qualité de faubourien de Paris.

– Entraînez-le ! commanda l'Italienne.

Jean Guern l'enleva par la ceinture et le poussa derrière la pierre tumulaire de Mme de Blamont.

Nerea parvint à se mettre à genoux. Elle fit le signe de la croix, puis elle ajusta le carreau de cristal et lâcha les deux détentes du fusil de Nicolas.

La première balle étoila le carreau.

Au choc de la seconde, le carreau se brisa avec un bruit de foudre, et l'eau de l'étang se rua comme une cataracte dans le souterrain en bondissant sur le rebord de la plate-forme.

Il y eut un grand cri de détresse dans les bas-fonds de la grotte inférieure : Nerea avait été entraînée par le premier flot avec le cadavre de Mathieu. Le feu, éteint en un clin d'œil, lança un dernier nuage.

Jean Guern, ses fils, Hector et Monnin, n'avaient pas de l'eau jusqu'à la cheville ; tout tombait, selon la pente naturelle, dans la grotte inférieure, avec un épouvantable fracas. Les hurlements cessèrent peu à peu.

Au bout d'une minute on n'entendait plus que le bruit de la cataracte, qui minait la voûte et s'ouvrait à chaque instant une plus large écluse.

Vers midi, l'eau cessa de couler. L'étang était vide. L'eau s'était fait un énorme passage. Les Guern appliquèrent contre cette ouverture l'échelle de M. de Blamont, et sortirent de la caverne par l'étang desséché.

On trouva dans le boyau qui conduisait à l'étang du bas plus de cent cadavres d'Errants de nuit, parmi lesquels était celui d'Antoine Legagneur.

Les archives de la justice criminelle de Namur, où les principaux faits de ce récit ont été puisés, mentionnent la condamnation de Michel et de Jean Legagneur, comme coupables du crime de meurtre volontaire sur les personnes des époux de Soleuvre, au château de Blamont, le 12 novembre 1817.

Le procès eut lieu en 1843.

Parmi les témoins, sont cités Hector de Soleuvre, lieutenant-colonel de cavalerie, et Honorine de Blamont, sa femme ; Constant, le cabaretier du *Lion belge* ; Gertrude, veuve de Mathieu, et Jean Guern, sellier-carrossier au gros bourg de Bazeille, qui vint de son pied à Namur, quoiqu'il eût alors plus de cent ans.

Et le trésor ! le grand trésor d'Orval qui était sous la quatrième tombe où dormait M. de Blamont.

L'Étang de l'abbé est maintenant une prairie marécageuse dont le sol, en s'affaissant, a comblé les grottes. Le trésor est mieux gardé que jamais, et ne verra la lumière, selon la grande prophétie d'Orval, que le jour où la volonté de Dieu sera de ressusciter la basilique de Saint-Bernard.

Il n'y a plus d'Errants de nuit, là-bas, mais il y a encore des chrétiens qui attendent et qui prient. Bien ils font, car les choses du temps passent, mais celles de l'éternité restent, découvertes ou cachées, et c'est encore la prophétie du solitaire d'Orval qui a dit : PARTOUT OÙ LA RAISON DE DIEU FUT, LA MAISON DE DIEU SERA.

Plaignons les victorieux, les sages, acharnés contre la Foi immortelle, et ne raillons jamais les vaincus ni les *fous*, qui parvint à coup sûr pour le triomphe final de Dieu.